百姓

劉燁，趙劭甫——著

U0034541

金融風暴×經濟週期×貨幣戰爭
從歷史危機到當代投資策略，
平民也能讀懂的脫貧攻略

經濟學

從零開始也可以致富的理財課

從經濟大勢分析到具體理財技巧，
誰說富人才有錢途，貧民也能自主致富！

「當下，已是全民理財時代，是否參與投資理財
將對個人或家庭的財務狀況產生決定性影響。理財不只是富人遊戲，窮人更需要理財。」

目錄

目錄

前言

「當下，已是全民理財時代，是否參與投資理財將對個人或家庭的財務狀況產生決定性影響。理財不只是富人遊戲，窮人更需要理財。」經濟學家郎咸平如是說。一位理財大師也告訴我們：理財說俗了就是賺錢、管錢、花錢，我們把收入當成一條河，財富就是水庫，花出去的錢就是流出的水，只有剩下的才是你的財產。理財是一種習慣，要想在未來過上好日子，從今天起你就要改掉以前的壞習慣。

「誰想發財，就買股票。」成為一句口頭禪，人們像著了魔似的買股票，夢想著一夜之間成為百萬富翁。大多數市民不再閱讀報紙的頭版，而是手忙腳亂的翻到金融專欄。小報和內情通報向缺乏經驗的外行們提供建議。廣播電視裡汨汨流淌的是「老顧問」的聲音，像教堂執事一樣四平八穩，吟誦著經紀人的智慧。當富人越來越富的時候，千百萬收入微薄的芸芸眾生掏空他們的儲蓄，降低他們的購買力，為了投機而抵押了他們的未來。瘋狂的股票投機終於引發了一場經濟大災難……

讀著上述這段文字，是不是感覺很熟悉？正像不久前全民炒股、炒基金的盛況與悲劇。而事實上，這段文字所描述的景象發生在 1920 年代，彼時美國證券市場剛剛興起。100 年過去了，人們為股票而瘋狂的熱情絲毫沒有減少，可見歷史是驚人的相似。

心理學上有這樣一個「羊群效應」：如果一頭羊發現了一片肥沃的綠草地，並在那裡吃到了新鮮的青草，後來的羊群就會一哄而上，爭搶那裡的青草，全然不顧旁邊虎視眈眈的狼；或者看不到其他地方還有更好的青

前言

草。這個理論用在投資大眾身上，再合適不過了。當很多人甚至都不知道什麼叫股票、基金的時候，卻盲目的跟著別人買下了一堆。有這樣的舉動在先，那被套牢、泡沫經濟破滅的發生，一點都不過分。

說句直言不諱的話，在投資理財這件事上，很多百姓是在為自己的衝動買單，為自己沒有知識基礎的投機付出代價。美國次貸危機正在從一個金融領域打開另一個劫掠財富甚至摧毀一國經濟的龐大缺口。隱藏在次貸危機背後的陷阱，正像黑洞一樣，無情的吞噬和掠奪著世界的財富。相信這個驚人的事實，很多「被害者」剛剛理解，很多「被害者」依然無法理解，有些甚至永遠都覺得不可思議：那個連自己都聽不明白的遙遠的美國次貸，怎麼就會坑了自己呢？

經濟危機來了，人人都在問：「該怎麼辦？」消極者採取鴕鳥政策，乾脆回到傳統的經濟模式裡，再也不去嘗試這種西式的虛擬經濟。而積極者，則會在危機中學會成長。大經濟學家佛里曼（Friedman）說過：「千萬不要浪費危機。」是的，既然危機來了，就不要浪費它。「芳林新葉催陳葉，流水前波讓後波。」舊事物衰敗的時候，就是新事物崛起的良機。所謂危機，危中帶機，未嘗不是一次投資的好機會。

財富只屬於那些懂得創造而又善於管理它的人。如果你沒有駕馭它的本領，那麼它可能成為「露水財富」——即使來得快，也可能會去得快。只有掌握了科學、合理的投資理念、方法，財富才能成為你忠誠和永久的好朋友。

本書以普通百姓的身分去整理「神聖」的投資知識。在整體布局上分為兩大部分，第一部分是相關的經濟形勢、歷史、規律等敘述，旨在幫助普通大眾了解當今的經濟大勢，了解金融危機爆發的來龍去脈，了解貨幣

之爭、炒股、房貸、石油戰爭等的背後陰謀，旨在讓無辜者洞曉自己的錢曾經「是怎麼沒的」，未來向何方投資，心裡才會有底。

第二部分是具體的理財方式和技巧介紹。該部分符合投資者需求，針對不同的投資理財業務，全面介紹了股票、基金、黃金、保險、期貨、外匯、權證等各種常見投資方式的主要特點、交易方法、投資策略和法規要點。

在本書的編寫過程中，編者力求做到內容翔實、語言通俗易懂，便於讀者在第一時間了解不同投資業務的操作要點，並以此為起點，有效的擬定和進行自己的投資計畫。

上篇　經濟大形勢

第一章　危機四伏的全球大環境

　　由美國開始的次貸危機導致的金融危機已經轉化為全球性的經濟危機，美國、歐洲、俄羅斯、日本、韓國的經濟都已經陷入衰退期。而接下來的經濟形勢將如何發展呢？對於宏觀經濟形勢，多數投資者有了一定的認知，但不少人只是簡單的知道一些表象，並不是十分清楚了解其中的緣由。只有對全球宏觀形勢做到充分的分析、判斷和掌握，我們的投資才會有方向。

一、次貸危機產生的蝴蝶效應

　　蝴蝶效應是混沌學理論中的一個概念，最早由氣象學家羅倫茲（Lorenz）於 1963 年提出：一隻南美洲亞馬遜河流域熱帶雨林中的蝴蝶，偶爾扇動幾下翅膀，可能在兩週後引起美國德州的一場龍捲風。其原因在於：蝴蝶翅膀的運動，導致其身邊的空氣系統發生變化，並引起微弱氣流的產生，而微弱氣流的產生又會引起它四周空氣或其他系統產生相應的變化，由此引起連鎖反應，最終導致其他系統的極大變化。美國次貸危機所引發的全球金融動亂，正是典型的蝴蝶效應式連鎖反應。

　　次貸危機，又稱次級房貸危機，也就是人們通常所說的次債危機。具體來講，2007 年由於美國次級抵押貸款機構的大量倒閉，投資基金在眾多壓力下被迫關門，股票市場因此發生了劇烈動盪，從而引起了金融界的一場經濟危機。

　　美國的次級抵押貸款是指銀行和一部分貸款機構向那些信用等級不高、收入相對較低、不能出具相關證明資料的借款人發放的一種貸款。這種貸款一般實施的是零頭期款，不過貸款者要付出更高的利息。這些貸款者之所以去貸款，是基於美國房地產市場的不斷升溫。但是，一旦房價下跌，銀行貸款機構的利率上升，這些收入本來不高的貸款者的還款壓力就會不斷加大。

　　本來信用等級就不高的借款人由於收入等多方面的壓力，還款的違約率不斷上升，銀行貸款機構不能及時的收回還款 —— 即使沒收房產也於事無補，從而導致銀行金融機構出現流動性困難。

　　美國的房地產抵押貸款分為優級抵押貸款、次優級抵押貸款、次級抵押貸款三種。這是以貸款者的信用等級來界定的。優級貸款者一般有著固定的高收入，信用等級較高，一般能出具全面的貸款資料證明，雖然利率相對較低，但是這種貸款存在的風險較小；次優級貸款風險相對較高，但是收益也相對較高，比較適合機構投資者；次級貸款的貸款者一般沒有固定的收入，信用等級較低，有的還有信用不良紀錄，他們一般不能出具全面的相關資料證明。這種次級貸款的還款利率很高，其風險性也相對較高，適合中低收入者。

　　由於 2007 年 6 月以前的美國房地產市場受政策等原因的影響正處於持續升溫階段，所以人們的購房欲望十分強烈。那些貸款機構充分利用證券這一有效的金融工具，將住房貸款證券化，推出了次級抵押貸款這一新的貸款模式。對於那些低收入的家庭來說，次級抵押貸款不僅能夠幫助他們擁有自己的房子，而且只要房地產市場一直處於升溫的趨勢，他們完全可以用房地產作抵押，借新款償還舊帳，必要時還可以賣掉房地產來避免將會出現的違約情況。同樣，在這種情況下，那些房貸機構可以拿到高於

優級貸款幾倍的利潤。於是，在人們預期的房市不斷升溫的情況下，各種新的次級抵押貸款紛紛推出。與此同時，隱藏在這種貸款商品背後的系統性風險卻被忽視了。

隨著美國房市的降溫和銀行短期利率的不斷升高，次級抵押貸款人由於採取的是固定利率和浮動利率相結合的還款方式，還款利息也不斷增加，還款壓力越來越重，再加上房地產本身價值的縮小，大量的房地產違約現象不斷發生，違約率也隨之不斷提高。

大量的次級抵押貸款的借款人不能按時還款，導致金融市場上出現了嚴重的金融流動性不足，於是次貸危機就在美國次級抵押貸款的作用下發生了。

首先受到美國次貸危機影響的是那些銷售次級抵押貸款產品的貸款機構。2008 年 1 月以來，美國大量的次級抵押貸款企業遭受到了鉅額的虧損，有的不得不申請破產保護。同時，一些貸款機構將部分產品證券化後轉給了投資性的基金。伴隨著美國次級貸款危機的不斷深化，一些涉及到次級貸款產品的投資基金也受到了嚴重影響。

隨著美國次級貸款危機影響的不斷擴大，其他金融領域也受到了極大影響。銀行一時間紛紛提高其貸款利率，極力降低貸款業務。全球金融流動性不足的危機進一步加劇。此時，美國央行不得不籌集資金注入市場，以緩解流動性不足的危機。無疑，這將會使美國經濟受到嚴重影響。

自 2007 年 8 月以來，美國的次貸危機以其強大的破壞力，從美國一直影響到歐洲、日本，甚至全球。其破壞的領域從信用貸款市場一直延伸到全球的資本市場，同時也由原本的金融領域一直擴展到全面的經濟領域。至 2008 年 9 月，全球的經濟都受到了美國次貸危機不同程度的破壞。

據估算，全球經濟因次貸危機所造成的損失已經超過了 5,000 億美元，資產的縮水和信貸危機的損失十分龐大。

二、美元貶值衝擊全球經濟

　　無論是從經濟角度還是從貨幣角度來看，美國都是一座不可靠的空中樓閣，雖然外表極為華麗，但卻毫無根基，而且在任何時候都有可能發生坍塌。「美元眼下格外強勁！」美國總統歐巴馬（Obama）面對大眾時再次堅定了美元強勢的信念。不過，強勢美元僅僅停留在歐巴馬的口頭。受金融危機的影響，在這相對較短的時期內，美國從世界上最大的債權國變成了世界上最大的債務國。作為應對金融危機的慣性對策，美國啟動了「美元貶值」的單邊主義方案，再次企圖轉嫁危機，迫使全球為其買單。

　　2009 年 3 月 18 日，美國聯邦準備理事會的一個決議轟動了整個金融市場，那就是將基準利率維持在歷史最低點 0.25% 不變，並且收購近 7,500 億美元的國債進而刺激經濟復甦。「量化寬鬆」貨幣政策的啟動，將會引領美元走向歷史最低點。美聯準自購國債，等於替資金開了道閘門，美元貶值在所難免。

　　在經濟學上，「量化寬鬆」是指央行直接向市場注資的一種貨幣政策方式。所謂「量化寬鬆」，其實就是央行開動印鈔機器的一種委婉說法，因為美聯準需要印鈔票來購買這些國債。美聯準希望，透過「量化寬鬆」這一非同尋常的方式來刺激經濟活動。

　　美聯準此舉被市場更多的指責為「用直升機撒鈔票」。按照傳統經濟學的觀點，一國政府不能購買該國政府發行的國債和政府擔保債券，因為這無異於向全世界增發基礎貨幣，向全世界借錢。

果然，這一消息帶來了全世界持有美國國債國家的竭力反對，呼籲一浪高過一浪。但是，在目前的國際金融體系下，美國可以持續的利用其貨幣發行國的地位為其經常帳赤字進行融資，這是無可奈何的事情。「強勢美元符合美國利益」也正是歷屆美國政府的口頭禪。

　　美元貶值令全球經濟元氣大傷，並進一步影響到金融市場的平衡。美元貶值，直接導致以美元作為計價貨幣的黃金、石油等大宗商品價格快速上升，這對所有國家幾乎都構成了嚴重的輸入型通貨膨脹壓力。對美國而言，由於美元是計價貨幣，因此，全球能源及初級產品的美元價格上漲將直接推動物價上漲。對歐元區、日本和中國等國家而言，只要全球能源及初級產品價格的上漲幅度超過本國貨幣對美元的升值幅度，則本國物價水準將因為進口成本的上漲而上漲。

　　美元貶值和匯率波動不利於國際金融市場的穩定。美元在國際金融市場的外匯交易、匯率形成、債券發行、金融資產定價等諸多方面都處於核心地位。美元持續貶值和匯率波動，首先會直接導致外匯市場交易增加和各種貨幣之間匯率關係的頻繁調整，從而加劇外匯市場的動盪；其次，美元貶值會造成美元計價資產與其他幣種計價資產相對價值的變化，投資者將因此對不同幣種計價資產價值和收益率進行重估，並相應的調整金融資產投資組合，從而導致金融投資交易增加和資金的無序流動，影響金融市場的穩定；最後，各國中央銀行持有的大量美元資產儲備面臨貶值風險，也會考慮適當調整儲備資產的幣種結構，而這又會進一步加劇美元貶值和匯率波動。

　　亞洲為美元貶值買單付出代價最大。美國是亞洲地區的主要出口市場，也是亞洲特別是東亞地區和國際貿易盈餘的主要來源地。在美元疲軟的時候，亞洲的個人不願意或無法再持有更多的美元資產。這時，亞洲國

家的央行便只能充當「多餘」美元的最後購買者。美國鉅額的經常帳赤字開始越來越多的依靠國外央行的融資來彌補，其中有很大一部分來自亞洲。大量的外匯存底投資於美國債券，降低了美國國內利率，從而擴大其國內需求。美國持續擴大的需求中有很大一部分是透過進口來實現的，這便進一步擴大了貿易赤字。當然，只要大量的資金能夠回流到美國，美國的國際收支便可以得到平衡。

問題是，亞洲國家大量債權的累積可能會導致流動性陷阱。之所以尚未出現流動性陷阱（可能不包括日本），部分是因為：第一，這些國家的經常帳順差累積的時間和數量尚未達到一定程度。第二，這些國家的貨幣兌美元匯率基本保持穩定。但是，如果達到某個臨界點，其貨幣兌美元匯率不能保持穩定，便可能對這些國家的國內經濟產生很大的負面影響。

中國是全世界持有美國國債最多的國家，在這種情況下，美元的持續貶值將會對中國帶來重大的經濟損失。有資料反映，中國的 1.8 萬億美元外匯存底資產中，大約 1 萬億美元左右投資於美國國債與機構債。美元不斷貶值對中國的貨幣政策帶來了一定影響。

三、全球通貨膨脹時代的到來

經歷了 10 年物價平穩的老百姓，對於 2007 年食品價格的大幅上漲感受深刻，甚至有些措手不及。幾年過去了，物價始終沒有下降的趨勢。這種現象，即是經濟學常說的通貨膨脹。

通貨膨脹（Inflation）一般指：因貨幣供給大於貨幣實際需求，而引起的一段時間內物價持續而普遍上漲的現象。其實質是社會總需求大於社會總供給。通貨膨脹的起因是貨幣供給過多，結果則表現為物價上漲。

不單是中國，世界上絕大多數開發中國家都在享受著沒有通貨膨脹的經濟成長奇蹟。自 2007 年下半年以來，美國次貸金融風暴席捲了全球的資本市場，世界主要股票市場在動盪中折損了一定的市值；美聯準和美國政府救經濟心切，政策上的過度刺激對通貨膨脹產生了火上澆油的副作用。歷史告訴我們，貨幣氾濫的唯一結果就是惡性通貨膨脹。當美聯準的貨幣「憑空」發行了很多後，美元貶值很快在美國演變成為了通貨膨脹；針對美國的印鈔機行動，主導全球主要經濟體的主權政府也不甘落後，紛紛開始實行「大量印鈔」的救濟方式，全球性通貨膨脹就這樣愈演愈烈。

2008 年資料顯示，美國 5 月分 CPI 較去年同期上升 4.2%，歐元區 5 月分通脹率為 3.6%，中國為 7.7%，印度超過 8%，越南通脹率 25.2%，印尼超過 10%，菲律賓為 9.6%，泰國為 7.6%，俄羅斯 4 月分 CPI 為 14.5%。

我們不妨再看看具體數字。在過去幾年內，國際市場上銅的價格漲了四倍，鋅的價格翻了 2 倍。2007 年原油價格上漲 57%，小麥和大豆的價格上漲了 70%，其中大豆價格上漲還在印尼引起騷動。在美國市場，汽油價格一年內從一加侖 2.24 美元跳到了 3.07 美元，柴油則從一加侖 2.61 美元漲到 3.43 美元。牛肉上漲了 4.5%，禽類 5.2%，乳製品 7.4%，雞蛋 28%。其他如各種礦產品、天然氣、各類食品、紙張，幾乎無所不漲。還有，中國的勞動力成本提高了 35%，人民幣持續升值，中國產品開始變貴了。乃至西方不少人說，中國已經從輸出低廉產品抑制通貨膨脹，走向輸出通貨膨脹。

在輸出通貨膨脹的同時，中國進口的通貨膨脹恐怕更多。以原油而論，中國在 2003 年進口 8,000 萬噸，2004 年 1.2 億噸，2007 年則成長至 1.5 億噸。在同一時期全球銅需求量成長中，中國因素占了 64%，在鋁需

求的成長中，中國因素占了 70%，鋅需求的成長則有 82% 為中國經濟所推動。這些原料價格的上漲幅度，遠遠超出中國勞動力成本的上漲幅度。

種種跡象顯示，全球未來都將生活在通貨膨脹的陰影之下。荷蘭國際集團發表的糧食行業報告認為，「截至 2020 年，農產品價格將持續提升 40 個百分點」。美國和中國等國家都已開始動用儲備糧食，美國的糧食庫存開始減少，「美國小麥的庫存不斷下跌，現在已經跌至 60 年以來的最低水準」。

可怕的是，通貨膨脹絕不是一個簡單的經濟問題，它所引發的社會騷亂才是最讓人擔憂的。2008 年 1 月以來，數千名巴基斯坦士兵被派去守護運送小麥和麵粉的卡車；在印尼，大豆的短缺引起了騷亂；在美國，卡車司機們由於過高的柴油價格舉行了罷工。

隨著國際油價的逐步上升，中東各大產油國獲利頗多，但是與此同時，本國的食品及其他生活必需品的價格也因高油價而出現了大幅上漲，普通居民尤其是中產階級的生活大受影響。為此，從北非的摩洛哥到各個波斯灣國家都相繼出現了罷工、抗議甚至是騷亂局面。

在約旦，由於油價高漲，該國政府於 2008 年 1 月取消了幾乎所有的燃料補貼，導致部分燃料一夜之間暴漲了 76%。這帶來的連鎖反應是：諸如蛋類、馬鈴薯和黃瓜之類的基礎食品的價格翻倍或是出現更大幅度的上漲。

在沙烏地阿拉伯，過去的通貨膨脹率幾乎一直保持為零，但是最近有官方資料顯示，這個數字一下子竄到了 6.5%，而非官方資料則更高，隨之而來的是大眾的抗議和抵制。2008 年 12 月，該國 19 位知名宗教人士在網路上聯合發表了一個罕見的聲明，警告稱當前危機可能導致「偷竊、欺

詐、持械搶劫以及窮人和富人之間的互相怨恨」。

在巴林和阿聯酋，通貨膨脹的百分率已經到了兩位數。由於這兩個國家的勞工大多來自外國，油價上漲後，這些海外勞工寄回家鄉的薪資購買力下降，因此在過去幾個月中罷工事件頻發。

在少數地區，高油價甚至還引發了暴力衝突。在葉門，麵包等食品的價格在過去4個月翻了一倍，由此引發了一系列抗議甚至暴力行為，至少十幾人喪命。在政府管制相對嚴格的約旦，也出現了非暴力的抗議和罷工事件。

推動全球通貨膨脹時代來臨的因素有很多，主要有以下幾個：

1. 美國次貸危機爆發後，全球性的流動性過剩問題有所緩解，但還沒有根本消除，美聯準的加速降息可能導致重回問題的起點，使流動性過剩再次出現。

2. 原油價格的居高不下，造成了以原油為核心的能源價格的全面上漲，這將推動石油化工產品以及煤炭、電力、運輸和工業加工產成品價格的全面上漲。

3. 開發中國家經濟的高速成長對原料的需求與日俱增，但世界原料分布不均、數量有限，產能擴大更需要時間，使原料的供需矛盾長期得不到緩解，價格壓力會經久不衰。

4. 占世界人口絕大多數的低收入人口生活水準的提高和食物結構的改善，會消耗更多的農業資源來滿足日益成長的食物鏈升級，對穀物價格上漲形成長久的壓力。

5. 能源與農業爭奪資源的矛盾不會有太大緩解，相反會逐步加劇，造成能源和農產品價格的輪番上漲。

6. 美元連續貶值為全球流動性增加推波助瀾，美國進口通貨膨脹的速度還會加快。

7. 中國這個曾經為全球提供廉價消費品的基地，其生產成本正在逐步提高，廉價勞動力的資源正在逐步減少，人民幣升值、原料上漲、環境保護標準的提高等，都將使「中國製造」的折價率大大縮水，從而逐步推升產成品價格的上漲。

四、危機陰雲籠罩下的全球房市

西元 1636 年的荷蘭，鬱金香的價格甚至超過了寶石，幾乎所有人都參與到接近瘋狂的投機中。歷史上第一次經濟泡沫出現了。

1929 年美國華爾街股市泡沫破裂，導致了 1930 年代的世界經濟大蕭條，這次泡沫帶來了迄今為止最為嚴重的災難 —— 第二次世界大戰。

1990 年代成為日本「失去的十年」，房地產泡沫破裂，使得日本經濟至今仍無完全恢復的跡象。

接著，美國次貸所引發的房地產泡沫，帶給美國和全球房市的影響究竟有多深多久，誰也說不清楚。

有報導稱，位於美國底特律市特拉維斯大街 8111 號的一棟兩層樓的住宅，由於房屋的主人無力償還貸款，銀行收回了這棟住宅，而由於市場低迷，這間房子難以再次出售，同時每年還需要繳納 3,900 美元的高昂稅款和其他費用，無奈之下，銀行掛牌 1,100 美元對這棟房子進行「跳樓大賤賣」，可在長達半年的時間裡，卻一直無人問津，為了甩掉這塊燙手山芋，銀行不得不打出 1 美元的價格，在美國的大城市裡，買一公斤大白菜也要花 1.375 美元，很難想像，如今 1 美元竟然可以在底特律買一間兩層

樓的房子，而根據美國房地產經紀人網站顯示，底特律市還有另外兩座住宅以及一塊空地也只售 1 美元。

　　人們把「一間房不如一公斤白菜貴」的美國現象歸咎於次貸危機的影響。的確，這場起源於美國的次貸危機，讓美國房地產市場行情比預計的更加糟糕，全美房價指數已從最高點下降了 10%，20 個大城市的房價更是下降了 13% 左右。

　　更為嚴重的是，這似乎也傳染給了其他國家，從而形成了一種全球的普遍現象：從愛爾蘭鄉村到西班牙海岸，從波羅的海港再到印度北部地方，到處都可以看到房價在不斷的縮水，一些地區遭受打擊的程度甚至比美國還要嚴重。

　　在愛爾蘭、西班牙、英國和其他地方，房地產市場的價格在十幾年時間裡高速成長，如今他們已經重新回歸理性。理財專家預測，這幾個國家會遭受比美國本土的次貸危機還要嚴重的經濟危機，它們也許會由目前的不景氣到全面的崩潰。在次貸市場資金收緊之後，分析師認為，將有越來越多的地方像美國加州、佛羅里達州等這些已經出現問題的州一樣經歷陣痛。

　　西班牙在 10 年中新建住宅超過 400 萬戶，多於德國、英國和法國的總和。在其中一些地區，平均房價一度上漲了兩倍，許多外國人也湧向西班牙的沿海度假勝地購置房產，那裡曾被稱為永遠不會賠錢的房地產投資市場。如今，數以千計的房屋已經空置；國際貨幣基金組織的報告顯示那裡的房價被高估了至少 15%。

　　曾經作為歐洲最繁榮房產市場的英國，由於沒有像愛爾蘭和西班牙那樣供應過量，房地產市場的下滑還在意料之中。實際上，從 2007 年夏天

開始，英國就感受到了房地產市場的絲絲寒意。在夏天的 2 個月時間裡，抵押貸款的許可額度與前年相比下降了 31%。而到了 2008 年 3 月分，英國的平均房地產價格下降了 2.5%，這是自從 1992 年以來單月下降的最大跌幅。雖然英國有最為完善的房地屋貸款制度，不過根據國際貨幣組織的統計，英國次級貸款占經濟總量的比例卻比美國還要高。不過，值得英國人慶幸的是，英國房地產市場還沒有惡化到像西班牙和愛爾蘭那樣的地步。因為住宅的投資資金數額分別占到英國和美國經濟總量的 5% 和 4%，而在愛爾蘭和西班牙，這一比例分別高達 12% 和 9%。

房地產市場動向可以說是日本經濟狀況的晴雨表。美國次貸危機以及隨後爆發的全球性金融危機，不僅導致日本經濟出現衰退，也使剛剛有所好轉的日本房地產市場再次遭遇寒冬。日本民間調查機構不動產研究所公布的調查結果顯示，2008 年 11 月分，日本首都住宅銷量同比下降 14.9%，連續 15 個月低於上年同期水準。在住宅銷量持續下降的情況下，日本新建住宅開工量和新建住宅供應量也在低位徘徊。次貸危機爆發後，歐美房地產基金撤離日本市場，對日本房地產造成較大打擊。與此同時，房地產行業倒閉的企業數量也在急劇增加。

五、高糧價引發世界糧荒

美國前國務卿季辛吉（Kissinger）說：「如果你控制了石油，你就控制了所有的國家；如果你控制了糧食，你就控制了所有的人。」

糧食是經濟的命脈，它的力量是足夠驚人的。自從美國次貸危機爆發以後，愈演愈烈的糧食危機又一次籠罩全球。據統計，全球米價自 2008 年以來，在短短不到半年間，平均飆漲了近 3 倍，在印度，每噸達到 1,000

美元，全球基準的泰國香米的指示性報價達到每噸 950 美元至 1,000 美元之間，而在 2008 年 3 月之前，這個價格僅為 330 美元左右。小麥在過去一年來也上漲了兩倍，在 2008 年 2 月間，居然飆漲了 25%。

　　糧食價格的漲幅速度令人瞠目結舌，糧食短缺現象在全球也越來越嚴重。從供需關係上來看，糧價飆漲無疑是供需失衡下的現象。全球糧食的生產供應遠低於當前全球民眾的生存需求，以至於糧食價格節節上漲。在這種殘酷的市場規律主導下，越是貧困地區的民眾，就越容易首當其衝的被飆漲的市場價格排除在外，因無力購買糧食而面臨生存危機。

　　糧食危機對富國或跨國企業公司而言，卻是撈錢的大好時機。美聯準為應對次貸危機連續降息，釋放出大量「熱錢」，由於美國股市低迷和美元疲軟，投機資金對大宗商品的炒作吸引更多逐利資金流入。當美國農業部連續數月預測美國小麥庫存將降至 60 年來新低時，小麥價格飆升，2008 年 2 月分明尼亞波利斯穀物交易所的春小麥期貨合約曾經出現連續 11 個交易日漲停的「壯觀」行情；在市場傳言農曆春節前後雪災造成植物油短缺的背景下，芝加哥大豆期貨屢創新高；當前國際稻米供應吃緊，世界最大稻米進口國菲律賓被迫赴美國市場大宗採購稻米，芝加哥糙米期貨價格在 4 月分不斷刷新紀錄。

　　根據美國農業部公布的資料顯示，2007 年美國玉米、大豆和小麥三種農作物的產值達到 926 億美元。美國也是上述三種糧食作物最大的出口國，而其產值的一半被農產品期貨買家持有。可以說，華爾街的投機家是世界上最大的糧食囤積居奇者。在投機資金將大豆等農產品價格連續炒作至歷史高位之後，開發中國家的進口成本成倍增加，消費者最終買單，收入微薄的窮人則可能陷入忍飢挨餓的困境。

當世界糧食庫存只能供應人類 54 天的消費時，我們該怎麼辦？這樣的危機陰霾過去似乎只是存在於電影或者科幻小說之中，如今它卻成了事實：在菲律賓馬尼拉市街頭，人們排起了買米的長隊，每天每人限購 3 公斤稻米；暴漲的糧價更是相繼在海地、埃及、喀麥隆、布吉納法索、塞內加爾、象牙海岸等 37 個國家引發抗議和騷亂，甚至政府更替……世界糧食計畫署正面臨著成立 45 年來最大的一次挑戰，並把這場如瘟疫般四處蔓延的糧食危機稱之為「沉默海嘯」。

2007 年 12 月 18 日，美國眾議院通過了自 1975 年以來的首個能源法案，要求減少石油進口，大幅增加乙醇等生物燃料的添加比例，實質是把出口的糧食轉化為乙醇燃料。這個法案讓那些長期從美國進口糧食的國家感到迷亂、不安、無所適從，因為糧食被大量用於生物能源，那麼糧食價格肯定上漲，必然會引起與工業品價格的競爭。農產品價格的上漲，必然會吸引更多的資金投向農業，這樣工業品的價格也必然會提高。當前世界糧食市場正處於和平年代從未有過的緊張形勢之中，數以百萬公頃計的糧田被改作生產汽車燃料，而這種燃料排放物的毒性，比起汽油來還要大得多──這成了全球糧食危機的一個大禍根。不僅如此，如果美國把糧食危機傳導到全世界，是否可以拯救美元的弱勢危機、從而達到「圍魏救趙」的目的呢？答案不言而喻。從這個意義上說，這就是齷齪的「富國汽車與窮國老百姓爭奪口糧」計畫。

墨西哥《每日報》曾引用美國斯特拉福策略預測機構指出，糧食已成為地緣政治中的王牌。美歐是世界最大的糧食囤積居奇者，他們正在發起世界「糧食大戰」，以迫使石油輸出國組織中那些不聽命於自己的國家屈從，因為糧食恰恰是這些石油大國的軟肋。一旦糧食供給出現短缺，老百姓就要忍飢挨餓，繼而可能出現暴動。這樣一來，政府就要處於腹背受敵的境地。在斯

特拉福策略預測機構看來，地緣政治中的王牌將是糧食，而非石油。

　　美國在糧食危機來臨之前就已提前採取了「兩手策略」：先是大量買入工業品，增加庫存以防漲價；同時廉價出口糧食，把各國農業擠垮，進一步讓農業上的主動權掌握在自己手中。這「兩手策略」既可以對石油漲價來一個有力的反制，又可以檢驗世界各國糧食口袋是否牢靠。

　　國際金融龍頭無疑是這場糧食戰爭的「推手」，他們既是做市商，又是投機者。隨著小麥、大豆等農產品價格狂漲，投機資本興風作浪，壟斷了世界糧食交易量的80%、簡稱為「ABCD」（它們分別為 ADM、邦吉、嘉吉和路意達浮）的四大跨國糧商。為了攫取更高額的壟斷利潤，他們或明或暗的與金融投資家聯手或配合。擁有糧食定價權的也是四大糧商。在近 30 年的歷程中，政府漸漸「退出」糧食市場，從選種、耕種、面積、化肥、農藥、產量、儲藏、運輸等環節都由四大糧商占據，並形成了前所未有的定價優勢和能力。這些糧食龍頭們在瘋狂的擴大收入的同時，也在不斷的擴大其政治影響力。他們的介入使得像美國農業部這樣本應代表農民利益的機構，居然會參與開發種子絕育技術，而這種「生物工藝」，只能讓農民們更加依賴這些糧食龍頭 —— 被資本「綁架」的政府也在國家利益和民主包裝的掩護下，力圖推動糧食的政治化，從而使得糧食的本來面貌，變得更加模糊不清。最終，糧食作為一項關乎國計民生的生活必需品，其影響力已經不再是一般人所熟知的徵糧派款、租稅分成那麼簡單，而是成為國際政治硬實力的一項象徵，從而嚴重威脅到世界糧食的穩定與安全。

　　再者就是食物企業。當今世界逐漸形成了一個「沙漏式」的食物體系：沙漏的上端和下端分別是數量龐大的生產者（農民或農場主人）和消費者；沙漏中間細細的瓶頸部分是生產者和消費者溝通的通道 —— 即食物企業。食物企業決定以什麼價格從生產者手裡收購原料，再經過一番加工以

後，以什麼價格賣給消費者。在這個過程中，生產者和消費者也在慢慢的喪失糧食或食品的定價權。

曾任美國雷根（Reagan）政府農業部長的約翰‧布洛克（John Block）就這樣說過：「糧食是一件武器，用糧食卡住各國的命脈，它們就不會搗亂。」在未來，糧食戰爭將是比石油戰爭和貨幣戰爭更可怕、殺傷力更強的戰爭。

六、金融風暴下的石油危機

2008 年 6 月 6 日，紐約商品交易所正在掀起一場極大的波瀾，一場激烈的對決正在打響。許多交易員手裡握著大量買進的單據，原油期貨成交價格不斷被推高，短短幾個小時，紐約原油期貨價格暴漲了 10 美元，一舉登上了每桶 139 美元的歷史高位。人們對油價每一次自以為大膽的極限猜想，都被證明是錯誤的，只有在危機期間才真正體會到了什麼叫「沒有最高，只有更高」。

20 世紀以來石油就被稱為「工業血液」，無法想像地球上可以沒有石油。石油危機，從來就不是單純的石油問題，它是石油政治的爭執，甚至會激烈到石油戰爭上。

全球先後發生過三次大的石油危機。1973 年 10 月贖罪日戰爭爆發，為打擊以色列及其支持者，石油輸出國組織的阿拉伯成員國於當年 12 月宣布收回石油標價權，並將其積陳原油價格從每桶 3.011 美元提高到 10.651 美元，使油價猛然上漲了 2 倍多，從而觸發了第二次世界大戰之後最嚴重的全球經濟危機。持續三年的石油危機對已開發國家的經濟造成了嚴重的衝擊。在這場危機中，美國的工業生產下降了 14%，日本的工業生

產下降了 20% 以上，所有工業化國家的經濟成長都明顯放慢。

　　1978 年底，世界第二大石油出口國伊朗的政局發生劇烈變化，伊朗親美的溫和派國王巴勒維（Pahlavi）下臺，引發第二次石油危機。此時又爆發了兩伊戰爭，全球石油產量受到影響，從每天 580 萬桶驟降到 100 萬桶以下。隨著產量的劇減，油價在 1979 年開始暴漲，從每桶 13 美元猛增至 1980 年的 34 美元。這種狀態持續了半年多，此次危機成為 1970 年代末西方經濟全面衰退的一個主要原因。

　　1990 年 8 月初伊拉克攻占科威特以後，伊拉克遭受國際經濟制裁，使得原油供應中斷，國際油價因而急升至 42 美元的高點。美國、英國經濟加速陷入衰退，全球 GDP 成長率在 1991 年跌破 2%。國際能源機構啟動了緊急計畫，每天將 250 萬桶的儲備原油投放市場，以沙烏地阿拉伯為首的石油輸出國組織也迅速增加產量，很快穩定了世界石油價格。

　　石油與金融歷來有著千絲萬縷的關聯。此次席捲全球的金融危機已令世界經濟陷入衰退，石油進口國的需求不斷萎縮，導致油價暴跌，又令主要石油出口國蒙受龐大經濟損失，直接影響到原油的投資開發。有媒體驚呼：第四次石油危機來啦！

　　全球經濟衰退使全球石油需求銳減，尤其是美國和歐洲市場的需求，從而導致原油價格不斷走低。國際能源署在 2008 年 10 月分的國際石油市場月報中預計，2009 年全球原油日均需求量為 8,720 萬桶，比上月預期值下調 44 萬桶。國際能源署還 7 次下調對 2008 年的全球原油需求預期。

　　據美國官方統計數字，美國 2008 年 9 月分石油進口量為日平均 862 萬桶，比 8 月分下降 13.5%，與 2007 年同期相比降幅更達 16.4%。此外，日本 9 月分日平均進口原油 386 萬桶，比前一個月減少 6.5%。10 月 27 日，

紐約商品期貨交易所輕質原油期貨價格收於每桶 63.22 美元，為 2007 年 5 月 29 日以來最低收盤價。倫敦國際石油交易所北海布倫特原油期貨價格收於每桶 61.41 美元，比起 7 月分 147 美元的最高紀錄下跌近 60%。

　　2005 年年中之前，石油價格逐步走高，美國通脹率沒有像前兩次石油危機時那樣惡化。而在 2005 年中，當油價嘗試衝擊每桶 70 美元時，情況發生了改變，美國的通脹急升，能耗占家庭支出比例達到 1989 年以來的最高水準；而勞動生產率，則與石油價格一樣，受到美元貶值的影響——油價快速上漲，意味著美元兌石油貶值速度加快，這就吞噬了生產率的提高幅度。2006 年後的情況顯示，美國經濟仍然受到石油價格的牽制。

　　油價上漲，從兩個方面影響了美國居民的消費開銷：其一，推高通脹率，美元對內貶值，物價上漲。石油在美國 CPI 中的權重為 9.698%，2005 年 6 月到 2006 年 9 月（房屋成交量大幅跳水前兩個月），石油價格自每桶 45 美元上漲到每桶 70 美元，美國通脹率自 2.53% 上升到 4.69%，在 2.16 個百分點的通脹率上漲中，石油漲價貢獻超過了 1.5 個百分點（食品價格在其最高漲幅時的幅度不及能源價格上漲幅度的一半）。其二，石油漲價使得石油方面的開銷增加，美國消費者在 2006 年時的能耗支出占家庭開銷比重比 2003 年時增加 30%。此時，消費者迅速體會到，錢不值錢了。

　　2007 年石油價格再次上漲，以中國為代表的出口商品穩定物價的作用已遠遠不及石油對價格上升的影響，占有美國重要進口比重的石油和大宗商品價格指數（石油在美國的進口價格指數中占 27% 的權重），迅速躍升到 2004 年 2 ～ 3 倍的水準。包括中國在內的亞洲不少經濟體對石油價格進行補貼，堅持出口商品在 2006 年前仍保持低價，但大宗商品和金屬原料價格的上漲已超過了這些經濟體的補貼能力，包括中國在內的經濟體也都出現了通脹情況，這些因素同時傳導到了美國，美國的通脹率直線上

升，房地產和汽車消費市場加速惡化。

受全球信貸危機和原油價格回落影響，主要產油國已開始承受預算壓力，被迫推遲建設項目。委內瑞拉和伊朗兩國政府都依賴高油價來支撐經濟，否則經濟就會面臨動盪。在兩國大力呼籲下，OPEC 提前至 2008 年 10 月 24 日召開部長級會議，決定將原油日產量削減 150 萬桶，以穩定油價。

石油，被人們稱為黑色的金子、工業的血液。今天，石油已經像血液一樣維繫著社會生活的運轉、經濟的發展甚至政治的穩定和國家的安全。一位英國石油專家曾這樣論斷：無論按什麼標準來說，石油工業都堪稱世界上規模最大的行業，它可能是唯一牽涉到世界每一個國家的一種國際性行業。所以，每當美國感到自身發展不對勁的時候，就會動用石油這張牌。

誠如業內專家所言：「統計顯示，油價上漲過後，其產生的溢價約有 10% 為石油輸出國獲得，而將近 90% 被美國人收入囊中。所以，從表面上看高油價弱美元似乎是投機力量在借題發揮，其實背後真正的操控者是美國政府和經濟調控當局。」

七、國際油價、期貨、黃金、美元之間的關係

在世界經濟的發展過程中，黃金、美元與石油一直是人們關注的焦點，而這三者之間也有內在的關聯，並且直接影響著商品期貨和本國貨幣的波動，可以說是世界經濟「晴雨表」中最重要的一環，是一國經濟很重要的決定力量。

1. 黃金與美元的負相關關係

長期以來，由於黃金的價格以美元計價，受到美元的直接影響，因此，黃金與美元呈現很大的負相關性。

首先，美元的升值或貶值將直接影響到國際黃金供求關係的變化，從而導致黃金價格的變化。從黃金的需求方面來看，由於黃金是用美元計價，當美元貶值，使用其他貨幣購買黃金時，等量資金就可以買到更多的黃金，從而刺激需求，導致黃金的需求量增加，進而推動金價走高。相反，如果美元升值，對於使用其他貨幣的投資者來說，金價變貴了，這樣就抑制了消費，導致金價下跌。

其次，美元的升值或貶值代表著人們對美元的信心。美元升值，說明人們對其信心增強，從而增加對美元的持有，相對而言減少對黃金的持有，從而導致黃金價格下跌；反之，美元貶值則導致黃金價格上升。

值得注意的是，我們所說的美元與黃金的負相關性是從長期的趨勢來看的，從短期情況來看，也不排除例外。

2. 黃金與石油的正相關關係

黃金與石油之間存在著正相關的關係，也就是說黃金價格和石油價格通常是正向變動的。石油價格的上升預示著黃金價格也要上升，石油價格下跌預示著黃金價格也要下跌。

首先，油價波動將直接影響到世界經濟尤其是美國經濟的發展，因為美國經濟總量和原油消費量均列世界第一，美國經濟走勢直接影響美國資產品質的變化從而引起美元升跌，進而引起黃金價格的漲跌。據國際貨幣基金組織估算，油價每上漲 5 美元，將削減全球經濟成長率約 0.3 個百分點，美國經濟成長率則可能下降約 0.4 個百分點。當油價連續飆升時，國際貨幣基金組織也隨即調低未來經濟成長的預期。油價已經成為全球經濟的「晴雨表」，而高油價也意味著經濟成長不確定性增加以及通脹預期逐步升溫，繼而推升黃金價格。

3. 美元與石油的負相關關係

美國經濟長期依賴石油和美元兩大支柱，其依賴美元的鑄幣權和美元在國際結算市場上的壟斷地位，掌握了美元定價權；透過超強的軍事力量，美國又將全球近 70% 的石油資源及主要石油運輸通道，置於其直接影響和控制之下，從而控制了全球石油供應，掌握了石油價格。從長遠來說，當美元貶值時，石油價格上漲；而美元趨硬時，石油價格呈下降趨勢。

4. 美元與期貨的負相關關係

商品期貨都是以美元結算的，美元升值，貨幣也就隨之升值，這通常會影響期貨價格，使其下跌。換言之，美元升值通常被視為非通貨膨脹。

八、失業為全球埋下定時炸彈

源於美國次貸的金融危機，已經開始影響實體經濟，各行各業均舉步維艱，企業紛紛忙著準備「過冬」，隨著裁員減薪潮的到來，全球進入了前所未有的大失業時代。

專家預測，到 2009 年底，全球失業人口將從 2007 年的 1.9 億上升到 2.1 億，創出近 10 年的新高。失業率上升將令各國政府面臨更沉重的壓力。全球失業潮之下，動盪正在埋伏。BBC 記者在美國街頭採訪普通百姓，就有人憤怒的指出：「什麼是有組織犯罪？我看華爾街這些券商就是有組織的犯罪。」

就業是每個政府首先要解決的問題。無論是求發展還是求穩定，就業問題解決不了，一切都是妄談。有充分的就業作為前提，消費需求才能被帶動起來，促進經濟成長的一大引擎才能發動起來。但是，次貸危機正在

成為就業者的夢魘。

2008 年 10 月 31 日，歐盟統計局公布的資料顯示，9 月分歐元區的失業率為 7.5%，高於去年同期的 7.3%。而 9 月分歐盟 27 國的失業率由前一個月的 6.9% 升至 7.0%。這顯示經濟不景氣導致就業形勢日趨嚴峻。調查還顯示，首次領取失業補貼的人數也有所增加。一旦經濟危機長期化，將導致就業危機擴大，消費等方面也可能受到不利影響。從 2008 年 7 月開始，普通求職者（不包括季節性勞動者在內）領取失業補貼的人數連續突破 60 萬，9 月更是達到 60.6 萬，自 2007 年 5 月以來首次出現同比成長。分析人士擔心，受金融危機衝擊，世界經濟形勢顯著惡化，就業形勢只會更加嚴峻，而失業人口增加反過來會對推動經濟成長的個人消費產生消極影響。

在次貸危機中，窮人成了華爾街金融家們掠奪財富的道具，他們被剝奪了僅有的財富。隨著次貸危機的惡化，越來越多的人失業，越來越多的窮人因為還不起每月貸款而被迫離開家園，以至於在一些城市出現了此類人群聚集的「帳篷城」。美國社會學家認為，隨著美國越來越多的家庭斷供，社會會因為流浪、犯罪及疾病數字的飆升而動盪不安。事實上，隨著斷供浪潮的出現，罪案的確開始增加。

就業是決定社會能否穩定的最重要指標之一。倘若次貸危機繼續惡化，導致越來越多的人失業，那麼世界就將在動盪不安中前行。這絕不是危言聳聽。

2008 年 12 月，在雅典伊哈瑞亞區，一群年輕人向路過的警車投擲石塊，37 歲的警察和他的年輕助手因此和約 30 名年輕人發生衝突，導致一位 15 歲少年中彈身亡。少年之死迅速引爆了一場讓世界震驚的騷亂。從

當天開始，先是雅典，然後是北方第二大城市塞薩洛尼基、克里特島行政中心干尼亞、科孚島和帕特雷等地，成百上千的高中生、大學生、老師以及無政府主義者舉行示威抗議，繼而是愈演愈烈的衝突和暴力，銀行、商店被焚燒甚至洗劫。戴著面具和頭罩的年輕人掀翻汽車，點燃垃圾桶當作路障，向警察投擲石塊和燃燒瓶，警察則報之以催淚彈。每當有警察被擊中，示威者就高唱著名的口號：「警察！笨豬！殺人犯！」一些年輕人甚至縱火點燃雅典市中心憲法廣場的大型聖誕樹，然後在樹前拍照留影。

隨後，6,000多人參加了15歲少年的葬禮。抗議者與警察再起衝突，雅典市中心一片混亂，87名示威者被逮捕。希臘中小學和大學均閉校。在西部城市，一些高中生襲擊了4所警察局，但防暴警察並沒有還擊。

抗議浪潮甚至蔓延至希臘在多個歐洲國家的使領館。20多名示威者占領德國首都柏林市中心的希臘領事處以示抗議。約40名示威者聚集到倫敦的希臘使館外，扯下並點燃使館門前的希臘國旗，英國警方最終逮捕了5名拒絕離開的示威者。在西班牙，示威者與警察發生衝突，11名抗議者被捕，多名警察受傷。在丹麥哥本哈根的希臘使館也發生了類似衝突，32名抗議者被捕。希臘駐莫斯科和羅馬使館也受到火焰彈襲擊。

據悉，這次示威遊行的主要族群是學生，包括大學生和畢業沒有工作的學生。有的媒體說他們是月收入700歐元的一代，其實他們月收入甚至只有三、四百歐元。很多人都沒有正職工作，靠打些零工為生，前途非常渺茫。在這種背景之下很容易發生極端行為。

第二章　躲不了的經濟週期

　　經濟學的典籍中從來就不乏妙喻，最著名的可能要算亞當・史密斯（Adam Smith）的「看不見的手」。經濟總是逃不開繁榮到蕭條的週期，歷史經驗顯示，選擇合適的投資策略時絕不能無視宏觀經濟週期的存在。而順應經濟週期做出合理的投資策略選擇，則可以獲得更多的超額投資收益。在經濟蕭條時，我們更要捕捉市場機會，從而獲得更高收益。

一、經濟週期的規律

　　「美國的牛市終於崩潰了，股票就像跌進了一個極大的漩渦之中直線下降，許多績優股下跌了 25% 以上……流動性的短缺正在逐步惡化，股票與商品的價格都在下跌……衰退開始了。而且，問題並不限於美國，日本的股票交易隨著一系列違約事件的發生也大幅跳水，在歐洲，也出現了恐慌的跡象……危機已經蔓延到了世界各地……緊張的客戶開始撤回資金，這觸發了連鎖反應，很快就波及到其他的銀行與信託公司……」

　　上面這段文字描述的是近年肆虐全球的金融危機嗎？如果你以為是，那你就錯了。事實上，這是發生在 1907 年經濟危機的景象。由此可見，儘管過了 100 多年的發展，人類社會的技術水準和生活環境發生了天翻地覆的變化，但卻並沒有使人類在經濟波動面前表現出多少偉大的進步 —— 包括在經濟步入下降之前的盲目樂觀和衰退開始之後又感到如「世界末日來臨」般的恐慌。

海水既然有落潮，也一定會有漲潮。經濟亦然。任何時候都不能忘記或忽略「經濟週期」的存在。在經濟整體活動中呈現出有規律的擴張和收縮的過程，就是經濟週期。一位著名的經濟學家曾經這樣描述：在繁榮之後，可能會出現恐慌和暴跌，經濟擴張因此讓位於衰退，國民收入、就業和生產下降，價格和利潤下降，工人失業。當經濟最終到達最低點以後，復甦階段開始出現，復甦既可以是緩慢的，也可以是快速的，新的繁榮階段表現為長期持續旺盛的需求，充足的就業機會以及成長的國民收入。

任何國家或地區都避免不了經濟週期性的波動。對於國家政策的制定者來說，準確掌握經濟運行趨勢，拿出合適的經濟對策與調控措施，才能有效的防範經濟劇烈震盪，保證社會和諧發展。對於微觀的企業來說，正確評估市場景氣程度，據此來調整業務規模，最佳化資產與負債的比例，對於企業的生存與發展至關重要。

當經濟開始步入衰退和蕭條期時，人們面臨的不僅是資金縮水、薪酬降低的問題，而且還有失業的威脅。不過，收縮的市場環境總會導致一些企業因為投資失誤、虧損等原因而倒閉，由此也會引發一些勞動者失業。一旦企業破產比例達到一定程度，失業就會成為嚴重的社會問題。

在經濟發展一片繁榮的時候，人們往往過於樂觀而做出「烈火烹油」的事情 —— 進一步擴大生產、過度消費、參與高風險投資等，實際上這些舉動往往帶來了過度的產能擴張及非理性的資產泡沫，反而釀就了由盛轉衰的動因。而在泡沫破裂、經濟開始下行時，由於產業之間的相互波及，企業家普遍對前景感覺悲觀，由此收縮投資，銀行也開始借貸，居民減少消費，悲觀情緒的相互傳染進一步加劇了蕭條。實際上，有經驗的投資人士會發現，往往在最悲觀的時候，轉機已經開始出現。社會心理的過度反應，在投資過程中是一個值得注意的現象。

經濟下行時，人們普遍存在著悲觀情緒。但事實上，經濟復甦總會來臨。因為，在蕭條持續一段時期以後，由於薪資削減、原料價格下跌、利息率下降和生產方式改進等原因，投資的成本降低，積極因素會誘使新的投資出現，從而形成了促使蕭條走向復甦的力量。

經濟永遠都在成長、衰退和危機之間循環往復，讓我們常常從樂觀的高峰跌落到失望深淵，又在某種契機下東山再起。市場經濟變化多端，唯一不變的就是其變化的週期性。在大海風平浪靜時，任何人都可以掌舵。問題是，我們都無法逃離經濟的狂風驟雨。在興風作浪的經濟週期面前，無論是企業還是個人，都顯得微不足道。

二、第一次世界經濟危機始末及應對措施

從西元 1825 年英國爆發普遍生產過剩危機後，現代經濟的週期循環便宣告開始。西元 1857 年的經濟危機是第一次具有世界性特點的普遍生產過剩危機。

這也是第一次在美國、而不是英國開始的危機。由於英國對美國鐵路建設進行了大量的投資，故美國鐵路投機的破產對英國也造成了很大的震動。西元 1847 年經濟危機結束後，從西元 1850 年開始的週期性高漲的最重要特點是世界貿易的急劇擴大，西元 1850 年代世界貿易的年平均成長額比前 20 年提高了 2 倍。

隨著 19 世紀初鐵路的發明，世界經濟歷史被徹底改寫，我們有理由說：正是鐵路把無數小規模的地方經濟連結在一起，創造了真正意義上的世界經濟。與此同時，伴隨著西元 1848 年美國加州金礦的發現，淘金熱在美國出現，為了把黃金從美國西北迅速運往東部，美國鐵路得到了空前

的發展：西元 1835 年美國只有 1,600 公里的鐵路線在營運，到西元 1840 年這一數字也只達到 5,000 公里，而到了西元 1850 年，美國鐵路已長達 16,000 公里，南北戰爭爆發時，已經有近 50,000 公里的鐵路線縱橫交錯在美國大陸上。

在同一時期，人類歷史的重大發明之一 —— 電報，也隨之出現。電報的出現對世界經濟發展產生了重大而深遠的影響。市場的大小永遠取決於通訊所能夠涵蓋的範圍，電報在前工業經濟時代和鐵路一起，將世界經濟連為一體。或許是歷史的偶然，這兩項發明在同一個時代出現，並被應用。到西元 1856 年，總長 37,000 公里的電報線將美國主要的大城市連接起來。一個帝國的崛起，總是伴隨著一定的偶然因素，電報發明於西元 1850 年代，確保了紐約成為美國的金融中心，也確保了華爾街這個金融帝國的崛起。假如電報早 30 年被發明的話，那麼美國的金融中心將很有可能是費城而不是紐約了，而華爾街也就不會為今天的人們所熟悉。世界金融史也許將被改寫。

鐵路、電報和黃金，新技術與資源的偶然高效能結合，促使了美國經濟空前的發展。正是因為人們對黃金這種天然貨幣的貪婪，才促使了鐵路業在美國的高速發展，這個把人類帶入現代工業社會的產業在美國的發展超過了當時世界上任何一個國家，包括世界霸主大不列顛帝國。西元 1848 ～ 1858 年，美國建成的鐵路約達 33,000 公里，超過了其他國家所建鐵路的總和。這一切再一次向人們展現出了貪婪的力量，假設黃金沒有在美國被發現，那麼鐵路在美國的發展速度很可能不會那麼的迅速。

金錢總是有著聚集的趨勢，股票、債券、黃金很快就集中到了那些金融活動盛行的地方。這個時代的世界金融中心是倫敦，而紐約則成為了美國的金融中心。鐵路業作為資本密集型行業，發展需要大量的資金來維

繫,在華爾街這個金融天才層出不窮的地方,很快就發明了更多的融資方式為修建鐵路籌集資金。鐵路證券很快就成為華爾街的主要品種,到南北戰爭爆發的時候,鐵路股票和債券相當於美國證券的三分之一。在對利益的追逐下,英國也開始把大量資金投入美國的鐵路行業,在獨立戰爭之後又一次拉近了英國與美國的距離。

隨著金礦的開採和鐵路的蓬勃發展,各種生產資料和消費資料的需求急劇擴大。大量運出的黃金引起了大量商品的回流,美國第一次,也是人類歷史上第一次,把越來越多的國家和地區捲進了世界市場之中。加之為了躲避歐洲大陸的革命風暴,大量資本流入英國和美國,從而進一步加速了這兩個國家的經濟發展,並帶動其他國家經濟隨之發展。在這種情況下,世界貿易額迅速增加,從西元 1850 年代起,年平均成長速度比以前的 20 年提高了近 2 倍。經濟的迅速成長還促使交易所和信用領域過度膨脹,從而進一步為經濟危機的到來創造了條件,最終釀成了一次世界經濟危機。

「除了來一場大崩潰,這一切還能以什麼收場呢?」美國《紐約先驅報》在西元 1857 年對華爾街的貪婪發出警報,隨後,一場前無古人的世界性經濟危機隨之到來,對人們的貪婪給予猛烈回擊!

西元 1857 年 8 月 7 日,美國密西根中央鐵路股票價格率先開始下跌,隨之美國的另外幾家鐵路股票也開始下跌。很快,密西根中央鐵路被美國政府接管。貨幣金融危機隨之而起,在紐約的 63 家銀行中,竟有 62 家停止支付。生產領域很快就受到了衝擊,西元 1857 年,美國破產的企業多達 5,000 多家,損失的資本總額約 3 億美元。由於英國對美國鐵路業的鉅額投資和兩國經濟的緊密連結,經濟危機很快波及到當時最強大的英國,大量銀行和企業承受不住危機的衝擊而紛紛破產,損失超過了 8,000 萬英

鎊。企業倒閉和生產下降，使英國全失業和半失業的工人數量激增。經濟危機也蔓延到了德國、俄國、奧地利、義大利和北歐國家。由於經濟大國普遍發生經濟危機，初級產品的國際貿易大幅度減少，價格猛跌。廣大殖民地和附屬國一向以出口初級產品為主，經濟危機引起的貿易削減、價格下跌，使他們遭受了重大的損失。

西元 1857 年經濟危機最後靠強有力的方法解決，美國爆發了著名的「南北戰爭」。其後，奴隸制的消滅、宅地法的實施、重工業的發展，為美國加速發展創造了十分有利的條件。

三、1929 ～ 1933 年的經濟大蕭條始末及應對措施

美國前美聯準主席葛林斯潘（Greenspan）說：「大蕭條時代，是一段令人無法忘懷的歷史，這是一次想起來就會感到戰慄的記憶，這是一個隨時會變成惡夢，並讓人從睡夢中驚醒的時代。」

1929 年經濟危機，是人類歷史上最嚴重的蕭條期，道瓊指數跌去 90%，全球逾 5,000 萬人失業，生產倒退 20 ～ 30 年，工業生產下降 37.2%，美國 10 萬多家企業破產、6,000 家銀行倒閉，失業率高達 30%，物價暴跌 33%，國際貿易縮減 40%。全國經濟整整蕭條了 12 年，歷經兩屆美國總統才把國家從蕭條與倒退中拯救出來。

1920 年代，美國證券市場興起投機狂潮。「誰想發財，就買股票。」成為一句口頭禪，人們像著了魔似的買股票，夢想著一夜之間成為百萬富翁。有人估算，1920 年代的這些市場交易，其中 90% 與其說是長期投資，還不如說是賭博冒險。瘋狂的股票投機終於引發了一場經濟大災難。

1929 年 10 月中旬，美國前總統胡佛（Hoover）向無限樂觀的美國人民

宣布：征服貧窮不再是一個遙遠的夢想，「我們有機會沿襲過去 8 年的政策繼續向前，在上帝的幫助下，我們很快就會看到，把貧窮從這個國家驅逐出去的日子就在前頭。」

言猶在耳，10 月 24 日，紐約證券交易所股票價格雪崩似的跌落，人們歇斯底里的喊叫著拋售股票，整個交易所大廳裡迴蕩著絕望的叫喊聲。這一天成為可怕的「黑色星期四」，並觸發了美國經濟危機。然而，這僅僅只是災難的開始。29 日，交易所股價再度狂跌。一天之內 1,600 多萬股票被拋售，50 種主要股票的平均價格下跌了近 40%。這一天，紐約股票市場崩潰，經濟大危機由此開始。

在接下來的 3 年裡，美國股票市場縮水 89%，在 1932 年 7 月到達歷史低谷後，直到 1954 年才回到了 1929 年的最高水準。當時，絕望的儲戶們狂敲銀行的大門是常見的街景。

在這次大災難中，數以千計的人跳樓自殺，即使如費雪（Fisher）這樣的大經濟學家也不能倖免：在數天中，損失數百萬美元，頃刻間傾家蕩產，從此負債累累，在貧困潦倒中與世長辭。

如果說 1929 年的金融風暴是場高燒的話，接下來的大蕭條則是場嚴重的慢性病。華爾街的坍塌不過是場富人的劫難。但大蕭條就不同了。後來的學者估算，大蕭條的 10 年，美國一半的勞動力被閒置，共損失了 1 億零 40 萬個勞動年（person-year of labor）。經濟生產總值的損失，如果以 20 年的僱用水準計算，按當時的美元價值達到了 3,600 億，足可以蓋 3,500 萬所住宅、造將近 1 億 8,000 萬輛車，建 70 多萬所學校！與此同時，大約 1,300 萬人失業。這些人中絕大部分是家裡唯一的工作人口，這也就意味著千萬個家庭失去了收入。乃至羅斯福（Roosevelt）在 1937 年還說：

「三分之一的國民長年衣不蔽體、居無所安、營養不良。」一句話，飢寒交迫，已經成了當時美國社會的日常現象。

在這場災難中，不同的美國人也是各有各的不幸。而受打擊最嚴重、也最容易被人們所忽視的，卻是美國的農民。美國農場的總收入從 1929 年的 60 億美元急跌到 1932 年的 20 億美元。密西西比這個農業州的年平均所得，在 1929 年為 239 美元，到了 1933 年則跌到了 117 美元！

在城市人口中，婦女往往是最先失去工作的。不過，無論從經濟上還是文化上，受打擊最大的還是男人。當時的美國，一般的家庭都是丈夫出去工作，婦女待在家裡。大部分女工，也不過是婚前出去工作，結婚生子後的婦女只有十分之一在外面工作。所以，大蕭條剛開始時，工廠解僱員工首先的目標是那些拿「第二份薪資」的婦女。可是，畢竟人數很少，而且根據當時的社會觀念，工作上也有頗為嚴格的性別分工。男人從事的工作，特別是重工業，失業比例最高。這便改變了家庭內的權力分配。本來，男人是一家之主、是讓全家吃飽穿暖的人，妻子對他小心，孩子對他敬畏。如今，做父親的無法養家，就不再是一家之主了。婦女接管了家庭財政。即使是政府的救濟，也是發給家裡的女主人。

那些曾經氣勢沖天的大企業，如美國鋼鐵公司，股價從 262 美元縮水至 21 美元；通用汽車公司的股價從 92 美元，縮水至 7 美元……

1933 年，羅斯福就任美國總統後，立即以「新政」救治經濟危機，並呼籲美國人民支持他的「大膽實驗」。作為總統，他召開了近千次記者招待會，並設立了著名的「爐邊談話」。他利用剛剛普及的收音機對選民說：「我的朋友，我要告訴你們最近幾天我們都做了什麼、為什麼要這樣做、下一步要怎麼走。」這是歷史上第一次，老百姓覺得總統定期會到自己的

家裡來和自己聊天、匯報工作。不管生活多麼艱難，他們覺得總統是自己的總統，站在自己這一邊。

「新政」的主要內容有：整頓金融業，恢復銀行信用，貶值美元，刺激出口；恢復工業，強化國家對工業生產的調節和控制，防止盲目競爭引起生產過剩；調整農業，壓縮農業產量，穩定農產品價格，維護農業生產；興辦公共工程，減少失業，擴大消費需求；進行社會救濟穩定社會秩序。

從 1933 到 1935 年是「新政」初期。羅斯福對應付危機並無把握。他告訴助手們要反覆試驗，一招不靈再試一招，關鍵是要讓人民知道政府有所行動。在他就職演說後的第二天（1933 年 3 月 5 日），就宣布關閉銀行 4 天。為了減少恐慌，他把這 4 天稱為「銀行節日」。3 月 9 日，他推動國會通過銀行緊急法案，使健康的銀行重新開門營業，並接受聯邦政府的支援，不良銀行則交聯邦政府整頓。3 月 12 日，他在「爐邊談話」中向老百姓解釋了自己這樣做的理由。結果，當第二天銀行開門時，不僅瘋狂擠兌的現象沒有出現，存款量反而超出了提款量。隨後，他對最高到 2,500 美元的銀行存款提供聯邦擔保，並於次年成立了證券交易委員會以規範股市，逐漸穩定了金融市場。

不過，他重振經濟的計畫並無明顯效果。最有意義的改革，還是在 1935 ～ 1936 年的第二次「新政」中出臺。其中最為重要的，莫過於 1935 年被國會通過的「社會安全法案」。該法案對退休的和突然失業的人提供了基本的保護，不僅使人有了基本的安全感，也保證了經濟危機時期的消費能力。這一法案的通過，象徵著美國政治價值的根本性轉變：政府和人民之間的社會契約，取代了自由放任時代自助、個人責任的原則。這一政治價值，也隨著羅斯福以絕對壓倒優勢獲得連任而被美國人民所肯定。

　　從 1933 年到 1938 年，雖然「新政」持續了 5 年，卻仍沒有使美國走出大蕭條。真正讓美國走出大蕭條的，還是第二次世界大戰：戰時經濟充分消化了美國過剩的生產力，長期兩位數的失業率一下子變成了零，乃至待在家裡的婦女也被鼓勵出來工作。二戰結束後，美國產品隨著馬歇爾計畫如洪水般的席捲了世界，整個西方世界變成了美國龐大的市場。危機至此煙消雲散。

四、1974 年由石油引發的經濟危機始末及應對措施

　　1973 年 10 月 16 日，震驚世界的石油危機爆發。原油價格從每桶 3.011 美元提高到 10.651 美元，猛然上漲了 2 倍多，從而觸發了第二次世界大戰之後最嚴重的全球經濟危機。持續 3 年的石油危機對已開發國家的經濟造成了嚴重的衝擊。在這場危機中，美國的工業生產下降了 14%，日本的工業生產下降了 20% 以上，所有工業化國家的經濟成長都明顯放慢。

　　鮮為人知的是，這次危機的爆發，實際上是英美石油龍頭和金融投機者在政府支持下精心策劃的結果。至於其最終目的，則是為了進一步控制世界能源流通，並藉機牟取因石油溢價而產生的鉅額利潤。

　　理查・尼克森（Richard Nixon）任職第一年（1969 年）的歲末，美國經濟再度出現衰退跡象。為扭轉低迷的經濟形勢，華盛頓不得不大幅降低利率。結果，為尋求更高的短期收益，投資者紛紛把資金轉往歐洲和其他地方，總額達到了 200 億美元。到 1971 年 5 月，美國出現了有史以來的第一次月度貿易逆差，並觸發了世界範圍內對美元的恐慌性拋售，局勢到了瀕臨絕望的程度。

　　當年 8 月 15 日，尼克森採納了智囊團的建議，這個智囊團包括總統

首席預算顧問喬治‧舒茲（George Shultz）和當時的財政部政策小組成員傑克‧貝內特（Jack Bennett）（後來擔任埃克森石油公司的董事）。於是，一件影響波及全世界的大事便發生在那個平靜且充滿陽光的夏日裡 —— 美國正式宣布美元與黃金「脫鉤」。此舉等於單方面撕毀了 1944 年布列敦森林制度的核心協定，意味著國外的美元持有者從此再也不能用美元去兌換美國的黃金儲備。華爾街大亨們的邏輯是：哪怕犧牲經濟發展或國家繁榮，他們在金融領域的權力也絕對不容他人染指。

尼克森策略的真正制定者來自極具人脈的倫敦金融財團。在對布列敦森林制度金本位制的拆解當中，西格蒙德‧沃伯格（Siegmund Warburg）、埃德蒙‧德‧羅斯柴爾德（Edmond de Rothschild）等人抓住了這個極其難得的機會，在世界範圍內掀起了一場史無前例的「拉斯維加斯式」投機狂歡。1973 年 2 月 12 日，美國政府不得不再次宣布將美元貶值 10%，美元兌換聯邦儲備黃金的比價變為 42：1。

1973 年 10 月 6 日，埃及和敘利亞入侵以色列，點燃了「贖罪日戰爭」的烽火。與一般大眾的印象相反，這場戰爭並非阿拉伯國家一時誤算的結果。相反，圍繞它的開戰，華盛頓和倫敦祕密策劃了一系列事件，並動用了由尼克森的國家安全顧問季辛吉博士建立的強大祕密外交管道：透過以色列駐華盛頓大使，季辛吉有效的控制住了以色列的政策反應；同時，他還開闢了與埃及和敘利亞的溝通管道 —— 做法十分簡單，就是在關鍵問題上向對方誤傳消息，確保戰爭和接下來的石油禁運按計畫展開。

據稱，美國情報機構的報告，包括截獲的阿拉伯官員之間關於確認已經開始戰爭集結的通訊，都被外號「情報沙皇」的季辛吉壓了下來。那場戰爭及其後果，乃至季辛吉後來的「穿梭外交」，實際上都是根據薩爾特舍巴登會議綱領安排的。結果，阿拉伯產油國成了千夫所指的替罪羊，而

應該負責的英美利益集團卻藏身幕後平安無事。

　　1973 年 10 月 6 日爆發戰爭當天，敘利亞首先切斷了一條輸油管，黎巴嫩也關閉了輸送石油的南部重要港口西頓。10 月 7 日，伊拉克宣布將伊拉克石油公司所屬巴士拉石油公司中美國埃克森和美孚兩家聯合擁有的股份收歸國有。接著，阿拉伯各產油國在短短幾天內連續採取了三個重要步驟：

- 10 月 16 日，波斯灣地區的科威特、伊拉克、沙烏地阿拉伯、卡達、阿拉伯聯合大公國 5 個阿拉伯國家和伊朗決定，將波斯灣地區的原油市場價格提高 17%。

- 10 月 17 日，阿爾及利亞等 10 國參加的阿拉伯石油輸出國組織部長級會議宣布，立即減少石油產量，決定以 9 月分各成員國的產量為基礎，每月遞減 5%；對於美國等支持以色列侵略的國家的石油供應，逐月減少 5%。

- 10 月 18 日，阿拉伯聯合大公國中的阿布達比大公國決定完全停止向美國輸出石油。接著利比亞、卡達、沙烏地阿拉伯、阿爾及利亞、科威特、巴林等阿拉伯主要石油生產國也都先後宣布中斷向美國出口石油。

　　1973 年 10 月，美國國內的原油庫存開始處於令人擔心的低水平線上，阿拉伯的原油禁運引發了美國大眾購買汽油的恐慌，各界紛紛呼籲實行配給制度，汽車排長隊加油成為街頭巷尾的常見現象。在金融界的壓力下，美國各州政府被迫大幅削減了公路、橋梁、醫院和學校的投資計畫以用來償還銀行債務，這使數以萬計的工人失業，美國最繁華的城市群也開始變得支離破碎。

在歐洲大陸，油價上漲的衝擊同樣帶來了自 1930 年代「大蕭條」後最可怕的景象。儘管德國政府制定了週末禁止開車上路的緊急規定，但隨著該國進口石油花費增至駭人聽聞的 170 億馬克，仍有將近 50 萬人因此失業。通貨膨脹率一度達到了令人恐懼的 8%，運輸業和農業遭受了毀滅性打擊，鋼鐵、造船和化工等關鍵性工業部門也陷入了深重的危機。

對世界上開發中國家來說，能源價格一夜之間上漲 4 倍的影響顯得更為嚴重 —— 它們大多沒有多少國內石油資源，不僅支付不起飛漲的能源價格，從石油中提煉化工原料和肥料就更不用說了。以印度的情況為例，1974 年，該國外匯存底為 6.29 億美元，但要支付的石油進口帳單幾乎是這個數字的 2 倍，達到 12.41 億美元。按照國際貨幣基金組織的統計，1974 年，開發中國家承受了總額為 350 億美元的貿易赤字，比前一年增加了整整 4 倍，與油價的漲幅恰好相當。

表面上看，阿拉伯國家的石油爭鬥，突破了美國石油壟斷資本對國際石油產銷的控制，沉重打擊了美國在世界石油領域的霸權地位，為全球經濟帶來了威脅。實際上，這樣的結果正是策劃者的初衷。就在季辛吉等人精心謀劃的石油危機對世界工業成長造成毀滅性打擊時，它卻為少數人帶來了實實在在的利益 —— 首當其衝的就是綽號「七龍頭」的英美跨國石油公司同盟。到 1974 年，埃克森公司已超越通用汽車而成為全美營業收入最多的企業，而它的姐妹公司 —— 美孚、德士古、雪佛龍之流的情況也差不多。

至於 OPEC 美元的大量收入，即所謂的「再循環石油美元」，則絕大部分被存入了倫敦和紐約的各大銀行，後者不光處理貨幣業務，同時也參與國際石油交易。就這樣，大通曼哈頓、花旗、漢華實業銀行、巴克萊、勞埃德、米德蘭等這些金融界怪獸，無一例外的在這場經濟風暴中賺了個盆豐缽滿。

五、日本經濟危機始末及應對措施

1980 年代到 1990 年代初，日本 —— 這個曾經紅極一時的經濟體開始陷入泡沫經濟危機的泥灘，難以自拔。此次危機以 1991 年初，四大證券公司舞弊醜聞被曝光為爆發點，經濟形勢急轉直下，從泡沫景氣轉為衰退和蕭條。

1980 年代末的日本，街頭巷尾充斥著「煉金術」之類的大眾讀物，「理財技巧」成為全民流行語，一半以上的日本人都持有股票。1989 年，泡沫經濟的最高峰，日本沉浸在一個「地價不倒」的神話中。「把東京的地皮全部賣掉就可以買下美國，然後再把美國土地出租給美國人住。」在當時的日本報紙上，這樣的言論經常可以看到，並且被大部分日本人接受並引以為豪。

據日本國土廳公布的調查統計資料，1980 年代中期，隨著大量資金湧入房地產行業，日本地價開始瘋狂飆升。自 1985 年起，東京、大阪、名古屋、京都、橫濱和神戶六大城市的土地價格每年以兩位數上升，1987 年住宅用地價格竟上升了 30.7%，商業用地則跳升了 46.8%。1990 年，六大城市中心的地價指數比 1985 年上漲了約 90%。在東京都市圈，從 1986 年開始，出現了幾乎是垂直式的地價上漲，高峰期 1990 年的地價大約是 1983 年的 2.5 倍。

隨著地價的暴漲，城市住宅價格也開始水漲船高。一般來說，勞動者僅靠薪資收入所能購入住宅的價格限度應是年收入的 5 倍左右。在 1990 年，東京都市圈的住宅價格與年收入之比已經超過了 10 倍，在核心地區更是達到了近 20 倍的水準。即使在大阪都市圈，這個比值也超過了 7 倍。

除了地價，股市正創造著另一個「不敗」的神話。日本證券公司的老

闆騎著火箭在美國《時代週刊》的封面上出現。1989 年末最後一天更是創下接近 4 萬日圓的歷史最高。當時，日本股市的本益比高達 80 倍（美國、英國、香港的本益比為 25～30 倍），但人們並沒有預想到危機。

葛林斯潘說：「不到泡沫破裂，人們便無法斷定它是不是泡沫。」1990 年市場交易的第一天為轉捩點，日經股價落入了地獄。自那時候開始，日本股票市場陷入了長達十多年的熊市之中。

緊接著是房地產。1991 年，龐大的房地產泡沫自東京開始破裂，迅速蔓延至日本全境。土地和房屋根本賣不出去，陸續竣工的樓房沒有住戶，空房到處都是。房地產價格狂跌，當年，六大城市的房地產價格就下降了 15%～20%。據 2005 年日本國土交通省發表的地價統計資料，日本全國的平均地價連續 14 年呈下跌趨勢。與 1991 年相比，住宅地價已經下跌了 46%，基本回到了房地產泡沫產生前 1985 年的水準；商業用地下跌了約 70%，為 1974 年以來的最低點。

當日本政府意識到泡沫的嚴重性時，他們採取了強硬的擠泡沫手法。首先提高銀行利率，進行宏觀調控。

其次是從財政政策上入手。1990 年 3 月，大藏省在政府稅制調查會中設置了土地稅制小委員會，探討對土地稅制的強化問題。10 月，確定了以設立地價稅為支柱的土地稅制的改革方向，並制定了《土地基本法》，次年 4 月開始徵收地價稅。1990 年 12 月，土地政策審議會決定拉低地價，正式開始擠壓泡沫。

從 1991 年開始，資產負債額在 1,000 萬日圓以上的倒閉企業每年都達 1 萬家以上。與此同時，倒閉企業的負債規模也達到了空前的水準。

在這次經濟危機的衝擊下，1994 年 12 月，東京協和、安全兩家信用

社相繼倒閉，到 1997 年金融機構倒閉達到了高峰，就連山一證券和北海道拓殖銀行也難逃破產的噩運。這樣，日本金融機構不會倒閉的神話破滅了，不良債權增加了、信用等級評估下降了、企業的生存和政府宏觀調控的力度受到嚴重影響。

1990 年代破滅的日本房地產泡沫是歷史上影響時間最長的一次。受此影響，日本經濟進入了歷史上最為漫長的衰退期，陷入了長達 15 年的蕭條和低迷。即使到現在，日本經濟也未能徹底走出陰影。無怪乎人們常稱這次房地產泡沫是「二戰後日本的又一次戰敗」，把 1990 年代視為日本「失去的十年」。

六、1994 年墨西哥經濟危機始末及應對措施

1994 年 12 月 20 日，墨西哥財政部長在與工商界和勞工組織的領導人緊急磋商後，突然宣布：披索對美元匯率的浮動範圍將擴大到 15%。這意味著披索將被貶值。儘管財政部長表示，披索匯率浮動幅度的這一變動是為了使貨幣當局在管理披索的幣值時擁有更多的靈活性，但是這一不大的貶值幅度還是使人們紛紛開始搶購美元，因為他們深信，這意味著盯住匯率制難以為繼。墨西哥中央銀行進行了有力的干預，但在「羊群行為」的刺激下，外國金融投機者和本國投資者依然擔心 1982 年的債務危機會重演。僅在短短的 2 天時間內，墨西哥就損失了 50 億美元的外匯存底，只剩下 30 億美元。

12 月 22 日，就在宣布貶值 2 天後，墨西哥政府被迫允許披索自由浮動。這使得事態進一步惡化，因為自由浮動後披索又貶值了 15%，更多的外資紛紛逃離墨西哥。與此同時，股市也大幅度下跌。一場震驚全球的金

融危機終於成為現實。

墨西哥金融危機的「導火線」是披索貶值，無怪乎國外學術界亦將此稱作「披索危機」。但實質上引發 1994 年墨西哥金融危機爆發的，是一系列經濟和政治問題在各種不良因素的作用下發生本質的變化，而並非墨西哥政府所說的「運氣不好」。

概而言之，墨西哥金融危機的根源在於以下三個方面：

1. 用短期外資彌補經常帳赤字。如果說外匯存底的減少、披索的貶值與金融危機的爆發三者之間存在著明顯而直接的因果關係，那麼，用投機性強、流動性大的短期外國資本彌補龐大的經常帳赤字，則是導致墨西哥金融危機的深層次根源。

2. 以「匯率錨」為核心的反通貨膨脹計畫。在降低通貨膨脹率的同時，卻高估了披索的幣值，因為即使是披索的貶值幅度小於通貨膨脹率的上升幅度，也不足以抵銷墨西哥通貨膨脹率與其主要交易夥伴美國國內通貨膨脹率的差距，從而打擊了本國產品的競爭力。據估算，在 1991 ～ 1993 年期間，披索累計高估了 26%。

3. 在實施金融自由化的過程中沒有加強對金融部門的監管。例如，在實施銀行私有化的過程中，政府關注的是如何以高價賣出國有銀行，對投標者的管理能力和其他因素則較少考慮。因此，有些投資者雖然過去從未涉足金融業，但為了獲得一家國有銀行的購買權，不惜一切代價的以高價投標。得標後，該銀行的新主人卻常常為了儘快收取報酬而從事高風險的金融活動，或因缺乏必要的經驗而無法發展業務。這一切都或多或少的損害了整個國家金融部門的穩健度。

4. 1994 年墨西哥政局發生的動盪，使外國投資者對這個國家能否保持經

濟的持續成長產生了疑問。因此，政府宣布披索貶值後，投資者立即將資本撤出。1994 年 1 月 1 日，恰帕斯州爆發了農民起義；3 月 23 日，革命制度黨總統候選人科洛西奧（Colosio）在北部城市蒂華納進行競選時遇刺身亡。他是墨西哥幾十年來第一位被謀殺的總統候選人。因此，這一事件不僅使墨西哥大選形勢蒙上了陰影，而且還使投資者對這個國家的政局是否穩定產生了疑慮。

金融危機使墨西哥受害匪淺。根據最保守的估算，危機使墨西哥損失了 450 億美元，相當於其國內生產總值的 16%。1995 年，墨西哥的國內生產總值下降了 6.9%，是自墨西哥革命爆發以來經濟成長率下降幅度最大的一年。通貨膨脹率超過 50%，而實際薪資則降低了 20%。消費者無法償還住房貸款和其他貸款，大量企業倒閉。與危機前相比，失業人口增加了 200 萬。僅在 1995 年 1 月和 2 月，倒閉的企業就接近 2 萬家，占全國企業總數的 3%，25 萬人因此而失業。

1995 年 1 月 31 日，柯林頓（Clinton）總統利用其行政命令，前所未有的從美國匯率穩定基金中動用了一大筆資金。這筆資金加上國際貨幣基金組織、國際清算銀行和一些商業銀行的援助，共計 530 億美元。這一援助有效的穩定了墨西哥的金融形勢。從 1995 年第四季度開始，墨西哥經濟開始逐步走出危機。

墨西哥貨幣危機具有很多有價值的啟示。墨西哥新披索與美元的匯價主要是由外國短期資本的大量湧入來支撐披索。一旦外資流入速度減緩，或者在外資不能被利用來提高國內生產率以促進出口，並且實際匯率持續過高又損害了出口商品競爭力，從而造成國際收支經常帳大量赤字的情況下，引發外資大規模恐慌性撤逃時，匯價的大幅度劇烈調整就在所難免，

最終不得不宣布讓新披索自由浮動，但仍然對經濟帶來沉重打擊。從上述墨西哥政府利用外資的政策中可以看到，墨政府對於爆發這樣的貨幣危機缺乏足夠的認知和防範。大量的外資用來資助消費，在湧入的外資中又有相當部分是組合性證券投資，並且與主要相關的各國中央銀行之間也無任何實質性的合作措施，以便於應付流動性資金流向的問題。無怪乎一旦危機爆發，只能望洋興嘆，不堪一擊。

墨西哥加入北美自由貿易區後，其主要交易夥伴是美國等少數國家。與富裕的鄰國進行自由貿易，替墨西哥帶來了空前的貿易危機，從而使其外匯存底枯竭。自由貿易的結果是，美國低技術產業進入墨西哥廉價勞動力市場，墨西哥的出口產品仍然是過去那些為替代進口而生產的產品，對該國的產業升級毫無幫助。反思墨西哥的教訓，若開發中國家按西方已開發國家的苛刻要求加入世貿組織，將會產生何種後果可想而知。

自 1980 年代末、1990 年代初以來，「新興市場」成為國際資金青睞的目標，外資也一度成為墨西哥經濟發展的主要動力。但外國投資者的目的是牟取利益。大量美資湧入墨西哥後，隨著 1994 年美國 6 次加息，以美元計價的資金成本大幅上升，墨西哥的外債負擔也驟然增加。另據相關資料顯示，1993 年墨西哥接收的 30 億美元的外來投資中，約 80% 投資在有價證券方面，直接投資僅占 20%。資金投向的不平衡更造成經濟結構失衡，一旦出現利率和匯率風險，外資大量流失，經濟就會崩潰，因此，開發中國家在引進外資問題上應以穩妥為原則，要注重產業結構的平衡發展，要利用外資而不要被外資所利用。

七、1997 年亞洲金融風暴始末及應對措施

　　金融安全，不只是維繫著一個國家的繁榮與強盛。離開了強有力的金融體系的支撐，即使是那些看上去固若金湯的產業帝國，也不過是一片暗流湧動的沙丘。

　　1997 年 6 月，一場金融危機在亞洲爆發，這場危機的發展過程十分複雜。到 1998 年年底，大體上可以分為三個階段：1997 年 6 月至 12 月；1998 年 1 月至 1998 年 7 月；1998 年 7 月到年底。

　　第一階段：1997 年 7 月 2 日，泰國宣布放棄固定匯率制，實行浮動匯率制，引發了一場遍及東南亞的金融風暴。當天，泰銖兌換美元的匯率下降了 17%，外匯及其他金融市場一片混亂。在泰銖波動的影響下，菲律賓披索、印尼盾、馬來西亞令吉相繼成為國際炒家的攻擊對象。8 月，馬來西亞放棄保衛令吉的努力。一向堅挺的新加坡元也受到衝擊。印尼雖是受「傳染」最晚的國家，但受到的衝擊卻最為嚴重。10 月下旬，國際炒家移師國際金融中心香港，矛頭直指香港聯繫匯率制。臺灣突然棄守新臺幣匯率，一天貶值 3.46%，加大了對港幣和香港股市的壓力。10 月 23 日，香港恆生指數大跌 1,211.47 點；28 日，下跌 1,621.80 點，跌破 9,000 點大關。面對國際金融炒家的猛烈進攻，香港特區政府再次重申不會改變現行匯率制度，恆生指數上揚，再達萬點大關。接著，11 月中旬，東亞的韓國也爆發金融風暴，17 日，韓元對美元的匯率跌至創紀錄的 1,008：1。21 日，韓國政府不得不向國際貨幣基金組織求援，暫時控制了危機。但到了 12 月 13 日，韓元對美元的匯率又降至 1,737.60：1。韓元危機也衝擊了在韓國有大量投資的日本金融業。1997 年下半年，日本的一系列銀行和證券公司相繼破產。於是，東南亞金融風暴演變為亞洲金融危機。

第二階段：1998 年初，印尼金融風暴再起，面對有史以來最嚴重的經濟衰退，國際貨幣基金組織為印尼開出的藥方也未能獲得預期效果。2 月 11 日，印尼政府宣布將實行印尼盾與美元保持固定匯率的聯繫匯率制，以穩定印尼盾。此舉遭到國際貨幣基金組織及美國、西歐的一致反對。國際貨幣基金組織揚言將撤回對印尼的援助。印尼陷入政治經濟大危機。2 月 16 日，印尼盾與美元比價跌破 10,000：1。受其影響，東南亞匯市再起波瀾，新元、馬幣、泰銖、菲律賓披索等紛紛下跌。直到 4 月 8 日印尼與國際貨幣基金組織就一份新的經濟改革方案達成協議，東南亞匯市才暫告平靜。1997 年爆發的東南亞金融危機使得與之關係密切的日本經濟陷入困境。日圓匯率從 1997 年 6 月底的 115 日圓兌 1 美元跌至 1998 年 4 月初的 133 日圓兌 1 美元。隨著日圓的大幅貶值，國際金融形勢更加不明朗，亞洲金融危機繼續深化。

　　第三階段：1998 年 8 月初，乘美國股市動盪、日圓匯率持續下跌之際，國際炒家對香港發動了新一輪的進攻。恆生指數一直跌至 6,600 多點。香港特區政府予以回擊，金融管理局動用外匯基金進入股市和期貨市場，吸納國際炒家拋售的港幣，將匯市穩定在 7.75 港元兌換 1 美元的水準上。經過近一個月的苦鬥，國際炒家損失慘重，無法再次實現把香港作為「超級提款機」的企圖。國際炒家在香港失利的同時，在俄羅斯更遭慘敗。俄羅斯中央銀行 8 月 17 日宣布年內將盧布兌換美元匯率的浮動幅度擴大到 6.0 ～ 9.5：1，並推遲償還外債及暫停國債券交易。9 月 2 日，盧布貶值 70%。這都使俄羅斯股市、匯市急劇下跌，引發金融危機乃至經濟、政治危機。俄羅斯政策的突變，使得在俄羅斯股市投下鉅額資金的國際炒家大傷元氣，並帶動了美歐國家股市、匯市的全面劇烈波動。如果說在此之前亞洲金融危機還是區域性的，那麼，俄羅斯金融危機的爆發，則

說明亞洲金融危機已經超出了區域性範圍，具有了全球性的意義。到 1998 年底，俄羅斯經濟仍沒有擺脫困境。1999 年，金融危機結束。

發生在 1997 ～ 1998 年的亞洲金融危機，是繼 1930 年代大危機之後，對世界經濟有深遠影響的又一重大事件。亞洲金融危機的爆發，儘管在各國都有其具體的內在因素：經濟持續過熱、經濟泡沫膨脹、引進外資的盲目性、短期外債過量、銀行體系的不健全、銀企勾結和企業的大量負債等，危機也有其外在原因，如國際炒家的「惡劣」行徑。

1997 年，對東南亞各國來說是最不堪回首的一年。這一年的大部分時間，全世界的目光都投向了偏居世界一隅的他們，雖然，這種關注有點苦不堪言。馬來西亞總理馬哈地（Mahathir）說：「我們花了 40 年建立起的經濟體系，就被這個帶有很多錢的白痴一下子給搞垮了。這個帶有很多錢的白痴就是喬治‧索羅斯（George Soros），以他所在量子基金為首的國際投機者從 5 月開始對泰銖發動了攻擊，並推倒了這個多米諾骨牌。」

八、2008 年越南經濟危機始末及應對措施

越南經濟在外界毫無準備的情況下，於 2008 年突然爆發了經濟危機。2007 年以前的越南經濟被世界看好，越南被稱為僅次於中國與印度的發展很好的開發中國家，且要趕印超中。

越南自 1986 年實行全面「革新開放」以來，經濟保持較快成長，1990 ～ 2006 年國內生產毛額年平均成長 7.7%，經濟總量不斷擴大。2006 年，越南股市躋身全球最火熱的市場，越南股市總市值在 2005 到 2007 年這兩年的時間從 10 億美元迅速膨脹至 200 億美元；指數從 120 點大漲至 1,200 多點；越南股市的本益比高達 73 倍，是世界成長最高的股市。2007

年，越南國內生產毛額（GDP）約達 713 億美元，人均 GDP 達到 835 美元，國家收入約達 287.9 萬億盾（約合 179 億美元），全年財政支出約為 368 萬億盾（約合 229 億美元）。2007 年，越南經濟成長率在 8.5% 左右。繁榮發展的背後，隱藏著的種種矛盾和危險，在 2008 年突然爆發。

2007 到 2008 年國際能源、建材和化肥價格不斷上漲，世界糧食價格也上漲較快，這些世界級的難題是越南經濟危機爆發的國際因素。越南每年從國際市場大量進口的能源、建材等原材料，一旦此類產品價格上漲較快，輸入性通貨膨脹不可避免，國內就會面臨極大的價格上升的壓力；世界糧食價格的上升，越南作為稻米出口國，2007 年還出口稻米 450 萬噸，但通脹卻使老百姓瘋狂搶購稻米，再加上不法商人乘機囤積牟利，致使越南國內米價飛漲。國內外的原因使越南發生嚴重的通脹。

越南多年來持續出現進出口貿易逆差，2004 ～ 2006 年的逆差分別為 55 億美元、47 億美元和 51 億美元；2007 年 1 至 11 月，越南逆差 105 億美元。由於進口成本的飆升，貿易逆差成長很快。與此同時，越南政府的財政多年來也出現了持續的赤字，2004 ～ 2006 年，赤字分別為 39.17 萬億越南盾、51.77 萬億越南盾和 48.5 萬億越南盾。多年累積的高財政赤字加上進口產品國際價格的上升，成為價格上漲的重要因素。政府為了維持其出口競爭力而人為使越南盾貶值，導致越南央行大量在市場上買入美元，造成了越南盾的氾濫，通脹難以遏制。

越南在 2006 年加入世貿組織後，金融開放程度不斷提高，銀行業和資本市場都向境外開放。事實上，為了彌補國際收支差額，越南一直靠加快資本帳自由化和金融開放來吸引外資。在經濟基礎尚顯薄弱、政府金融監管能力不足的情況下，這更增加了經濟中的不穩定因素。另外，越南雖然一直謀求儘快融入世界經濟體系，但在參與區域金融一體化方面卻有所

滯後。同時，缺乏外部金融合作是越南與其他亞洲國家很不同的地方，這就使越南失去了維持市場信心的「安全網」，應對短期貨幣衝擊的能力大為下降。

隨著資本帳外資直接投資的放開，外資持有上市公司股票的上限放寬到 49%，外資開始大量湧入，截至 2006 年底，外國累計在越投資協定金額 600 億美元。外資的大量進入，對越南通貨膨脹起了直接的推動作用，直接推高了越南的資產價格，並且形成泡沫。例如，從 2005 到 2007 年，越南胡志明市的房屋價格從每平方公尺 200 多美元上漲到 600 多美元。胡志明市濱城市場，最高商鋪曾賣到 17 萬美元／平方公尺，資產價格迅速增加對實際價格有很強的拉升作用。越南相應的金融體系並不健全，外匯存底偏少。2007 年，越南外匯存底只有 150 億美元，而國家外債卻有 305 億美元。越南多年來實行比較寬鬆的金融政策，對國有企業的大量貸款形成部分呆壞帳。

當越南經濟出現問題，外資大規模撤出，更加嚴重的後果出現了。越南股市股指從 1,200 點附近跌到 2008 年 6 月 4 日的 395.66 點，同時，越南胡志明市等地房價也出現了大幅下跌，資產泡沫破滅，經濟危機被擴大化了。

如此迅速的從成功巔峰跌入悲劇谷底，主要在於越南政府犯了「一犬搏二兔」的理想主義錯誤：既希望大量引進外資，刺激經濟發展，又想肥水不流外人田，竭力扶植國營企業「做大做強」，結果導致金融信貸政策過於寬鬆，攤子鋪得太大，經濟過熱難以遏制。

應該說，越南官方也採取了一系列措施，力圖控制危機。但一方面，官方和既得利益者不想放棄「改革成果」，前後顧慮，猶豫不決；另一方

面，一些措施顯得迂闊無當，甚至適得其反。比如越南央行宣布將越南盾對美元匯率浮動值放大到 2%，此舉造成民間和股市的恐慌，不但令股市大跌，還促使老百姓大量拋售越南盾，搶購美元和黃金，最終導致通貨膨脹的加劇和越南盾的貶值。

第三章　新時代的貨幣戰爭

　　在和平年代，一場場「不流血」的戰爭每天都在上演。自西元 1694 年英格蘭銀行成立以來的 300 年間，幾乎每一場世界重大變故背後，都能看到國際金融資本勢力的身影。國際金融集團及其代言人在世界金融史上翻雲覆雨，他們透過對金錢的角逐，左右著一國的經濟命脈，掌握著國家的政治命運。舊時代已漸行漸遠，新時代的貨幣戰爭又將以怎樣的腳本上演呢？

一、貨幣危機為何頻頻爆發

　　一般來說，如果貨幣危機不能得到有效控制，可能就會觸發更大範圍的金融危機；而在金融危機發生後，一系列的經濟事件也會導致貨幣危機的發生，兩者之間存在一定的關聯與區別。

　　針對貨幣危機頻發的形成原因，經濟學家們提出了種種理論，有三代較為成熟的貨幣危機模型：

- **第一代貨幣危機模型**：提出第一代貨幣危機模型的代表人物是美國麻省理工學院的保羅‧克魯曼（Paul Krugman）教授，此模型也稱為國際收支危機模型。該理論認為，危機的產生是由於政府宏觀經濟政策與固定匯率相悖造成的；就其產生機制來說，則是由於投機者的攻擊導致外匯存底流失至最底線，所以外匯存底是保持固定匯率的關鍵，而為了防止危機，政府須實行緊縮性財政貨幣政策。但是，由於危機成因主要是在經濟基本面，所以對外融資或限制資本

流動只能是治標不治本。這一模型可以用來解釋 1998 年的俄羅斯危機、巴西危機以及阿根廷危機等。

- **第二代貨幣危機模型**：第一代模型在 1990 年代初的歐洲貨幣危機中受到了質疑。當時，很多國家經濟基本面很好卻受到了危機衝擊，為了解釋這一問題而產生了第二代模型。該模型認為，一國即使經濟基本面尚好，但由於羊群效應和傳染效應的存在，投機者的貶值預期仍會透過利率機制進行傳導並引發危機。

  貨幣危機的對外傳導被稱為貨幣危機的「傳染效應」。是指一國突發性的貨幣危機會透過各種管道傳導和擴散到其他國家。學術界廣泛討論的傳染管道有兩個：由外貿溢出造成的傳染和由國際資本市場流通造成的傳染。

  為了防止二代危機的發生，政府會提高利率來維持平價；但是，這種做法有其內在成本，如政府淨債務（赤字）規模的上升、提高利率引起的逆向選擇和道德風險造成的經濟波動、不良資產上升，以及高利率帶來的經濟衰退和失業等；而另一方面，當危機無法控制時，放棄固定匯率也有其成本，如無法消除匯率波動帶來的風險、固定匯率的「名義錨」作用將消失，以及政府的政治聲譽受損等。故此，要避免危機的發生，政府就必須提高政策的可信度。

- **第三代貨幣危機模型**：在 1997 年的亞洲金融危機爆發之前，東南亞國家國際儲備嚴重不足、國際收支赤字長期存在、匯率與美元掛鉤造成幣值高估，並且外債結構也不合理，從而引發外國投機者的攻擊；而且，政府為大量金融機構及企業提供隱性擔保，道德風險問題日益嚴重，為危機的到來埋下伏筆。此外，由於資本市場開

放，金融自由化程度高，金融機構可以自由進入國際資本市場，並傾向於將資金投向證券市場和房地產市場牟取暴利，導致泡沫滋生（即「金融過度」）。針對這場危機，保羅‧克魯曼教授提出了第三代貨幣危機模型。他認為，貨幣的實際貶值、經常帳戶逆差、國際資本流動的逆轉也會引發危機。

除上述三種較為成熟的危機模型外，國外學者還提出了一個所謂「第四代模型」，這一模型目前還處於完善階段。整體來說，各種模型的目的都是希望能透過分析前次危機來解決當前問題並能解釋下一次危機，但也有人認為這種辦法只能是亡羊補牢，對危機的避免無濟於事。他們認為，一場世界性的總危機正在醞釀當中，除非對現有的國際金融體制進行根本性變革，否則，總危機的爆發只是一個時間問題。

二、美元獨霸的時代一去不返

經濟觀察家指出，由於美國舉債過度，赤字膨脹，甚至開動「印鈔機」大舉救市，令美元儲備貨幣的地位遭到眾多國家的質疑。

從中國、歐盟、俄羅斯等世界各國的改革方案中不難看山，雖然各自提出的訴求內容不盡相同，以中國等「金磚四國」為代表的新興市場國家主張對現行貨幣體制施以休克療法，即以一種全新的貨幣體制 ——「超主權國際貨幣單一體系」來替代原有的以「國家貨幣充當世界單一貨幣」的體系，而歐盟等老牌市場國家則趨向於對原有的「以美元充當世界單一貨幣」的體系進行「補鍋匠」式的修補，來對該體系在本次危機中所暴露出的問題予以完善和修改。但所指目標卻出奇的一致：必須改變目前美元獨霸，國際金融機構缺乏有效監管的局面。

作為一個已存在近 70 年的以美元作為國際單一貨幣的「布列敦森林制度」，在國際金融業蓬勃發展及世界經濟高度融合的過程中有效的運轉了幾十年後，為何在目前世界性金融危機肆虐全球之際，突然被各國政府及金融界專家頻頻挑出詬病，並被專家評為「已病入膏肓，不改變則無法存活」的境遇呢？

在第二次世界大戰將結束之際，世界各國的經濟除美國外都處於崩潰的邊緣，各國都急需發展經濟，而在世界經濟交流中，原有的世界貿易流通貨幣「英鎊」，因為英國經濟的衰退，已無法再充當其責。此時，憑藉在二戰中迅速強大起來的經濟政治實力，美國登上了資本主義世界的盟主位置，美元的國際地位因其國際黃金儲備的強大實力而空前穩固。這就使建立一個以美元為支柱的有利於美國對外經濟擴張的國際貨幣體系成為可能。在這一背景下，1944 年 7 月，44 個國家或政府的經濟特使聚集在美國新罕布夏州的布列敦森林，商討戰後的世界貿易格局。會議通過了《國際貨幣基金協定》，決定成立一個國際復興開發銀行（即世界銀行）和國際貨幣基金組織，以及一個全球性的貿易組織。前兩者人們又習慣稱之為「布列敦森林貨幣制度」。

「布列敦森林協定」產生後，美元獲得「準黃金」地位，成為全球最主要的價值尺度、流通方式、支付方式、貯藏方式、貿易結算貨幣，在全球範圍內具有了傳統貨幣的五大功能。按照該協定，其他國家手頭的美元可以按照固定的價格兌換成黃金。若美國亂發美元，其他國家就可能將美元從美國兌回黃金，而黃金儲備的下降會約束美元的發行。這種情況下，美元是作為黃金的美元。

「布列敦森林制度」的建立，在戰後相當一段時間內，確實帶來了國際貿易空前發展和全球經濟越來越相互依存的時代。但「布列敦森林制

度」存在著自己無法克服的缺陷。其致命的一點是：它以一國貨幣（美元）作為主要儲備資產，具有內在的不穩定性。因為只有靠美國的長期貿易逆差，才能使美元流散到世界各地，使其他國家獲得美元供應。

這樣一來，必然會影響人們對美元的信心，引起美元危機。而美國如果保持國際收支平衡，就會斷絕國際儲備的供應，引起國際清償能力的不足。這是一個不可克服的矛盾。

從 1950 年代後期開始，隨著美國經濟競爭力逐漸削弱，其國際收支開始趨向惡化，出現了全球性「美元過剩」情況，各國紛紛拋出美元兌換黃金，美國黃金開始大量外流。到了 1971 年，美國的黃金儲備再也支撐不住日益氾濫的美元了。

於是，美元決心擺脫沉重的黃金枷鎖。1971 年，時任美國總統尼克森宣布不再將美元與黃金掛鉤，顛覆了布列敦森林制度。這個決定象徵著作為黃金的美元成為作為紙幣的美元，開始了美元作為全球紙幣的新時代。此後，美國只須透過自身的貨幣創造能力，就可實現「美元擴張→增加國際流動性→彌補國際收支赤字」的循環，開創了不受約束的美元本位制度。美元的發行再也不受價值規律的約束，而只是靠所謂的「美國信用」—— 其強大的軍事力量、經濟力量、科技實力和包羅萬象的軟實力。這是人類歷史上第一張純粹的全球紙幣。

但是，世界經濟經過近幾十年的高速發展後，美國經濟也出現了結構性的變化 —— 實體經濟大量外流，國內赤字逐年攀升，貿易逆差不斷加大。

面對著逐年攀升的赤字，面對因貿易逆差而產生的美元大量外流，國內貨幣緊缺的局面，美國開始充分利用美元的國際單一貨幣體系，其印製

與發行不受國際監管的地位，大量印製美元。但是，如果要發行額外的增量的話，又會發生通貨膨脹。後來葛林斯潘為了解決通脹問題，不印鈔票而採取了發行美國債券的方式，把海外的錢不斷的吸回來。這就是葛林斯潘上臺之後完成的整個美元體系的建構，美國國內需要多少錢，就從海外給它吸回來多少錢，這樣等於把這樣大的一個窟窿彌補回來。透過不斷進行的金融創新，創造了很多這種虛擬的貨幣，用這個東西彌補了缺口。

美國的美元霸權造就了一種「貿易逆差成長方式」，它只需要出售或出口印刷的美元紙幣，就可以源源不斷的從世界各國換取它所需要的幾乎各種商品。

襲捲全球的國際金融危機其本質就在於，作為國際單一貨幣——美元的母體國美國，為解決其高額的貿易赤字所帶來的貨幣短缺問題，無節制的印製美元，並為抵消其高額的財政赤字，而過度開發各種金融衍生產品，最終導致泡沫破裂而引發的。

世界各國（除了美國，利益攸關所在）在此次危機面前，痛定思痛，為了全球經濟金融能長期保持穩定，為了擺脫「美國打個噴嚏，世界得次感冒」，「美國得次感冒，世界停滯十年」的局面，改革現行國際貨幣體制，加強國際金融機構對「世界貨幣」的監管權利及力度就成為順理成章的一致呼籲了。

三、冰島被拋棄歐盟不敢救

諾貝爾文學獎獲得者、冰島作家赫爾多爾·拉克斯內斯（Halldór Kiljan Laxness）曾經說過這樣一句話：人世間的喧囂聒噪終將停止，所有榮華富貴都如過眼雲煙。當一切都結束後你會發現，人生最重要的東西就是鹹魚。

作家的話不幸言中。在 2008 年全球金融危機中，冰島開創了「國家破產」的先例。人口只有 32 萬，人均 GDP 卻是世界第四，冰島這個北歐島國，2007 年被聯合國評為「最適宜居住的國家」。然而一夜之間，這個天堂裡的國家便墜入了地獄，現在的冰島人民不得不面對 9 倍於 GDP 的銀行負債重擔。冰島銀行幾年吸納了大量海內外資金，還購置了大量海外資產，這最終導致債務急速膨脹。冰島國內生產毛額 2007 年僅為 193.7 億美元，但是外債卻超過 1,383 億美元，以冰島大約 32 萬人口計算，這大致相當於每名冰島公民身負 37 萬美元債務。

冰島總統葛林姆松（Grímsson）承受不了壓力，心臟病突發住院開刀。冰島總理哈爾德（Haarde）向全體國民發出警報：「同胞們，這是一個真真切切的危險。在最糟的情況下，冰島的國民經濟將和銀行一同捲進漩渦，結果會是國家的破產。」面對金融業傳出的寒流，一些冰島人把目光重新投向了這個國家的古老行業 —— 捕魚。1930 年代，冰島全國四分之一人口從事漁業，而現在漁民數量僅占冰島人口的 3%。與之相對應的是迅速繁榮的金融業。有冰島的銀行職員表示，不排除脫掉西服換上捕魚服的可能性。鹹魚果然又要成為人生最重要的東西了。

尚未痛定，冰島，乃至整個世界都在開始反思，究竟是什麼原因導致該國面臨如此的窘境？

第一個被揪出的「凶手」是由美國發端的「次貸危機」。現在很多人一提「次貸」便認為那是美國的問題，事實上，冰島的「次貸」危機更為嚴重。有資料說，冰島家庭平均承擔的債務達到可支配收入的 213%，比美國 140% 的比例高得多。

第二個被揪出的「凶手」是過度擴張的銀行業。冰島以漁業起家，但

出海打魚畢竟是件苦差事，所以大約 10 年前，冰島確立了「快速發展金融業」的方針。現在，金融產業在國民經濟中的比重高居首位，包括冰島股市的主力也是銀行系統。此外，冰島銀行的投資遍布幾乎全世界。但金融業曾在 2005 年為冰島帶來過 7% 的成長率，這個其他已開發國家不敢想像的經濟成長率，卻也使冰島在今天深陷破產危機。銀行破產，國家便面臨一個兩難選擇：即如果任憑破產的銀行自生自滅，則國民財產將全部化為烏有；可若收歸國有，資產龐大的冰島銀行負債總額已經是冰島國內生產毛額的 12 倍之多，這筆債轉給國家，又要國家如何歸還？

第三個「凶手」是坐視不管甚至落井下石的昔日盟友。冰島發生金融危機後，曾經向友好夥伴英國、瑞典等尋求幫助，可答案都是一句簡單的「NO」。不但如此，英國還啟動反恐法案凍結了一家冰島銀行的資產，導致兩國發生外交糾紛。

德國政府也採取措施，暫時凍結冰島陷入困境的主要銀行在這兩個國家分支機構的資產，以保護本國儲戶利益。

英國與德國的政府行為無異於火上澆油，加劇了冰島危機的程度。

冰島是北約組織成員，但並非歐盟成員國。此前，由於擔心歐盟的共同漁業、農業政策將損害自身的利益，以及不認同歐盟的管理方式，冰島一直未申請加入歐盟。既然不屬於歐盟，加之美國金融危機來臨之後，歐盟國家也缺錢，才造成歐洲鄰國對冰島袖手旁觀、不予援助。

四、美元與歐元的角逐

美元作為世界儲備貨幣和結算貨幣，可以使美國輕鬆獲利於世界所有國家。只要美元的霸權地位不改變，全世界被美國「綁架」的局面便還會

持續下去，在沒有出現另一種可以保全價值作為儲藏功能的貨幣出現的情況下，即使美元貶值，人們仍會持有美元。

鼓吹全球化、自由貿易使美元在全世界流通，在此背景下具有霸權地位的美元，變成為美國收割機，為它的主人美國贏得全世界財富。

歐元是排在最前面的美元的「候選國際貨幣」。截至 2007 年 1 月，羅馬尼亞和保加利亞兩國加入歐盟，歐盟經歷 6 次擴大，已經成為一個涵蓋 27 個國家、總人口超過 4.8 億、GDP 高達 12 萬億美元的當今世界上經濟實力最強、一體化程度最高的國家聯合體。自歐元產生以來，人們對它的美好期望就從來沒有停止過。許多人對它作為國際貨幣的宏偉藍圖從來不加懷疑。他們常常會問：「既然歐盟在產出和貿易總量方面與美國不相上下，那麼，為什麼歐元不能和美元一樣在國際貨幣事務中發揮同等重要的作用呢？」一位最富有熱情的預言者認為：「我們正處於世界貨幣歷史的轉捩點，歐洲的新貨幣是『上升中的明星』，將注定在 21 世紀發揮主導性作用，就像英鎊在 19 世紀所發揮的作用那樣。」

然而，事實卻是歐元的成就遠遠低於這種預期，世界貨幣的權力格局並沒有發生根本性的改變。因為，歐元的出現從利益角度講，分享了美元的好處。從美元一統天下的霸權利益出發，任何類似美元貨幣的出現都是不可容忍的。

1999 年 1 月 4 日，歐元正式交易。就在歐元即將要展示出動人風姿的時候，1999 年 3 月 24 日，美元在歐元的家門口打響了科索沃戰爭。歐元在科索沃戰爭開始後立即迅速下滑。歐元對美元的一路下跌，的確動搖了歐洲各國和國際資本持有歐元的信心。隨即歐元一路下挫，最低價格歐元對美元 1：0.82。聰明的歐洲人在終於明白了美國人的「良苦用心」之後，

急切的和平解決了「科索沃」問題。這才穩定住歐洲局勢，穩住了歐元。

歐元的出現扭轉了美元的一枝獨秀，但問題是如果德法兩國與中東國家在石油交易中用歐元來結帳，將導致羊群效應，其他進口國也隨之改用歐元交易，這勢必將影響到美國。

2007 年次貸危機爆發後，由於美國貿易赤字嚴重，不斷走高的外債規模以及金融危機的火上澆油，人們對美元價值的信心也不斷觸底，甚至消失。

在美元持續疲軟的同時，歐元的一路走強讓歐元區國家有說不出的喜悅。因為，這些國家的 GDP 無形中被抬高了，老百姓的財富不知不覺的增值了，這就有助於抑制通貨膨脹，擴大消費。特別值得一提的是，歐元兌美元匯率的持續走高提升了歐元在國際金融市場上的地位，增加了歐元區國家的自信心和自豪感。其重大的經濟意義在於，可以吸引更多的國際資本流向歐元區；其重要的政治意義在於，有利於推動更多的歐洲國家加入歐元區，增強了建成「大歐洲」的凝聚力。

然而事實卻證明，歐元終究難敵美元作為世界頭號儲備貨幣的地位，而同時擁有兩個主要儲備幣種的世界貨幣體系也是不穩定的，與此同時產生的負面影響更應引起關注。歐元升值引起歐元區國家經濟成長受到衝擊，企業成本上升、出口競爭力下降，通貨緊縮的風險增大等。歐元區出口定價提高，直接衝擊了那些採用歐元支付薪資，卻以美元標價出售產品的企業，包括航空製造商、高級酒釀造商和晶片製造商。此外，歐元區還面臨著前所未有的通脹壓力。

當危機越來越明朗的時候，世界發現：歐盟正是次貸危機製造者瞄準的目標之一。如今這一輪的趨勢發展，或許使美元與歐元在國際金融領域

的角逐愈演愈烈，由此我們可以相信，歐元的下跌並不是爭鬥的結束，而是新一輪更激烈爭鬥的開始。

五、高興不起來的日圓

繼美國金融龍頭花旗、摩根史坦利受美國次級房貸金融危機影響遭受嚴重損失之後，日本金融業也難逃次貸危機的夢魘。

資料顯示，日本四大銀行 —— 三菱 UFJ、瑞穗金融集團、三井住友和住友信託銀行 2007 ～ 2008 財年次貸相關虧損預計達 47 億美元，約合其預期利潤的近 30%。

不過，客觀來講，在這次金融危機中，暫時受益最大的還是日圓。相比之下，日本的金融系統受全球信貸危機的影響相對較小。在這場百年一遇的金融危機中，人們驚訝的發現，危機的發源地美國的貨幣美元卻成了庇佑全球資金的避風港，而日圓的走勢相對於美元更加「道高一尺」。從 2008 年 8 月中旬以來，日圓兌美元匯率從 1 美元兌 110 日圓強勁上揚至 10 月下旬的 1 美元兌 90 日圓，升幅接近 20%。在 11 月分大部分時間裡，美元兌日圓匯率相當平穩，在 95 ～ 100 範圍內波動，但是 12 月 1 日日圓又一舉升破 1 美元兌 95 日圓，似乎直逼 1 美元兌 90 日圓而去。

近幾年日圓套利交易風行全球，成為最賺錢的投資策略之一。套利交易是指借貸低利率的貨幣投資高利率的貨幣從中賺取差價的行為。2004 年以來，美聯準和歐洲、英國等央行逐步提高利率，而日本央行卻一直將利率保持在極低的水準，日本的基準利率只有 0.5%，而美國為 5.25%，歐元區和英國分別為 4% 和 5.75%，澳洲和紐西蘭更是高達 6.5% 和 8.25%。在 16 種主要貨幣中，日圓的利率是最低的。日圓與其他主要貨幣存在的

利率差別為借日圓投資其他貨幣提供了條件，使日圓成為全球流動性氾濫的重要源頭，同時，大量資金從日圓流向其他貨幣也導致日圓匯率走弱。但是近來隨著美國次級貸款危機蔓延，全球金融市場動盪不安，日圓套利交易者為迴避風險大量平倉，又導致日圓急升。

其實，進一步分析就會發現，日圓由於利率很低，在全球金融市場上一直被投資者當作對沖工具。當股市上漲的時候，投資者通常都會賣出日圓換成美元等貨幣去投資股票、期貨，從而導致日圓匯率下跌。而當其他投資市場下跌的時候，投資者又會爭先恐後的把其他貨幣換成日圓，促成日圓的上漲。隨著美元的強勢上漲，歐元、英鎊、澳幣等貨幣兌美元都貶值，唯獨日圓比美元還要強勢，成為最搶眼的貨幣，這顯然是不合理的。因為儘管相比歐元區，日本在這次由美國次貸危機引發的全球金融危機中損失要小得多，但畢竟還是受到了影響。日圓的過快上漲不僅不利於日本的出口產業，對世界經濟也是不利的。因為強勢日圓將吸引大量國際資金流向日本，導致急需資金的美國可能出現資金緊缺、救市失敗的後果。對此，美國不可能坐視不理。

日圓的急速升值讓日本政府「看在眼裡，急在心裡」。不僅是擔憂未來美國的施壓，不尋常的升值也對本國市場不利。1970 年代初，日圓開始了漫長的升值。然而日本經濟最後進入了無休止的衰退。1971 年主導日圓升值的大藏大臣被人暗殺，也成為日圓升值的犧牲品。鑒於此歷史教訓，此次日本政府稱，關注日圓匯率的過度波動及其對經濟和金融穩定性的負面作用；將繼續密切監控市場，並在適當的時候合作。

歷史上日本政府干預外匯市場的操作經常碰一鼻子灰。例如，日本央行 152 天內買入了總共 1,130 億美元，目的是推動日圓兌美元貶值。日本央行啟動干預時匯率在 1 美元兌 114 日圓，結束干預時 1996 年 2 月匯率

達到 104。在這次期限較長的干預中，日本央行讓日圓貶值的目標完成得並不成功，干預結束時日圓反而不合時宜的升值了。

需要提醒投資者的是，與歐元、澳幣等高息貨幣不同，作為低息貨幣的日圓，其主要特性是上漲速度很快，下跌速度很慢，投資者持有日圓基本上是沒有利息收益的，只有快速兌換日圓才能彌補自己的損失。因此，在日圓剛經歷過快速上漲後，投資者一般不要貿然多做日圓，否則可能會陷入少則三、四個月，多則半年以上的漫漫熊途，屆時，就不知道何時才能再漲回來了。

六、區域貨幣抱團求生

貨幣主導權在當今的重要性是無與倫比的。面對美元霸權只能迎擊，不能退讓，後退的結局就是自取毀滅。

翻開歷史可以看到，美國攜美元令諸侯，絕不手軟。英鎊在「布列敦森林協定」簽訂後，已經將世界金融第一的位子讓給美國，但當英鎊稍有動作進入美國的視野後，美元就在 1992 年借索羅斯之手打垮了英鎊，將其逼入絕地。

世界各國為避免被掠奪，只有把美元從霸主位子上拉下來！只有建立國際貨幣新秩序才能免遭欺凌。在這次金融危機中，對美元信用的近乎絕望，讓區域貨幣走到了一起。面對寒冬，抱團取暖成為區域弱勢貨幣不得不試的策略。

貨幣同盟有兩種形式：歐元模式 —— 同盟的各成員國實行統一貨幣，對外統一浮動。美元模式 —— 同盟內同時實行幾種貨幣，但各種貨幣之間的匯率是固定的完全自由兌換，對外統一浮動。

一個貨幣同盟建立，由於依託的是更大的經濟規模，具有更強的抗風險能力，所以同盟貨幣一旦成為國際貨幣，非貨幣同盟國則會增多持有此區域貨幣。如此同盟內則驅逐了美元，同盟持有的外幣美元也會相應減少。

單獨一個貨幣同盟的力量是難以把美元拉下馬的，只有三足鼎立才能形成一個有效的相互制約制衡的國際貨幣新秩序。

區域貨幣合作問題近些年來之所以如此引人注目，從表面上看，似乎主要應當歸因於 1997 年 7 月爆發的亞洲金融危機和 1999 年 1 月 1 日歐洲單一貨幣歐元的出現。在亞洲金融危機期間，人們親眼目睹了諸如泰銖、菲律賓披索、馬來西亞令吉、印尼盾、韓元等小國貨幣一個接一個的被國際投機資本「生吞活剝」，其狀可謂「觸目驚心」；而在同時期的歐洲大陸，12 個主權國家最終克服了重重阻礙，建立了凌駕於眾國之上的歐洲中央銀行，改為流通單一貨幣歐元。這一正一反的鮮明對比，大大的激發了人們對於區域貨幣合作問題的興趣。

非洲國家整體上因為貧窮、落後、開放性差，似乎一直以來都很難引起世人的注意力，但由於一些歷史性的原因，非洲各國區域貨幣合作方面卻走在了全球的尖端。

在西部非洲和中部非洲，絕大部分國家都曾經是法國的殖民地。長期的殖民統治使得這些國家大都被淪為法國工業生產的原材料供應和集散地，這決定著他們的國民經濟必然會與法國存在著千絲萬縷的關聯。即使是在第二次世界大戰結束後，大多數非洲國家紛紛「光復了河山」，但這種關聯在貨幣金融領域仍舊繼續得以延續。

1962 年 5 月 12 日，西非的塞內加爾、尼日、貝南、象牙海岸、布吉

納法索、馬利、茅利塔尼亞等 7 個成員共同發起組建了西非貨幣聯盟；同年 11 月 1 日，西非貨幣聯盟成立了「西非國家中央銀行」作為成員國的共同銀行，主要是負責制定共同貨幣政策、管理外匯存底，統一規定各國商業銀行的重貼現總量和存款準備金比率，發行共同的貨幣「非洲金融共同體法郎」。

而在中部非洲，喀麥隆、查德、剛果、加彭和中非共和國等 5 個成員則發起組建了中非貨幣聯盟。1973 年 4 月 1 日，中非貨幣聯盟成立了共同的中央銀行 —— 中非國家銀行，由該銀行發行共同的貨幣「中非金融合作法郎」。與西非貨幣聯盟相比，中非貨幣聯盟的成員國在貨幣政策制定方面享有著相對較大的自主權，但在盯住法國法郎的貨幣發行機制方面，兩個聯盟的情況卻是相同的，並且兩種共同貨幣是等值的。

1997 年亞洲金融危機的爆發及其所造成的嚴重後果，致使東南亞諸國從當初陶醉於一片褒揚之聲中迅速醒悟過來。在 1997 年底召開的第一屆東盟國家領導人會議上，餘悸未消的領導人們一方面將怒氣統統撒向了索羅斯等國際投機家，指責他們「喪盡天良」，另一方面也試圖透過多方努力以及心平氣和的對話，尋求治病救國的良方。在這次會議上，領導人們不計此前貿易戰、投資戰的「前嫌」，針對發展區域金融貿易合作達成了高度的共識，個別領導人甚至站高望遠，提出了東亞地區實現單一貨幣 ——「亞元」的構想。

第四章　股市世界的風雲起落

　　股票市場是一個備受爭議的地方，這裡不僅是一些人夢想的世界、財富的樂園，同時還是某些人人生的地獄、生命的考驗。其實，股市的好與壞只在於一線之間，不過投資者必須要有見識股市世界風起雲湧、潮起潮落的信心與勇氣。

一、股票的起源

　　股票至今已有將近 400 年的歷史。股票是社會化大生產的產物。隨著人類社會進入了社會化大生產時期，企業經營規模擴大與資本需求不足的矛盾日益突出，於是產生了以股份公司形態出現的、股東共同出資經營的企業組織；股份公司的變化和發展產生了股票形態的融資活動；股票融資的發展產生了股票交易的需求；股票的交易需求促成了股票市場的形成和發展；而股票市場的發展最終又促進了股票融資活動和股份公司的完善和發展。所以，股份公司、股票融資和股票市場的相互連結和相互作用，推動著三者的共同發展。

（一）股票的產生

　　股票最早出現於資本主義國家。17 世紀初，隨著資本主義大工業的發展，企業生產經營規模不斷擴大，由此而產生的資本短缺、資本不足便成為制約資本主義企業經營和發展的重要因素之一。為了籌集更多的資本，於是，出現了以股份公司形態、由股東共同出資經營的企業組織，進而又

將籌集資本的範圍擴展至社會，產生了以股票這種表示投資者投資入股，並按出資額的大小享受一定的權益和承擔一定的責任的有價憑證，並向社會公開發行，以吸收和集中分散在社會上的資金。世界上最早的股份有限公司制度誕生於西元 1602 年，即在荷蘭成立的東印度公司。

　　股份有限公司這種企業組織形態出現以後，很快為資本主義國家廣泛利用，成為資本主義國家企業組織的重要形式之一。伴隨著股份公司的誕生和發展，以股票形式集資入股的方式也得到發展，並且產生了買賣交易轉讓股票的需求。這樣，就帶動了股票市場的出現和形成，並促使股票市場完善和發展。

　　據文獻記載，早在西元 1611 年就曾有一些商人在荷蘭的阿姆斯特丹進行荷蘭東印度公司的股票買賣交易，形成了世界上第一個股票市場，即股票交易所。目前，股份有限公司已經成為資本主義國家最基本的企業組織形式；股票已經成為資本主義國家企業籌資的重要管道和方式，亦是投資者投資的基本選擇方式；而股票的發行和市場交易，亦已成為資本主義國家證券市場的重要基本經營內容，成為證券市場不可缺少的重要組成部分。

　　（二）股票市場的影響作用

　　1. 對國家經濟發展的作用。

　　廣泛的動員，積聚和集中社會的閒散資金，為國家經濟建設發展服務，擴大生產建設規模，推動經濟的發展，並收到「利用內資不借內債」的效果。

　　充分發揮市場機制，打破條塊分割和地區封鎖，促進資金的橫向融通和經濟的橫向連結，提高資源配置的整體效益。

2. 對股份制企業的作用。

有利於股份制企業建立和完善自我約束、自我發展的經營管理機制。

有利於股份制企業籌集資金，滿足生產建設的資金需求，而且由於股票投資的無期性，股份制企業對所籌資金不須還本，因此可長期使用，有利於企業的經營和擴大再生產。

3. 對股票投資者的作用。

為投資者開拓投資管道，擴大投資的選擇範圍，適應了投資者多樣性的投資動機、交易動機和利益的需求，一般來說能為投資者提供獲得較高收益的可能性。

增強投資的流動性和靈活性，有利於投資者股本的轉讓出售交易活動，使投資者隨時可以將股票出售變現，收回投資資金。股票市場的形成、完善和發展，為股票投資的流動性和靈活性提供了有利的條件。

二、歷史上的第一次股災

股災是指股市風險累積到極大時受某個偶然因素的影響，突然爆發的股市暴跌及其引起社會經濟重大動盪並造成龐大損失的異常現象。

西元 1720 年，世界股市爆發第一次股災，史稱「密西西比泡沫事件」。

西元 1715 年，路易十四 (Louis XIV) 去世，他生前喜歡奢侈品，宣導高消費，大肆透支。他死後掌管法國的攝政王奧爾良公爵 (Duc d'Orléans) 為了填補哥哥生前留下的財政窟窿，傷透腦筋。此時法國經濟秩序一片混亂，對外債臺高築，對內稅收入不敷出。

西元 1716 年 5 月 5 日，法國皇室發布命令，建立一個名叫「勞氏公

司」的銀行，它發行的紙幣可以用來繳稅，資金為 600 萬里弗爾，每 500 里弗爾一股，共分為 12,000 股，其中四分之一可以用金屬貨幣購買，其餘的可以用國庫券的形式購買。

西元 1719 年初，皇室發布文告，授予密西西比公司全權在東印度群島、中國、南太平洋諸島，以及柯爾貝（Colbert）建立的法國東印度公司所屬各地進行貿易。為了擴張業務，決定增發 5 萬份新股。

每份 500 里弗爾的面值只抵得上 100 里弗爾的實際價值，每一股的利潤竟達到 200%。人們無法抵禦這種誘惑，全國至少有 30 萬人申請購買新股。

漸漸的，流通硬幣出現嚴重匱乏。雖然採取了許多措施，卻未能遏制貴重金屬不斷流向英格蘭和荷蘭的趨勢，留在國內的少量硬幣也被小心翼翼的保存或隱藏起來，最後，國內硬幣到了極度匱乏的程度，貿易再也無法維持下去。

股民們這才驚訝的發現股價已高得嚇人，賺了錢的人都想把股票換成紙幣，再將紙幣拿到銀行去兌換硬通幣以求萬無一失。於是，市場上大量拋售密西西比公司股票，股價迅速下跌。

為了支撐股價，勞氏銀行不惜大量發行紙幣吸收投資者賣出的股票，結果適得其反。人們由懷疑密西西比公司股價轉到懷疑國家銀行是否有能力兌換無數的紙幣，拋售股票的狂潮迅速演變為擠兌狂潮。密西西比公司股價一瀉千里，創造了至今仍保持的跌幅一次達 99% 的世界股市最高紀錄。

密西西比股票終於倒下了。沒過幾天，法蘭西皇家銀行倒閉，所有紙幣淪為一堆廢紙。法國經濟隨之陷入長期大蕭條。

三、1929 年，難以忘卻的傷痛

　　1929 年 10 月 29 日，在這個被稱作「黑色星期二」的日子裡，紐約證券交易所裡所有的人都陷入了拋售股票的漩渦之中，這是美國證券史上最黑暗的一天，是美國歷史上影響最大、危害最深的經濟事件，影響波及西方國家乃至整個世界。此後，美國和全球進入了長達 10 年的經濟大蕭條時期。

　　1926 年秋，在 1920 年代的投機狂潮中被炒得離譜的佛羅里達州房地產泡沫首先被刺破了。然而，這絲毫沒有對華爾街的瘋狂帶來多少警醒。從 1928 年開始，股市的上漲進入最後的瘋狂。事實上，在 1920 年代，美國的許多產業仍然沒有從一戰後的蕭條中恢復過來，股市的過熱已經與現實經濟的狀況完全脫節。

　　1929 年 3 月，美國聯邦準備理事會對股票價格的高漲感到了憂慮，宣布將緊縮利率以抑制股價暴漲，但股票經紀商和銀行家們仍在極力鼓動人們加入投機。甚至一些著名的學者也失去了冷靜。

　　不過，也有不少人保持著冷靜的頭腦，美國總統約翰‧甘迺迪（John Kennedy）的父親老約瑟夫‧甘迺迪（Joseph P. Kennedy Sr.）就是極早從股市中脫身者之一。他對自己說，如果連擦鞋匠都在買股票，我就不想再待在裡面了。這個明智的選擇使他提早撤出資金，為其家族的未來奠定了基礎。

　　1929 年夏，股票價格的成長幅度超過了以往所有年分，崩潰已經近在眼前。9 月 3 日，華爾街的一位統計學家羅傑‧巴布森（Roger Babson）在華爾街的金融餐會上說了一句話：「股市遲早會崩盤！」這句話被《道瓊金融》發表。其實，這位先生在此前的兩年中就一直重複著這句話，但只被人們當作笑談，沒想到這次竟一語成讖，千古留名。此話不久就傳遍了全美國，投資者信心開始動搖，股市立刻掉頭向下。

股市下跌的消息驚動了總統胡佛，他趕緊向新聞界發表演講說：「美國商業基礎良好，生產和分配並未失去以往的平衡。」相關的政府財政官員也出面力挺股市。但此時人們的神經已經異常脆弱，股市在經過曇花一現的上揚後，就開始了惡夢般的暴跌。

1929 年 10 月的最後 10 天，集中了證券史上一連串著名的日子。

10 月 21 日，紐約證券交易所開市即遭大筆拋售，全天拋售量高達 600 多萬股，以致股市行情自動記錄器到收盤 1 小時 40 分後才記錄完最後一筆交易。

10 月 23 日，形勢繼續惡化，《紐約時報》指數下跌 31 點。

10 月 24 日，這一天是股市災難的開始，史上著名的「黑色星期四」。早晨剛剛開市，股價就如決堤之水轟然下洩，人們紛紛脫手股票，全天換手 1,289.5 萬股。紐約數家主要銀行迅速組成「救市基金」，紐約證券交易所總裁理查·惠特尼（Richard Whitney）親自購入股票，希望力挽狂瀾。但大廈將傾，獨木難支。

10 月 25 日，胡佛總統發表文告說：「美國的基本企業，即商品的生產與分配，是立足於健全和繁榮的基礎之上的。」力圖以此刺激新一輪投資。然而，過了一個週末，一切挽救股市的努力都白費了。

10 月 28 日，史稱「黑色星期一」。當天，紐約時報指數下跌 49 點，道瓊指數狂瀉 38.33 點，日跌幅達 13%，這一天，已經沒有人再出面救市。

10 月 29 日，最黑暗的一天到來了。早晨 10 點鐘，紐約證券交易所剛剛開市，猛烈的拋單就鋪天蓋地席捲而來，人人都在不計價格的拋售，經紀人被團團圍住，交易大廳一片混亂。道瓊指數一瀉千里，至此，股價指數已從最高點 386 點跌至 298 點，跌幅達 22%，《紐約時報》指數下跌 41

點。當天收市，股市創造了 1,641 萬股成交的歷史最高紀錄。一名交易員將這一天形容為紐約交易所 112 年歷史上「最糟糕的一天」。這就是史上最著名的「黑色星期二」。

11 月，股市跌勢不止，滑至 198 點，跌幅高達 48%。

翌年，股市憑藉殘存的一絲牛氣，在 1 ～ 3 月大幅反彈。並於 4 月重新登上 297 點。此後又急轉直下，從 1930 年 5 月到 1932 年 11 月，股市連續出現了 6 次暴跌，道瓊指數跌至 41 點。

在這場股災中，數以千計的人跳樓自殺。在許多描述股市崩盤後華爾街慘狀的笑話中，有這樣一則：五星級豪華酒店里麗思卡爾頓酒店對來客的第一句問候語改為：「請問，訂房是住宿還是跳樓？」

這次股災徹底打擊了投資者的信心。人們聞股色變，投資心態長期不能恢復。股市危機、銀行危機與整個經濟體系的危機，是個相互推動的惡性循環。股市暴跌後，投資者損失慘重，消費欲望大減，商品積壓更為嚴重。同時，股市和銀行出現危機，使企業找不到融資管道，生產不景氣，反過來又加重了股市和銀行的危機，國民經濟雪上加霜。出於美國在世界經濟中占據著重要地位，其經濟危機又引發了遍及整個資本主義世界的大蕭條：5,000 萬人失業，無數人流離失所，上千億美元財富付諸東流，生產停滯，百業凋零。

四、1987 年，華爾街感冒，全世界打噴嚏

1950 年代後期和整個 1960 年代，是美國經濟發展的「黃金時期」。經濟持續穩定成長，通貨膨脹率和失業率降到很低的程度。到 1980 年代，美國股市已經歷了 50 年的牛市，股票市值從 1980 年的 24,720 億美元上

升到 1986 年的 59,950 億美元。自 1982 年起，股價走勢更是持續上揚，交易量也迅速增加，1987 年日交易量達到 18,060 萬股。股市異常繁榮，其發展速度遠遠超過了實際經濟的成長速度，金融交易的發展速度大大超過了世界貿易的發展速度。因為股市的高收益性，大量的社會游資及私人資金源源不斷的流向股市，這些資金為追求短期利潤而在股市上從事投機交易，造成股市的虛假繁榮。

1987 年 10 月 19 日，星期一，華爾街籠罩在陰雲之中，紐約股票交易所開始了新的一天。開市伊始，一種不祥的預感就襲上了喧囂的交易大廳內每個人的心頭：道瓊工業平均指數開盤，就跌去 67 個點。轉眼間，賣盤湧起。在蜂擁而至的滾滾拋盤的打壓下，螢幕上盡數翻起綠盤（下跌），看不見半點紅浪（上升）。交易所內一片恐慌，期貨市場也處於一片混亂之中。從上午 9 點半到 11 點，道瓊工業平均指數直線下瀉，沒有人知道應該如何遏制繼續惡化的局勢。雖然也有人提議休市，但無人敢做決定。紐約股票交易所顧忌到華爾街在全球股市中「風向標」的作用，只得拚命堅持下去。

由於股市與期市相互驅動，股價和期指跌落速度越來越快，交易量猛增。從 11：00 到 11：50 股市成交 9,300 萬股，中午期指交易量相當於 700 萬股，而股市是 900 萬股。大機構在兩個市場上大量進行交易，將這場災難推向了頂點。而紐約股票交易所電腦系統在這一天也幾乎陷入了癱瘓的狀態。紐約股票交易所共有 200 臺迷你電腦，這套系統從未處理過如此龐大的交易。當股票交易資料湧進電腦時，電腦幾乎無法處理。賣單蜂擁而至時，資訊系統處理速度遠遠落後。開盤後不到一個小時，由於拋盤數量太大，電腦竟比實際交易速度慢了 20 分鐘；中午，電腦系統中的指定指令轉換系統（DOT）慢了約 75 分鐘。由於 DOT 系統容量不足，傳送

到 DOT 系統的 3.96 億股的交易竟有 1.2 億股沒有執行。

　　下午 13：09，一則可怕的消息傳到華爾街股市，美國證券交易委員會主席在華盛頓發表演講說：「在關鍵時刻，雖然我們不知道這一關鍵時刻會在什麼時候，但是我將與股票交易所討論暫時關閉交易所。」這則消息更加引起一陣恐慌。因為交易所一旦關閉，交易商們將來不及拋掉手中的股票，他們的股票將一文不值，成千上萬的美元將化為灰燼。於是，他們不得不迅速「傾銷股票」。道瓊工業平均指數像著了魔似的狂瀉，到下午 2：00，已經下挫 250 點，股票換手 4 億多股，電腦比實際交易速度落後了 100 分鐘。在此期間，證券交易委員會的官員出面澄清：他們沒有討論關於關閉交易所的事情。然而為時已晚，災難已無法抑制。

　　下午 14：05，道指上升 350 點，成功衝過 2,000 點。但此次反彈僅延續了一瞬間，期指市場的反映基本相同。14：30 左右，股價走勢似乎有走好跡象，然後反彈受阻，新一輪下降趨勢在此形成。此時，距收盤僅剩 1 個多小時，但就在這短暫而又漫長的 1 個多小時裡，道瓊工業平均指數在這種彷彿已經凝固了的空氣中再度下挫 250 點，換手 2 億股。直至下午 16：00 收市，這次跳水才被迫停止。當天收盤時，道瓊工業平均指數下降了 508.32 點，由 2,246.72 點狂跌到 1,738.470 點，跌幅達 22.6%，創下了一天下跌的最高紀錄。而股市的其他指數如 NYSE 綜合指數下跌 19.2%，AMEX 綜合指數下跌 12.7%，NASDAQ 綜合指數下跌 11.35%。相當於法國全年國民生產毛額的 5,030 億美元的股票面值在一天之內化為烏有。當天，在紐約股票交易所掛牌的 1,600 種股票中，只有 52 種股票上升，其餘全部下跌。其中 1,192 種股票跌到 52 個星期以來的最低水準，而且許多具有代表性的績優股也在劫難逃。幾乎所有大公司的股票均狂跌 30% 左右，如奇異公司下跌 33.1%，AT＆T 公司下跌 29.5%，可口可樂公司

下跌 36.5%，西屋公司下跌 45.8%，運通公司下跌 38.8%，波音公司下跌 29.9%。

這一天紐約股票交易所內烏雲密布，氣氛極度緊張。價格變動極快，電話機不夠用，螢幕上的價格跟不上市場實際價格。平時一天的交易額為 1 億股左右，而這天為 6 億股。由於電腦系統運行滯後，約有 28% 的指令未能執行，其中包括 9,200 萬限價指令。許多投資者，尤其是中小投資者，直到兩、三天後才知道他們的股票沒有賣出。此外受股票價格變化的影響，美國政府債券市場也是一片混亂。而新聞機構由於電腦的影響，收盤 5 個半小時後才把股市的收盤價報導出去。

「一切都失去了控制」，《紐約時報》這樣報導。這一天損失慘重的投資者不計其數，世界首富山姆‧沃爾頓（Samuel Walton）一天之內股票價值損失 21 億美元，世界上最年輕的億萬富翁比爾蓋茲（Bill Gates）損失 39.45 億美元，許多百萬富翁一夜之間淪為貧民，最苦的是那些靠自己多年積存的血汗錢投資於股票的投資者。受股價暴跌震動，股民的心理變得極為脆弱。因股市暴跌而不堪於債務重壓的許多人，精神徹底崩潰，自殺的消息不絕於耳。銀行破產，工廠關門，企業大量裁員，人心惶惶。

資訊技術的發展，使全世界的金融交易連結在一起。然而，金融一體化的步伐加快也造成了一些負面影響。由於全球金融一體化的發展，當某個股市發生暴跌時，其他股票市場也難以倖免。「黑色星期一」這一天，東京股票交易所的開盤鑼聲餘音未盡，股票價格便直線下跌。日經 225 指數下跌了 620 點，跌幅為 14.9%；香港恆生指數下跌 421 點，跌幅為 11.3%，也創下了一天下跌最高紀錄；《新加坡海峽時報》指數下跌 169 點，跌幅為 12.4%；澳洲所有普通股價格指數下跌 80 點，跌幅為 3.7%；FTSE30 指數下跌 183.7 點，跌幅為 10.1%，FTSE100 指數下跌 249.6 點，

跌至 2,053.3 點，投資者損失達 500 億英鎊。此外，巴黎、法蘭克福、斯德哥爾摩、米蘭、阿姆斯特丹等股市均有 6% 至 11% 不同程度的下跌，形成全世界範圍內的股市衝擊波。面對席捲全球的股市狂潮，各國政府震驚之餘，迅速採取一系列救市措施。香港股市當即停市 4 天，前聯邦德國宣布降低證券回購率，七國集團會商如何向金融系統提供流動資金。

這次股市暴跌震驚了整個金融世界，並在全世界股票市場產生「多米諾骨牌」效應。股市暴跌狂潮在西方各國股民中引起極大恐慌。這一天被金融界稱為「黑色星期一」，《紐約時報》稱其為「華爾街歷史上最壞的日子」。

（一）與股市漲跌的關係

經濟週期是國民經濟的週期性波動，以大多數經濟部門的擴展或收縮為象徵，分為繁榮、衰退、蕭條與復甦四個階段；其中，繁榮與蕭條是兩個主要階段，衰退與復甦是兩個過渡階段。

1. 復甦

隨著經濟結構的調整，經濟經過最低谷之後出現緩慢復甦的勢頭，產出、就業、消費開始增加，企業業績回穩，開始派發股利，投資者發覺持股有利可圖，於是紛紛購買，使股市緩緩回升。

2. 繁榮

經濟成長加速，人們對前景預期樂觀，消費欲望刺激物價和生產，企業盈利大增，股利相應增多，股票價格上漲至最高點。

3. 衰退

市場供求發生變化，利率提高，企業成本上升，產品滯銷，利潤相應減少，股利也隨之不斷減少，持股的股東因股票收益不佳而紛紛拋售，使股票價格下跌。

4. 谷底

整個經濟生活處於百業待興的蕭條局面，需求嚴重不足，大量企業倒閉，失業率高，人們對預期悲觀。企業整體盈利水準極低，股票持有者紛紛賣出手中的股票，從而使整個股市價格大跌。

經濟週期對股價變動影響明顯，也受到人們對未來預期等因素的影響，股價變動通常比實際的經濟週期變動要領先一步。在復甦之前，股價已經回升；經濟週期尚處高峰階段時，股價已有不小跌幅；經濟仍處谷底末期，股市已開始從谷底回升。這就是股市的「晴雨表作用」。

正所謂「選股不如選時」，根據經濟循環週期，經濟復甦至高峰期才是股票投資的最佳時機，而衰退期、谷底階段的投資策略應以保本為主。另外，不同行業的股票在不同經濟週期中也會有不同的表現，能源、製造（機械、電子）業股票在股市上升初期往往漲幅領先；公用事業股、消費彈性較小的日用消費品部門的股票在下跌趨勢的末期則發揮較強的抗跌能力。

（二）貨幣升值對股價的影響

股價指數是國民經濟的「晴雨表」，而匯率變動則反映貨幣國際購買力的變化。兩者既是兩個主要的金融市場（股票市場和外匯市場）的價格，又同為反映國民經濟運行狀況的指標。貨幣升值對股價有沒有直接的影響呢？

一種觀點認為，當本國貨幣存在升值預期的時候，大量國際熱錢會湧入國內資本市場，過多的貨幣追逐少量的資源，就會導致股市上漲。當本國貨幣已經升值的時候，正所謂「利好出盡是利空」，外資為了兌現已經獲得利益會部分退出股市，導致下降。

另外，本國貨幣升值可能會成為股市信心的支撐。透過對比本國和日本的本國貨幣升值和股價之間的關係，不難發現，從長期來說，隨著本國貨幣的升值，股價會持續上升；而本國貨幣的大幅升值對股市的影響會較小，本國貨幣的小幅穩定升值將會給股價一個較為合理的促進作用。所以，本國貨幣的升值和貶值對經濟的影響有正面的也有負面的。當本國貨幣大幅升值的時候，人們會擔心出口產業受影響，而影響實體經濟的發展；但當本國貨幣大幅貶值時，雖然有利於出口產業，但資金特別是外國資金以及熱錢又會抽逃。所以，當貨幣匯率大幅波動的時候，我們無法預測其對股票市場到底有多大的影響。但伴隨著日圓長期走強以及本國貨幣不斷升值，兩國股票市場的長期上漲給我們一個啟示：本國貨幣升值表示國民經濟的不斷走強，這給投資者以強大的信心，同時也能透過投資股市獲得利潤。

西方學者較早就關注這兩種金融指標的關聯程度。關於匯率和股價之間的關係，西方已有兩種成熟的理論模型，即匯率決定的流量導向模型和股票導向模型。前者強調經常帳或貿易平衡，認為存在著由匯率到股價的反向關係，這種分析主要著眼於微觀層面；而後者強調資本帳是動態匯率的主要決定因素，認為存在著由股價到匯率的正向關係，這種分析主要著眼於宏觀層面。在微觀層面，有觀點認為，匯率變動影響國內公司和跨國公司的資產組合的真實價值。整體來說，公司股價暴露在匯率風險之下的證據並不明顯。但是，已經發現資源類股票和實業類股票價格對於匯率波動的反應大不相同。當貨幣升值時，實業類股票價格表現較好；而貨幣貶值時，資源類股票的價格則較為堅挺。

整體來看，不管在微觀還是宏觀層面上，對於股價和匯率的關係，無論是從理論還是從實證的角度，都遠未達成共識，特別是對這兩種金融價

格變數的因果關係及其作用方向還未做出探討。尚須指出的是，以前的所有研究均未涉及開發中國家的股票市場。在這些市場中，政府的政策導向對股價的影響很大。

第五章　非常環境下的國內外投資

　　在投資環境的國際因素中，國際政治形勢和政治格局、國際經濟形勢和經濟格局都會發揮著決定性作用。在經濟全球化的今天，分析、認識和改善國際環境因素甚至更為重要，因為它們是利用了外資的大氣候、大前提。

一、國際貿易一體化下的貿易與投資

　　所謂貿易投資一體化，從廣義上講，是指當代國際貿易和國際直接投資之間高度融合、相互依賴、共同發展、合為一體的一種國際經濟現象。這種一體化不僅表現為貿易流向和投資流向的高度一致性、時間上的同步性，而且表現為國際貿易和國際直接投資互補共存、互動發展的格局。從狹義上看，是指在以跨國公司為主導的、以要素分工為特點的國際分工體系中，跨國公司透過在全球範圍內配置和利用資源，進行全球化生產和全球化經營，使得越來越多的國際貿易和國際直接投資，在跨國公司的安排下，圍繞著跨國公司國際生產的價值鏈，表現出相互依存、聯合作用、共生成長的一體化現象。

　　1990 年代以來，經濟一體化成為世界發展潮流，全球範圍內各國各地區間經濟日益融合，生產要素特別是資本、技術、高階人才得以全面、自由流動，各國各地區經濟的發展與外部世界經濟的變動日益相互影響和相互制約，貿易與投資一體化加快推進。經濟一體化不僅極大的促進了世界經濟和貿易發展，同時使國際貿易出現了一系列新特徵。

1. 競爭優勢取代比較優勢，成為國際貿易分工的重要基礎

比較優勢理論認為，在國際貿易分工中，只要各個國家發揮自己的比較優勢，生產成本相對低的產品參與國際分工，就會獲得比較利益，不僅其自身，而且整個世界都會從中受益。但在經濟一體化背景下，比較優勢已不能再成為決定國際貿易分工的重要基礎。特別是資本、技術和高階人才等要素的流動性日益增強，比較優勢已不再為一國所獨享。在此情況下，某一國的比較優勢實際上成為本國及外國都可以利用的區位優勢，而利用比較優勢的能力，則集中於不同國家具有國際競爭力企業的分布情況。資本實力雄厚或者技術、管理、制度上有競爭優勢的跨國企業越多的國家，其利用國外比較優勢獲利的能力就越強。

因此，所謂經濟一體化，實質是跨國企業依靠競爭優勢，借助投資活動，在全球範圍內對資源的整合。競爭優勢成為國際貿易分工的重要基礎。一國具備國際競爭優勢的企業越多，就越能在國際分工中更多的整合他國資源。

2. 國際貿易格局由公司間、產業間貿易，轉向產業內貿易、公司內貿易

為了在日趨激烈的全球競爭中獲勝，跨國公司自 1990 年代以來，在國際直接投資中採用了不同以往的策略，並因此促進了國際貿易向產業內、企業內貿易的發展。

第一，橫向併購策略。這在近幾年來的國際汽車、石化、資訊等領域表現得非常明顯。橫向併購，使原來生產同類產品（不同型號）的跨國公司之間，可以透過產業內分工而進行的產業內貿易，轉變為跨國公司內部分支機構之間的公司內貿易。

第二，垂直一體化策略。其形式既有獨資、控股、參股的直接股權控制，也有借助品牌進行的非股權控制的虛擬一體化方式。在直接的股權控制模式中，跨國公司往往自己投資從事研究與開發或者關鍵零部件的生產，以確保技術領先的優勢。對於普通、標準零部件，則採用全球採購的虛擬一體化模式，以降低成本。這種策略導致國際貿易形式的變化：對應於前者，精密零部件在公司內貿易中的比重不斷上升；對應於後者，加工貿易在整個國際貿易中的比重持續提高，並有可能成為未來國際貿易的主要形式。

第三，研發國際化策略。跨國公司的研發已經不再一味的局限於母國，當地研發（在開發中國家設立研發中心）、當地生產、當地銷售的高速發展，使得許多新產品不再像 1990 年代前那樣有一個生命週期，從而使原來用以解釋國際貿易分工中產業梯度轉移的產品生命週期理論和邊際產業轉移理論遇到挑戰，並且對開發中國家如何發揮後發優勢、實行技術追上並超越提出了新的課題。

3. 國際貿易動態利益取代靜態利益，成為國際貿易利益的主要衡量標準

傳統自由貿易理論強調的是國際貿易的靜態利益。但國際貿易還有對一國經濟社會發展更為重要的動態利益，包括透過國際貿易促進競爭，加快技術進步，促進資金累積，最佳化和提升產業結構，引進和吸收先進理念和制度等。隨著經濟一體化的進一步深化，動態利益的地位上升，應成為各國，特別是開發中國家參與國際分工和貿易的重要著眼點。

第一，國際投資的收益將逐步超過貿易的收益。在經濟一體化背景下，國際投資與國際貿易之間雖然存在相互促進關係，但對資本輸出國而

言，國際投資收益不能再透過國際貿易的利益加以呈現。這是因為國際投資活動是跨國公司借助資本這一紐帶所進行的全球範圍的資源整合。為了利用某一東道國的要素優勢（如優質勞動力），它可能到該國投資設廠，但中間零部件、機器設備則可能來自他國而非母國，生產的產品可以就地銷售，或向其他國家出口，出口收益則記在東道國的貿易收支上，跨國公司得到的是投資收益（利潤）。如果跨國公司將利潤匯回母國，則資本輸出國得到了投資收益。

　　第二，外匯增加額、原產國貿易額比進出口額更能反映國際貿易收益。在經濟一體化背景下，由於跨國公司的作用及資源的全球流動，一國的出口產品可能不是「本國企業」生產的，而是外國甚至進口國跨國公司的分支機構生產的；出口產品不僅使用了進口原材料和中間產品，甚至大部分來自進口、來自最終產品進口國的進口。這在加工貿易中表現得尤為突出。

　　第三，國際貿易的動態利益應成為發展國際貿易的重要追求。經濟一體化意味著在一國市場上從事生產和出口的企業，不僅有「本國企業」，還有外資企業、合資企業，出口收入並不為出口國所獨享。特別是跨國公司在開發中國家進行國際化經營時，它們不可避免的會使用轉移價格手法轉移利潤，開發中國家所獲得的直接貿易利益將大打折扣。但國際貿易的動態利益十分顯著，如增加東道國就業和稅收，促進產業結構升級，推進現代理念的普及和社會現代化等。

　　4. 國家對外貿易政策自主性減少，貿易保護政策效果下降

　　在經濟一體化條件下，由於國際分工網路的形成、各國國內市場的國際化，使得貿易保護政策實施環境發生變化，單純考慮本國利益的自主貿易保護政策難有生存餘地。經濟一體化要求各國市場相互開放，要求各國

對跨國企業給予「國民待遇」，允許要素和商品自由流動，否則經濟全球化的鏈條將會中斷。因此，經濟全球化條件下貿易政策的制定，必須考慮貿易對方國的利益，遵循國際慣例，雙邊、諸邊和多邊因素對一國外貿政策的制約作用越來越大，單邊保護越來越困難。

二、危機下各國的貿易保護政策

貿易保護主義是指透過關稅和各種非關稅壁壘限制進口，以保護國內產業免受外國商品競爭的國際貿易理論或政策。關稅、進口配額、外匯管制、煩瑣的進出口手續、歧視性的政府採購政策等，都是國際貿易保護的重要方法。

當前國際金融體系正經歷著一場前所未有的危機，並已經嚴重影響到全球的實體經濟。無論是已開發國家還是開發中國家，都難獨善其身。面臨如此困境，各國政府以及政治人物都或多或少的顯示出轉向貿易保護的傾向。雖然這或許是可以預料的，但仍然值得我們對此保持足夠的警惕。

2009 年 1 月 28 日，美國眾議院通過的高達 8,190 億美元的美國新經濟刺激方案規定，受美國政府資金支援的新經濟項目，必須使用美國生產的鋼鐵產品。而即將在美國參議院討論的該方案把必須是「美國製造」的應用範圍擴展到經濟刺激計畫項目所需的各種製成品。

更有甚者，美國國會參議院 2 月 6 日在經濟刺激計畫中又加入一項議案，限制接受政府金融救援資金的美國銀行僱用外國員工。從購買美國貨到僱用美國人，美國替世界各國救市帶了一個接一個的壞頭，升起了一片又一片貿易保護主義的陰雲。購美國貨，是典型的貿易保護主義伎倆；僱用美國人，不但是貿易保護主義的表現，而且涉嫌就業歧視。

　　當然，美國購美國貨、僱用美國人的政策是有其背後原因的。金融危機已經波及到實體經濟領域，作為美國支柱產業的汽車製造業出現問題後，美國的鋼鐵業也陷入困境。這些實體經濟都是就業量較大的行業，因為這些行業陷入困境，美國就業形勢隨之惡化。為應對金融危機，美國政府先後採取了大規模注資等措施，但至今仍不見好轉。

　　美國保護政策推出後，得到了很多國家的集中炮轟，但是不同國家也陸續推出或考慮推出一些針對本國某些特定產業的救市計畫，如法國與義大利考慮對其汽車業實施幫助措施；俄羅斯提高了對一些產品徵收的進口關稅，並對本國產品提供補貼；土耳其增加了對糖的進口關稅；美國和歐盟也對產自中國的一些產品增加進口關稅。而印度則透過限制措施，減少從中國進口鋼材和紡織品。

　　值得慶幸的是，這次金融危機爆發以來，雖然偶爾出現貿易保護主義的雜音，大多數的政府仍然堅持其對自由貿易和經濟一體化的支持。因為貿易保護往往是「損人不利己」的下下策。比如說，對任何一個經濟體來說，尤其是相對較小的經濟體，其本國的生產與消費都對貿易有相當程度的依賴。全球經濟的一體化同時也就意味著一國經濟的相對專業化，只靠本國的企業，無法滿足其消費者對產品及其多樣性的需求。因此，即使可以透過提高關稅以及限制數量達到減少進口的目的，此類措施對本國企業的幫助作用也是有限的。同樣的，只靠本國市場，也無法消化一個國家中企業的全部產出。因此，如果這類措施招致其交易夥伴的報復性貿易保護措施，該國企業的出口則避免不了遭受嚴重打擊。其結果終將是兩敗俱傷。

　　亞洲地區的國家和經濟體，包括地處東亞的日本、韓國、中國，還有東南亞的新加坡、泰國、馬來西亞等，其經濟對貿易都有很高程度的依

賴，也因此一向重視推動區域內和地區間的貿易發展。近年來，雖然這些
國家的貿易已經獲得了長足的發展，但在相當的程度上仍然依賴來自已開
發國家，包括美國和歐洲市場的外部需求。因此，這些區域內的政府也勢
將對可能出現的貿易保護主義時刻保持高度的警惕性。

　　更重要的是，作為在世界經濟中占有舉足輕重地位的亞洲地區，應該
努力把當前全球經濟面臨的極大挑戰轉化為機遇。除了進一步推動並且深
化區域內的經濟一體化，更要同時加速區域內經濟發展模式的轉型，儘快
的從以生產與出口帶動成長轉向以消費來帶動成長。

三、危機下的國際投資機遇

　　2008 年 9 月，美國金融市場風雲再起，雷曼兄弟控股公司破產、美洲
銀行收購美林集團、AIG 集團陷入危機，強烈震撼了美國金融市場，並在
國際金融市場掀起滔天巨浪，曠日持久的美國次貸危機轉化為嚴峻的國際
性金融危機。

　　由於這場金融危機仍處於持續發展中，金融市場瞬息萬變，目前，金
融危機已對全球實體經濟產生了強大的衝擊，2008 年世界經濟已明顯放
緩，金融危機對各行業的負面影響也是顯而易見的。

　　目前是「現金為王」，大家把錢都存起來了。幾個月前還居高不下的
貴金屬價格現在已經回落，急需囤積現金的投資者不得不忍痛割愛了。即
使是有利的投資也被用來填補不良投資造成的損失，一場大拋售之後收益
將所剩無幾。

　　這種情況會持續嗎？專家預言，雖然短期內的拋售似乎不會結束，但
一段時間後精明的投資者必定會覺得價格太低就開始買進了，轉機就會出

現。早期的購買者買到了最便宜的資產，其他人帶著準備好的現金開始從一旁擠進去。這種模式在歷史上已經重複過多次，毫無疑問，這次又將被重演。

在全球金融風暴的影響下，有沒有一個行業能夠脫穎而出？有沒有一種投資方式能夠不受危機的影響，反而在金融危機的影響下能夠化危機為機會，展現穩健、成熟的投資價值？答案是肯定的。

在國際金融危機環境下什麼樣的企業才能夠不敗？

1. 國家投資的基礎設施產品類企業。
2. 科技型生產企業，在技術上有競爭優勢且產品有社會需求。

在國際金融危機環境下，重大的投資機遇在哪裡？

1. 如果世界經濟在 2010 年或者 2011 年開始復甦，那麼鋼鐵、水泥、房地產等行業預估會提前半年啟動。
2. 2009 年下半年將是收購兼併重新瓜分市場的年代，預估各類重大收購兼併的題材股票將會有所行動。
3. 被人們冷落的可轉換債券市場，當純債券的到期收益率達到一定的水準後，加上可交換債券的推出，2009 年下半年可能有較好的投資機會。

四、理財是經濟寒冬裡的棉襖

金融危機大有席捲全球之勢，衝擊了越來越多的行業，也影響著越來越多的普通人。在危機期間要不要理財呢？當然需要。你不理財，財不理你。不管國家經濟或個人經濟處在什麼程度，理財是當今人類生活和發展必不可少的追求目標。拋開世界及國家出現的經濟危機，再看看我們自

己，其實我們每個人都時時刻刻面臨著危機。沒錢人想透過各種方法賺錢，為賺錢想發財而發愁，如果不能合理理財會變得越來越窮；有錢人錢多了也會犯愁，他們愁的是資產安全問題及縮水問題。所以不管是窮人還是富人，都需要想辦法理財，追求美好生活或使財務增值，理財是必不可少的。

面對老百姓可能收入下降、財產縮水的預期，理財專家給出的策略是：多儲備一些「棉襖」類金融資產，如存款、貨幣市場基金、保本穩健類銀行理財產品、債券和債券型基金等。

此時，對於仍有財產增值願望的百姓來說，也許節流要好於開源。某商業銀行理財專家表示：「首先，處於金融風暴中的普通百姓，應該降低理財預期收益率，以投資低風險理財產品為主，做好過冬的準備。」

不讓資金縮水最好的辦法就是讓錢運動起來。所以，在特殊時期，我們也要適當的進行投資理財。比較合理的理財方法應拿出總資金的20% ～ 30% 進行理財。這樣即可以解決資金縮水問題，也增大了增值空間。錢的規律就是運動，和人一樣，如果一個人不經常運動他的身體，其身體狀況就容易出問題。錢只有運動起來才不會使它出現問題。當你的現金流不出問題，你的資產項目就會增大。在此同時還須減少花錢壞習慣，少買一些會對自己帶來壓力和貶值的產品，多買一些能為自己帶來資產的東西。

下篇　百姓理財學問

第六章　股票理財

　　股票市場不但是一個交易的市場，而且還是投資者人生的縮影。股市中充滿了貪婪的欲望，充滿了人性的弱點，人類所有的醜惡本性和優秀的特質無時不在市場中閃現。一個能夠在股票市場上成功的人，是真正出類拔萃的。他們能夠在行情暗流湧動、風雨飄搖的底部滿懷信心，在市場最狂熱的頂部做到世人皆醉唯我獨醒。

一、股票的基本知識

　　股票是股份有限公司在籌集資本時向出資人發行的股份憑證，代表著其持有者（即股東）對股份公司的所有權。這種所有權是一種綜合權利，如參加股東大會、投票表決、參與公司的重大決策、收取股息或分享紅利等。同一類別的每檔股票所代表的公司所有權是相等的。每個股東所擁有的公司所有權占比的大小，取決於其持有的股票數量占公司總股本的比重。股票一般可以透過買賣方式有償轉讓，股東能透過股票轉讓收回其投資，但不能要求公司返還其出資。股東與公司之間的關係不是債權債務關係。股東是公司的所有者，以其出資額為限對公司負有限責任，承擔風險，分享收益。

　　股票作為一種有價證券，具有如下特徵：

■ 穩定性

　　股票投資是一種沒有期限的長期投資。股票一經買入，只要股票發行

公司存在，任何股票持有者都不能退股，即不能向股票發行公司要求抽回本金。同樣，股票持有者的股東身分和股東權益就不能改變，但他可以透過股票交易市場將股票賣出，使股份轉讓給其他投資者，以收回自己原來的投資。

■ 風險性

股票投資者能否獲得預期的回報，首先取決於企業的盈利情況，利大多分，利小少分，公司破產時則可能血本無歸；其次，股票作為交易對象，就如同商品一樣，有著自己的價格。而股票的價格除了受制於企業的經營狀況之外，還受經濟的、政治的、社會的甚至人為的等諸多因素的影響，處於不斷變化的狀態中，大起大落的現象也時有發生。因此，欲入市投資者，一定要謹慎從事。

■ 責權性

股票持有者具有參與股份公司盈利分配和承擔有限責任的權利和義務。根據公司法的規定，股票的持有者就是股份有限公司的股東，他有權或透過其代理人出席股東大會、選舉董事會並參與公司的經營決策。股東權力的大小，取決於占有股票的比例多大。

■ 流通性

股票可以在股票市場上隨時轉讓，進行買賣，也可以繼承、贈與、抵押，但不能退股。所以，股票亦是一種具有很強流通性的流動資產。無記名股票的轉讓只要把股票交付會給受讓人，即可達到轉讓的法律效果；記名股票轉讓則要在賣出人簽章背書後才可轉讓。正是由於股票具有很強的流通性，才使股票成為一種重要的融資工具而不斷發展。

二、股票投資的風險提示

在現實的經濟生活中，人們有各式各樣的投資方式，股市投資不過是其中的一種投資方式。既然是投資，那麼所面臨的風險就不可避免，只不過不同的投資有不同的風險。股市投資為什麼風險高？

股票投資的風險來自：(1) 上市公司大股東惡意掠奪。(2) 擠泡沫與高價減持國有股。(3) 少分紅多融資。(4) 基金習慣性思維做空。(5) 市場供需關係失衡。(6) 交易制度缺陷嚴重。(7) 受其他行業和官員歧視。

股票投資的風險按特異性分類，包括系統性風險和非系統性風險兩大部分。系統風險指的是總收益變動中由影響所有股票價格的因素造成的那一部分。經濟的、政治的和社會的變動是系統風險的根源，它們的影響使幾乎所有的股票以同樣的方式一起運動。

系統風險主要有以下幾種不同的形式：

1. 購買力風險

購買力風險，又稱通貨膨脹風險，是指由通貨膨脹引起的投資者實際收益率的不確定。證券市場是企業與投資者直接融資的場所，因而社會貨幣資金的供給總量成為決定證券市場供需狀況和影響證券價格水準的重要因素，當貨幣資金供應量成長過猛，出現通貨膨脹時，證券的價格也會隨之發生變動。

2. 利率風險

這裡所說的利率是指銀行信用活動中的存貸款利率。由於利率是經濟運行過程中的一個重要經濟槓桿，它會經常發生變動，從而會對股票市場帶來明顯的影響。一般來說，銀行利率上升，股票價格便會下跌，反之亦然。其主要原因有兩方面：第一，人們持有金融資產的基本目的，是獲取

收益，在收益率相同時，他們則樂於選擇安全性高的金融工具。在通常情況下，銀行儲蓄存款的安全性要遠遠高於股票投資，所以，一旦銀行存款利率上升，資金就會從證券市場流出，從而使證券投資需求下降，股票價格下跌，投資收益率因此減少。第二，銀行貸款利率上升後，信貸市場銀根緊縮，企業資金流動不暢，利息成本提高，生產發展與盈利能力都會隨之削弱，企業財務狀況惡化，造成股票市場價格下跌。

3. 匯率風險

匯率與證券投資風險的關係主要表現在兩方面：一是本國貨幣升值有利於以進口原材料為主從事生產經營的企業，不利於產品主要面向出口的企業，因此，投資者看好前者，看淡後者，就會引發股票價格的漲落。本國貨幣貶值的效應正好相反。二是對於貨幣可以自由兌換的國家來說，匯率變動也可能引起資本的輸出與輸入，從而影響國內貨幣資金和證券市場供需狀況。

4. 宏觀經濟風險

宏觀經濟風險主要是由於宏觀經濟因素的變化、經濟政策變化、經濟的週期性波動以及國際經濟因素的變化可能為股票投資者帶來的意外收益或損失。

宏觀經濟因素的變動會對證券市場的運作以及股份制企業的經營帶來重大影響，如經濟體制的轉軌、企業制度的改革、加入世界貿易組織、本國貨幣的自由兌換等，莫不如此。

5. 社會、政治風險

穩定的社會、政治環境是經濟正常發展的基本保證，對證券投資者來說也不例外。倘若一國政治局勢出現大的變化，如政府更迭、國家領導者

健康狀況出現問題、國內出現動亂、對外政治關係發生危機時，都會在證券市場上產生反響。此外，政界人士參與證券投機活動和證券從業人員內幕交易一類的政治、社會醜聞，也會對證券市場的穩定構成很大威脅。像 1980 年代日本出現的「洛克希德事件」，其影響面之廣、影響時間之長就是一個典型的例子。

6. 市場風險

市場風險是股票持有者所面臨的所有風險中最難對付的一種，它為持股人帶來的後果有時是災難性的。在股票市場上，行情瞬息萬變，並且很難預測行情變化的方向和幅度。收入正在節節上升的公司，其股票價格卻下降了，這種情況我們經常可以看到；還有一些公司，經營狀況不錯，收入也很穩定，它們的股票卻在很短的時間內上下劇烈波動。出現這類反常現象的原因，主要是投資者對股票的一般看法或對某些種類或某一組股票的看法發生變化所致。投資者對股票看法（主要是對股票收益的預期）的變化所引起的大多數普通股票收益的易變性，稱為市場風險。

非系統風險是總風險中對一個公司或一個行業獨一無二的那部分風險。管理能力、消費偏好、罷工之類的因素造成一個公司利潤的非系統變動。非系統因素基本獨立於那些影響整個股票市場的因素。由於這些因素影響的是一個公司或一個行業，因此只能一個公司一個行業的研究它們。因非系統風險僅涉及某個公司或某個行業的股票，所以，投資者可以透過審慎的投資選擇來減少甚至避免非系統風險。非系統風險的主要形式有以下幾種：

1 金融風險

金融風險與公司籌集資金的方式有關。我們通常透過觀察一個公司的資本結構來估量該公司股票的金融風險。

2. 經營風險

經營風險指的是由於公司的外部經營環境和條件以及內部經營管理方面的問題，造成公司收入的變動而引起的股票投資者收益的不確定。經營風險的程度因公司而異，取決於公司的經營活動，某些行業的收入很容易變動，因而很難準確預測。

3. 流動性風險

流動性風險指的是由於將資產變成現金方面的潛在困難而造成的投資者收益的不確定。

4. 操作性風險

在同一個證券市場上，對待同一家公司的股票，不同投資者投資的結果可能會出現截然不同的情況，有的盈利豐厚，有的虧損嚴重，這種差異很大程度上是因投資者不同的心理特質與心理狀態、不同的判斷標準、不同的操作技巧造成的。

需要提醒的是，普通的投資者應該理智對待股市的漲跌和低迷，股市永遠是一個機會與風險同在的投資領域，和其他投資領域一樣，你實力越強風險越小。以小搏大，是投機，有成功的機會，但失敗的機率更高。

三、線上炒股須注意

如今，線上炒股以其方便、快捷、安全的優勢，日漸受到廣大投資者的青睞。要在線上炒股，首先要開戶，然後下載一個證券商要求的交易軟體就行了。

但線上炒股作為一種新的理財方式，多數人對其缺乏一些較深層次的了解，防範風險意識相對較弱，有時因使用操作不當等原因會使股票買賣

出現失誤，甚至發生被人盜賣的現象。因此，掌握一些必要注意事項，對於確保線上炒股的正確和資金的安全是非常重要的。

1. 正確設定交易密碼

如果證券交易密碼洩露，他人在得知資金帳號的情況下，就可以輕鬆登入你的帳戶，嚴重影響個人資金和股票的安全。所以對線上炒股者來說，必須高度重視線上交易密碼的保管，密碼忌用吉祥數、出生年月日、電話號碼等易猜數字，並應定期修改、更換。

2. 謹慎操作

線上炒股開通協議中，證券公司要求客戶在輸入交易資訊時必須準確無誤，否則造成損失，證券商概不負責。因此，在輸入線上買入或賣出資訊時，一定要仔細核對股票代碼、價位的元、角、分以及買入（賣出）選項後，方叮點選確認。

3. 及時查詢、確認買賣指令

由於網路運行的不穩定性等因素，有時電腦介面顯示線上委託已成功，但證券商伺服器卻未接到其委託指令；有時電腦顯示委託未成功，但當投資人再次發出指令時，證券商卻已收到兩次委託，造成了股票的重複買賣。所以，每項委託操作完畢後，應立即利用線上交易的查詢選項，對發出的交易指令進行查詢，以確認委託是否被證券商受理和是否已成交。

4. 莫忘登出交易系統

交易系統使用完畢後如不及時登出，有時可能會因為家人或同事的不當操作，造成交易指令的誤發；如果是在網咖等公共場所登入交易系統，使用完畢後更要立即登出，以免造成股票和帳戶資金損失。

5. 同時開通電話委託

線上交易遇到系統繁忙或網路通訊故障時，常常會影響正常登入，貽誤買入或賣出的最佳時機。電話委託作為線上證券交易的補充，可以在線上交易暫不能使用時，解燃眉之急。

6. 不過分依賴系統資料

許多股民習慣用交易系統的查詢選項來查看股票買入成本、股票市值等資訊，由於交易系統的資料統計方式不同，個股如果遇有配股、轉增或送股，交易系統記錄的成本價就會出現偏差。因此，在判斷股票的盈虧時應以個人紀錄或交割單的實際資訊為準。

7. 關注線上炒股的優惠舉措

線上炒股業務減少了證券商的工作量，擴大了網路公司的客戶規模，所以證券商和網路公司有時會舉辦各種優惠活動，包括佣金優惠等措施。因此大家要關注這些資訊，並以此作為選擇證券商和網路公司的條件之一。不選貴的，只選實惠的。

8. 注意做好防駭防毒

目前網路駭客猖獗，病毒氾濫，如果電腦和網路缺少必要的防駭、防毒系統，一旦被「駭」，輕者會造成機器癱瘓和資料遺失，重者會造成股票交易密碼等個人資料的洩露。因此，安裝必要的防駭防毒軟體是確保線上炒股安全的重要工作。

四、看盤基礎

炒股想要賺錢，就要掌握市場的動向，首先必須學會看大盤。

首先在開盤時要看集中競價的股價和成交額是高開還是低開，就是

說，和昨天的收盤價相比，價格是高了還是低了。它表示市場的意願，期待今天的股價是上漲還是下跌。成交量的大小則表示參與買賣的人的多少，它往往對一天之內成交的活躍程度有很大的影響。然後在半小時內看股價變動的方向。

一般來說，如果股價開得太高，在半小時內就可能會回落，如果股價開得太低，在半小時內就可能會回升。這時要看成交量的大小，如果高開又不回落，而且成交量放大，那麼這個股票就很可能要上漲。看股價時，不僅要看現在的價格，而且要看昨天的收盤價、當日開盤價、當前最高價和最低價、漲跌的幅度等，這樣才能看出現在的股價是處在一個什麼位置，是否有買入的價值。看它是在上升還是在下降之中。一般來說，下降之中的股票不要急於買，而要等它止跌以後再買。上升之中的股票可以買，但要小心不要被它套住。

一天之內股票往往要有幾次升降的波動。你可以看你所要買的股票是否和大盤的走向一致，如果是的話，那麼最好的辦法就是盯住大盤，在股價上升到頂點時賣出，在股價下降到底時買入。這樣做雖然不能保證你買賣完全正確，但至少可以賣到一個相對的高價和買到一個相對的低價。而不會買一個最高價和賣一個最低價。透過買賣手數多少的對比可以看出是買方的力量大還是賣方的力量大。如果賣方的力量遠遠大於買方則最好不要買。即時成交量說明電腦中剛剛成交的一次成交量的大小。如果連續出現大量，說明有多人在買賣該股，成交活躍，值得注意。而如果半天也沒人買，則不大可能成為好股。即時成交量累計數就是成交量。有時它是比股價更為重要的指標。成交量與流通股數的比值稱為周轉率，它說明持股人中有多少人是當天買入的。周轉率高，說明該股買賣的人多，容易上漲。但是如果不是剛上市的新股，卻出現特大周轉率（超過 50 ／ 100），

則常常在第二天就下跌，所以最好不要買入。

　　漲跌有兩種表示方法，有時證券公司裡大盤顯示的是絕對數，即漲或跌了幾角幾分，一目了然。也有的證券公司裡大盤上顯示的是相對數，即漲或跌了百分之幾。這樣當你要知道漲跌的實際數目時就要透過換算。

　　在公司分紅時要進行股權登記，因為登記日第二天再買股票就領不到紅利和紅股，也不能配股了，股價一般來說是要下跌的。所以第二天大盤上顯示的前收盤價就不再是前一天的實際收盤價，而是根據該成交價與分紅現金的數量、送配股的數量和配價的高低等結合起來算出來的。在顯示螢幕上如果是分紅利，就寫作 DR××，叫作除息；如果是送紅股或者配股，就寫作 XR××，叫作除權；如果是分紅又配股，則寫作 XD××，叫作除權除息。後面兩個字是公司名稱的縮寫，例如「DR 長虹」。這一天就叫作該股的除權日或除息日（除權除息日）。

　　計算除息價的方法相當簡單，只要將前一天的收盤價減去分紅派息的數量就可以了。例如一檔股票前一天的收盤價是 2.80 元，分紅數量是每股 5 分錢，則除權價就是 2.75 元。計算除權價時如果是送紅股，就要將前一天的收盤價除以第二天的股數。例如一檔股票前一天的收盤價是 3.90 元，送股的比例是 10：3，就要用 3.90 元除以 1 ＋ 3 ／ 10，也就是除權價為 3.9 ／ 1.3 ＝ 3.00 元。配股時還要把配股時所花的錢加進去。例如一檔股票前一天的收盤價是 14 元，配股比例是 10：2，配股價是 8 元，則除權價為（14×10 ＋ 8×2）／（10 ＋ 2）＝ 13 元。

　　經過一天的交易，如果當收盤價的實際價格比算出來的價格高，就稱作填權，反之，如果實際收盤價比計算出來的價格低，就稱作貼權。這往往與當時的市場形勢有很大的關係，股價上升時容易填權，股價下跌時則

容易貼權。在市場形勢好的時候，人們往往願意買入即將配股分紅或剛剛除權的股，因為這時容易填權，也就是說，股價很容易在當天繼續上漲，雖然收盤時可能看上去股價比前一天低，而實際上股價卻是上漲了。

五、投資基本面分析

　　股市投資的第一步一般講就是選擇股票，許多投資者沒有系統的分析方法，甚至僅僅憑某一短暫的或局部的利好因素就做出草率的買入決定。投資者很容易受一些感性因素的影響而做出錯誤的操作，如聽信其他投資者的言論，或者生活中對某一消費品牌情有獨鍾，就買入其股票等。那麼，怎樣才能理性的選擇股票呢？

　　如何選擇股票，首先少不了對所選股票的基本面分析。所謂基本面分析，就是對社會經濟情況以及各公司經營管理狀況、行業動態等方面進行分析，以此來研究股票的價值、衡量股價的高低。理論上一檔股票的市價反映了其內在價值，但在實際中，由於受諸多因素影響，股票價格和價值並非完全一致。基本面分析是購買每支股票的基礎，是區分良莠的保證。

　　1. 行業層面的基本面因素

　　行業基本面因素十分重要，有時比企業層面的基本面影響還大，差的行業即使是龍頭企業也很難獲得好的長期報酬。

　　行業的特性。行業的波動性是否很大，是否有強週期性。

　　行業的市場空間。如果行業發展空間很大，則企業的成長性相對較好。

　　行業生存環境。過度激烈的競爭必然會降低企業的盈利能力，惡性競爭更會使所有企業陷入虧損泥潭。

　　回顧本國和歐美國家同行業發展的歷史軌跡。以史為鑑，歷史總會給予我們啟迪。歐美國家行業的發展歷史經常就是本國同行業的未來，根據國內外的歷史，我們可以對行業未來的發展趨勢做出預測。

　　是否存在併購或被併購的可能。併購可能越大，則風險越大。

　　行業是否簡單易懂。複雜的行業往往包含很多不確定性。

　　2. 企業層面的基本面因素

　　企業作為個體如果沒有競爭力，即使處於很好的行業也是徒勞。好行業還要好企業。企業層面的基本面分析要做到「五看」：

- 一看公司的技術實力，因為技術是公司進一步發展的重要保證，是公司獲取超額利潤的基礎。
- 二看公司在行業中的地位和產品的市場占有率，從中了解公司發展的穩定程度。
- 三看公司的主營業務是否突出，從中了解公司管理層是否一心一意在做主業。
- 四看企業策略是否清晰和正確，在波特競爭理論中，競爭策略占據顯要位置，策略失誤將帶給企業毀滅性打擊。
- 五看公司的股本結構是否合理，一般而言，小盤股易於炒作，也利於今後股本擴張，黑馬股通常產生於小盤股。

　　歷史財務資料可以讓我們對企業的歷史經營情況、資產情況、盈利能力、成長能力、償債能力等有全面的了解。資料應該追溯到盡量早的歷史，有可能的話最好是企業存續期內的財務資料都看一遍。主要財務資料有：淨資產收益率是判斷資產報酬率指標，是最重要的財務資料；淨利潤

成長率，企業成長的參考指標；淨利率，企業獲利能力的指標；毛利率，企業獲利能力的指標；資產負債率，企業償還債務的能力，也是重要的風險指標之一；其他還要根據不同行業的特點關注不同的指標，以家電行業為例，有家電連鎖庫存周轉率、銀行業的總資產收益率等。

3. 宏觀經濟、政治因素的影響

實際上，宏觀經濟、政治對企業的影響可以包含在行業層面的分析中。經濟週期、利率、通貨膨脹等宏觀因素對真正優秀的企業影響甚微。只需要在宏觀的層面上關注兩者是否對行業的發展趨勢產生重大影響便可，對出口導向型或者原材料進口比例較大的企業，應該關注本國貨幣升值和匯率變動帶來的影響。分析基本面時沒必要花太多精力進行宏觀經濟、政治因素影響的研究。

六、如何透過政策面看到商機及時下手

所謂政策面，是指對股市可能產生影響的相關政策方面的因素。主要可以分為三方面：

- 宏觀導向，如政府的經濟方針、長遠發展策略以及體制改革和企業改革的相關思路與措施。

- 經濟政策，包括政府在財政政策、稅收政策、產業政策、貨幣政策、外貿政策方面的變化。

- 根據證券市場的發展要求而推出的一些新的政策法規，如漲跌停板、投資基金管理辦法等。

一個寬鬆的、明朗的政策面取向會有助於市場的復甦，相反則可能導致市場信心的進一步喪失。

七、投資技術面分析

　　股票技術分析是指運用圖表來描述股市的指數和某個交易品種的運動軌跡，然後利用統計學和數學的方法尋找出具有分析統計意義的行為模式，並以此預測未來市場或個股的運動趨勢。

　　1. 技術分析主要內容包括：

　　第一，交易量。它是股票市場的一個重要指標，對市場走勢有很大影響。交易量的突然放大和縮小往往預示著市場走勢即將發生轉折，或是由上漲轉為下跌，或是由下跌轉為上漲。

　　第二，股價的新高點或新低點。指某種股票上漲或下跌到過去從未有過的高點或低點。從創新高點和新低點的股票數量的對比中，可以判斷股票市場的強弱。一般來說，創新高點的股票多於創新低點的股票時，股市走勢將上升；反之，將下跌。

　　第三，技術圖形。根據 K 線理論、形態理論、波浪理論等技術分析方法，透過具體的圖形、指標和計算方法，對大市及個股進行分析判斷，並預測未來走勢。

　　第四，根據證券市場的發展要求而推出的一些新的政策法規，如漲跌停板、投資基金管理辦法等。

　　2. 技術分析的基本工具是圖表，它主要是用來鑑別價格的形態和走勢，然後用這些形態和走勢預測出未來的時間，讓交易者能夠基於預測出的風險做出明智的決定。進行形態技術分析須了解：

■ **第一，K 線理論。**

　　日 K 線是由 4 個最有特點的股票價位組成，即開盤價、收盤價、最高

價、最低價。K 線的 4 個價位是一個四維向量，反映的是股價高低和變化趨向。按時間週期不同 K 線可分為：5 分鐘 K 線、15 分鐘 K 線、30 分鐘 K 線、60 分鐘 K 線、日 K 線、週 K 線、月 K 線、年 K 線。

按 4 個價位的關係 K 線可分成 3 類：陽線類、陰線類、非陽非陰類。

■ **第二，形態構成、規模與趨勢。**

形態構成：形態的本質是將市場上價格變化的趨勢視覺化，也就說所謂的感覺形象化。透過分析可見、有形的圖形來代替靠想像和感覺進行的判斷。形態分析常用的圖形有 K 線圖和棒線圖兩種。

形態的規模：形態的規模指時間的長短，3 日、5 日的時間內的價格變化可組成形態，數週、數月內的時間內的價格變化同樣也可以組成形態，形態規模的大小決定了形態分析結果準確性的高低。

形態的趨勢：按方向有上升、下降、水準趨勢；按時間有主要、次要、短暫趨勢。

價格跳空：是指某一段價位區域內沒有發生交易，表現在 K 線圖上就是兩條 K 線圖間出現空檔，這段空檔就叫跳空缺口。

跳空一般可以分為 6 種類型：普通跳空、突破跳空、中繼跳空、竭盡跳空、日內跳空和權息跳空。

■ **第三，常見形態。**

常見的頂部形態：尖形頂、圓弧頂、M 頂、頭肩頂、複合頭肩頂、三重頂、島形反轉等。頂部形態具有 5 大特點：一輪上升趨勢已持續較長時間或者股價已有較大的上漲幅度；長期的上升趨勢通道下軌被打破，長期均線系統開始向下；頂部形態的時間越長，規模越大，轉勢後的下跌幅度也越大；頂部形態形成的時間要比底部形態形成的時間短；頂部形態的出

現，通常伴隨有大成交量。

常見的底部形態：V 形底、圓弧底、W 底、頭肩底、島形反轉等。底部形態的 5 大特點：在一輪趨勢下跌形成後，下跌的時間和幅度均已較大；長期下跌趨勢通道上規線被突破，中長期均線開始向上；下跌形態規模越大，形成底部時間越長，則上升時的漲幅越大；底部形成的時間比頂部形成的時間要長；底部區域往往也是成交量最小的區域。

常見的中繼形態：三角形、距形、楔形、旗形。

透過股票形態分析，我們通常可以獲得三點有價值的資訊：股票是否已經見底，或是否見頂；判斷股票的運行趨勢；根據形態的不同，判斷股價的上漲空間，尋找最佳買入點。

不過，使用技術分析應注意：股價技術分析是根據統計學原理得來，因此它得到的是機率情況，並不是完全正確，總會有一定失誤。每種技術指標都是依據不同的特殊原理設計而成，這種指標往往在某方面有效但在其他方面無效。技術分析指標是根據常態情況下統計而成，在非常態下使用往往無效，容易造成大錯。技術指標的種類非常多，有時候會相互出現矛盾，投資者在這種情況下可根據多數指標指導的方向去做。

八、股票選擇策略

在選擇股票時，有很多不同的做法。有的人專挑便宜的股票買，有的人專盯高價股不放，有的人什麼股強就追什麼股票，頻繁操作，生怕錯過每次市場機會。其實，股民風險心態各異，投資各類股票也因各人的性格、資金實力而呈現出不同的組合方式。因此，股民在選股決策前應認真考慮自己屬於哪種類型的投資者。

1. 激進型股民的選股技巧

這類股民的投資姿態較激進，其投資組合中的高風險股票所占比重較大。激進型股民的目標是盡量在最短的時期內使其投資組合的價值實現最大化。所以，他們的選股對象常常是震盪幅度較大的個股。

激進型股民通常運用的是技術分析法，主要分析市場多空雙方的對比關係、均衡狀態等情況，而對個股所代表的上市公司的基本面（即財務狀況、盈利狀況、市場占有率、經營管理體制、人才構成等方面的情況）因素卻不太注意。他們以分析結果作為依據進行預測，選出具有上升空間的個股。

選股時一般可參考以下標準：(1) 以往表現較為活躍。(2) 有市場主力的介入。(3) 配合有炒作題材。(4) 量價關係有較好的配合。(5) 技術指標出現較為明顯的市場信號。

2. 穩健型股民的選股技巧

這類股民的風險意識較強，因此其股票投資組合，大部分選擇無風險或風險度較低的股票。穩健型股民強調預期收入的穩定性和規律性，通常選擇具有較高信用等級、紅利股息高且安全性好的個股。

此類股民選股時把安全性作為首要標準，通常考慮以下幾方面：(1) 公司具有較穩定的盈利能力。(2) 股票本益比較低。(3) 紅利水準較高。

3. 進取型股民的選股技巧

進取型股民介於激進型與穩健型之間，投資心態是在風險盡可能小的前提下使利潤最大化。所選股票的風險係數要高於穩健型投資，低於激進型。

進取型股民在選擇股票時，可以採用基本分析法，深入掌握上市公司

的商品經營特點、需求狀況、競爭地位以及管理能力水準等，以此預測公司的盈利和紅利，根據各股票的內在價值與市場價格對比，選擇價值及價格被低估的個股。

在選股時參考下列標準：(1) 盈利和紅利的成長潛力較大。(2) 預期收益率較高。(3) 盈利成長率較高。

整體來說，選股的基本原則有：

· 利益原則：這是首要原則。

· 現實原則：上市公司過去的業績和市場表現只能是投資參考，一般不宜作為主要參考依據。這原則主要用於選擇二、三線品種時應該多加以考慮的原則。

· 短期收益和長期收益兼顧的原則，短期是指由於價格變動帶來的投機收益，長期是投資價值收益，這兩種需要兼顧。

· 相對安全原則：這原則主要是指不做問題股 (有訴訟、連續虧損、違規被通報等)。

無論市場形勢如何變化，選股時應掌握住以下大方向：

1. 買股選龍頭

龍頭的更替要及時捕捉，追蹤最新龍頭。板塊的調整、啟動及聯動，盤中及時敏感捕捉，觀察龍頭股的異動及板塊的跟隨情況。此是相輔相承的關係，可以引領也需要承接，這樣能形成效應和助推。

2. 買股時分析大勢，尋找合適的股票操作

強勢股值得關注，在強勢股充分炒作之後，會逐漸轉換成活躍股。這些個股應追蹤，掌握其股性，為板塊啟動時及時發現機會埋下伏筆。注意

板塊炒作的輪動性與週期性。在股票炒作的過程中，聯動的關聯股在聯動時，最好還是以買入龍頭股為好。

3. 密切關注個股漲升中的關鍵點位

例如：黃金分割的位置；對於個股分時中漲升 3% 和 6% 都是非常關鍵的時點。

短波振盪：均線附近（注意均線是橫盤或者斜上的趨勢時，千萬不能向下）位置在＋1% ～＋1.5% 之間波動，在下探到均線附近迅速被拉起，然後出現直線拉升，在 1 分鐘或 30 秒之內，出現毫無顧忌的放大量，迅速拉升，這類股票有暴力的傾向。

九、長中短線投資策略

股諺云：「長線是金，短線是銀。」這是在股市裡賺錢的鐵律，即雞蛋不能放在一個籃子裡。具體而言，股票投資應該分為長線、短線和中長線投資，那麼這三種方式有何特點，我們應該如何實踐於平時的投資當中呢？

首先，我們比較長中短線投資的特點：

1. 長線投資週期長，一般以幾個月為買賣週期，利潤空間大，通常翻倍，而且操作簡單。它適合於專業知識、經驗尚不豐富和工作時間比較吃緊的投資者，而且只適合於基本運動為牛市的行情當中。

2. 中期投資時間適中，一般以幾週為買賣週期，利潤空間適中，從 20% 到翻倍利潤不等，要求投資者懂得基本的技術分析方法。

3. 短線投資又稱短線搏擊，講究快進快出，一般在兩週左右為一操作週期，利潤空間有限，風險相對較大。

其次，我們要了解，三種投資形式的不同要求：

1. 長線投資要求選時和選股的準確，即在基本運動牛市的環境中選擇的一種投資方式。選股的要求是全面，從不同方面去研究股性，一般應該從技術面的圖表形態、量能、籌碼、彩虹和股票本身價位以及基本面基本情況全面分析，選完股票以後遠離市場，低止損位，以週為觀察單位，不以日常波動所動，更多研判大勢，利用彩虹或黃金持股法追蹤。

2. 中線波段投資要注重對組合方案的深刻理解和較深入的技術分析認知，在熊市的次級運動和牛市的主要中期運動期間波段淘金為上策。波段操作講求高效率，而買賣的提示應明確客觀。股票軟體的三合一、四連環等方案給出了很好的幫助。以此操作，簡單易行。

3. 短線時間短，增值快，要注意買賣明確和執行操作果斷，而且往往是先選點再選股，牛市比熊市操作成功率更高，用股票軟體買進個股，以當天最低價止損，以前高點為目標，以 K 線做短線追蹤，效果良好，成功率超過 70%。

當然，三種投資方法都要求絕對的心態和相對的技術，絕對的心態指長線要有耐心，中線要細心，短線要決心；相對的技術是指方法要全面明確。同時，三種投資的利潤風險也是相對應的，長線的機會成本最大，但收益頗豐，短線容易失敗，但短期效益最明顯，波段操作風險收益適中。所以股票分配資金的話，應該是 1、1、3。

短線波段操作要生存，應做到：

1. 首先，一定要認識到是短線，是投機，千萬不能一招不慎，套牢幾天甚至一波下跌。

2. 如果在第一出局位沒有走掉的話，按照技術位，堅決出局。技術位逐次賣出參考依次為：K 線，支撐位，5% 止損位，趨勢線。

3. 如果買入後按照預期發展，參照持有原則。

4. 如果哪天股價走勢與持有原則背離，則參照出局原則依次出局。

從傳統角度來看，中長期波段股票應滿足下列條件。

1. 絕對價格低。選擇價格在 3 ～ 5 元之間的股票。為什麼呢？熊市的特徵是消滅高價股，牛市的特徵則是消滅低價股。5 元的股票，在一波中級反彈的行情中要炒到 15 元還是可以做到的，因為 15 元的價格本身就不高。一般來說，有經驗的老股民不會去接手已翻倍過的股票，但是如果行情瘋狂的話，甚至從 15 元再炒高到 30 元都有可能，因為會有被行情吸引的新手來接盤。

2. 總股本小。總股本不大於 3 億的股票，符合這個條件。小盤股本身就具有股本擴張的潛力，且容易操盤，不需要動用大資金即可撬動股價，在價格走勢上比較凌厲。可能有人會說，做大盤股才穩定。設想，如果大盤好，為什麼要買走得穩的股票，不買走得快的呢？如果大盤不好，那拿著大盤股豈不是領跌的，還不如直接把股票拋空。雖然小盤股可能上去或者下來都會比較凌厲，但是如何掌握則是持股的水準問題了。

十、股票投資心理策略

股市充滿誘惑，機遇與風險並存。投身其中的人，應時刻提醒自己謹慎行事。

1. 不要趕新潮

趕股市新潮的多被潮水打得鼻腫嘴歪，頭破血流而一敗塗地，只有不為新潮所動的「老人家」還安然若初。原來，新潮不是隨時就能趕的，不是任何人都適合趕的。如果游泳本領不高，還是老老實實去過橋、去划船或者從河邊繞行吧，總比淹死了強。

2. 不可太貪婪

很多人都有股票帳戶浮盈的時候，那金額不斷上漲的紅字讓人熱血沸騰，總認為自己已經望到了百萬或千萬富翁的項背，富貴指日可待。因此，最後總是該出手時沒出手，沒有把那些數字變現，最終眼睜睜的看它由多到少，再由紅到綠，甚至少到讓人眼前發黑。或者是這次輕易賺了一點小錢，就投入大錢指望翻上幾倍，而忽視了虧起來也是會翻倍的。只為那更多一點的財富就讓自己與成功失之交臂，為了一粒芝麻而丟掉了一個西瓜，這就是貪婪。知足常樂，是很有道理的。

3. 不輕信專家

股市漲跌的風險大家都可以理解，而股評專家如果推波助瀾就更可怕了。他會在指數達 6,000 點的時候說要漲到 8,000 點，建議大家堅持長期投資；又會在指數跌到 1,600 點的時候說可能還要跌，建議大家要謹慎搶反彈。縱觀一年多來難以自圓其說的股評家，不難發現他們更像是股市裡的算命先生，偶爾有預言正確的時候，更多的時候卻是誤導投資者。既然專家都不那麼可信了，那麼市場中來路不明的小道消息就更不可靠。投資者只有學會自己思考，才不會讓別人控制自己的腦袋。

4. 不能太專一

傾其所有把資金投資到股市裡的股民目前是很慘的，若割肉吐血出

來，血汗錢就會化為烏有，不出來那些資金不知會套到何年何月，可謂進退兩難。如果愛股票不那麼專一，為自己留一點資金迴旋的餘地，受傷就不會那麼重了。

5. 不必去後悔

股市不相信眼淚，股市只以成敗論輸贏，要麼出局另起爐灶，要麼穩坐釣魚臺等待時機，解決錯誤的辦法不是後悔，而是反思，是對策，是行動。後悔不起絲毫作用，致命的錯誤往往沒有後悔的時間，明確下一步選擇、走好下一步才是立刻要做的。

既然心理誤區對投資者決策的過程影響這麼大，進而損害他們的財富，那麼有沒有好的方法來規避股票投資心理誤區呢？答案是肯定的。

■ 對策一：準確理解心理誤區

準確理解自身和別人身上存在的心理誤區，是投資者規避它們的前提。

■ 對策二：量化投資目標

很多投資者忽略了這個投資程序中最簡單的步驟。大多數投資者僅僅有一些模糊的投資目標，比如：「賺得越多越好」，「投資為了養老」，「投資為了孩子出國留學」等一些模糊的表述，這些模糊的表述不利於指明投資方向，也不利於規避心理誤區。確立量化的投資目標和實現該目標的路徑是重要的，比如「5 年內增值到 100 萬，年平均成長 12%」等就屬於量化目標。量化目標有幾個好處，一是使注意力集中在長期和遠大的場景，而不是眼前的短期波動；二是用更長遠的目光來看待投資的進程；三是決定投資行為是否符合目標的實現。

■ 對策三：量化擇股標準

和量化投資目標同等重要的是量化擇股標準。有一套數量化擇股標準可以使投資者避免情緒、謠言和故事等不利因素的干擾，即在買入一檔股票前，把該股票的特點和量化的擇股標準對照，如果不符合標準，就應該拒絕買入。量化的標準可以使投資者有效的避免心理誤區的影響。需要說明的是，即使採用了量化標準，定性分析仍然是相當重要的，定量分析應當和定性分析結合來選股。

■ 對策四：分散投資

雖然完全按照現代投資組合理論建議的那樣去分散投資是不可能的，但是只要按照下述一些分散投資的原則去做，投資者將會有出色的表現。

一是擁有不同類型的股票。一般來說，15 支來源於不同行業的股票就可以擁有不錯的分散投資的效果。研究顯示，15 支不同類型的股票構成的組合可以減少大約 90% 的非系統風險。這裡要注意的是不同行業，如果是 15 支銀行股組合在一塊，是沒有分散投資效果的。

二是不要購買你所任職公司的股票。你已經將你的人力資本投入到了你所任職公司，也就是說，你的收入完全依賴於這家公司，因此，為了將你「真正的全部資產」分散投資，不要將你的金融資本再投入到這家公司。

三是買點債券。一個分散化的組合應該包括一些債券，因為債券和股票是兩種完全不同類型的投資品種。一般情況下，二者的相關度很小，哪怕是在原股票組合上加入一點債券，整個組合的風險收益狀況都會有較大改善。

做到上述幾點，可以使投資者在投資股票時避免災難性的損失。記

住，分散投資是抵禦心理誤區有效的防火牆。

■ **對策五：控制可能成為心理誤區誘因的行為習慣**

有些行為習慣不僅是心理誤區的誘因，而且有時還放大心理誤區的影響，因此，要有意識的對這些行為習慣加以控制。

一是每個月查看一次股票。透過每個月查看一次股票代替每個小時查看一次股票，可以有效的規避「撿來的錢」效應、「蛇咬」效應和追求自豪等心理誤區。

二是每個月只交易一次且固定在某一天，比如，固定在每個月的 15 日交易一次，每月交易一次可以有效規避「過於自信」的心理誤區。

三是每年檢查一次投資組合，看其是否行進在完成投資目標的軌跡上。

十一、「割肉」的學問

股票上漲是風險的聚集，下跌是風險的釋放。而「割肉」就是對於風險化解的一種方法，是為了保證資金安全的一種措施。股市是散戶和莊家博弈的地方，莊家在資金、資訊等方面占有很大優勢，只要 2 分鐘就可以完成。而散戶最大的優勢就是船小好調頭，進出自如，而莊家資金量大，進出都需要很長時間。

「割肉」是很疼的，是一個不得已的辦法，但是，如果不在合適的地方鎖定風險，止損出局，那麼你會越套越深，不能自拔。

「割肉」很有學問，割早了，會貽誤行情；割晚了，就沒有肉可割了。什麼地方「割肉」合適呢？一般有兩個標準：短線虧損10%就要堅決止損，中線 20% 也要堅決止損。還有一種辦法就是按照你的資產來止損。假如

說，你有 100,000 元，當資產到 80,000 時，這個時候要堅決止損。因為虧 20,000 還傷不到你的筋骨。用 80,000 去賺 20,000 是很容易的，但是你要用 20,000 去搏那 80,000 那就難上加難了。

「割肉」分為兩種：一種是全割，那就是清倉出局，最好出來休息一段時間把心態調整好了，再尋找最佳機會進行操作。另一種就是分批割，每逢反彈就割點，這樣出來損失小點。「割肉」的目的就是暫時出來規避一下風險，調整好自己的心態，尋找新的投資機會。

為了避免股票風險，投資者還需要為自己制定合適的出局策略，一般有以下六步：

- 第一步，目標價位達到。加倍取整是判斷股票高點的一個好方法。
- 第二步，形態技術基本面都是該漲而不漲，這就是要出貨的前兆。
- 第三步，上漲時，正道的宣傳開始增加，說明莊家萌生退意，要出貨。
- 第四步，市場傳言增多。這是主力出貨的前兆。為什麼以前沒有消息呢？
- 第五步，不管在什麼情況下，只要是放量不漲，就基本確認主力出貨。
- 第六步，技術事實、高位三死叉見頂，堅決出局。

第七章　基金理財

在股市處於牛市的情況下，幾乎所有的基金都能賺取豐厚的收益，讓投資人賺得盆豐缽滿；而在熊市裡，只有非常少的基金才能贏取收益。因此，只有了解了基金投資的基礎知識、買賣技巧、投資方法、組合配置、投資策略、線上交易、投資禁忌、理財妙招、投資實例、基金公司等，個人投資基金才能從入門到精通，實現理財目標。

一、基金投資的基礎知識

基金，全稱是證券投資基金，是指透過發售一定比例的基金，將眾多投資者的資金集中起來，形成獨立財產，由基金託管人託管，基金管理人管理，以投資組合的方法進行證券投資的一種利益共享、風險共擔的集合投資方式。

1. 基金的特點

第一，集合理財，專業管理。

基金將眾多投資者的資金集中起來，委託基金管理人進行共同投資，表現出一種集體理財的特點。透過匯集眾多投資者的資金，積少成多，有利於發揮資金的規模優勢，降低投資成本。基金由基金管理人進行投資管理和運作。基金管理人一般擁有大量的專業投資研究人員和強大的資訊網路，能夠更好的對證券市場進行全方位的動態追蹤與分析。將資金交給基金管理人管理，使中小投資者也能享受到專業化的投資管理服務。

第二，組合投資，分散風險。

為降低投資風險，通常以法律規定，基金必須以組合投資的方式進行基金的投資運作，從而使「組合投資、分散風險」成為基金的一大特色。「組合投資、分散風險」的科學性已為現代投資學所證明。中小投資者由於資金量小，一般無法透過購買不同的股票分散投資風險。基金通常會購買幾十種甚至上百種股票，投資者購買基金就相當於用很少的資金購買了一大籃股票，某些股票下跌造成的損失可以用其他股票上漲的盈利來彌補，因此可以充分享受到組合投資、分散風險的好處。

第三，利益共享，風險共擔。

基金投資者是基金的所有者，基金投資者共擔風險，共享收益。基金投資收益在扣除由基金承擔的費用後的盈餘全部歸基金投資者所有，並依據各投資者所持有的基金占比進行分配。為基金提供服務的基金託管人、基金管理人只能按規定收取一定的託管費、管理費，並不參與基金收益的分配。

第四，嚴格監管，資訊透明。

為切實保護投資者的利益，增強投資者對基金投資的信心，政府對基金業實行比較嚴格的監管，對各種有損投資者利益的行為進行嚴厲的打擊，並強制基金進行較為充分的資訊披露。在這種情況下，嚴格監管與資訊透明也就成為基金的一個顯著特點。

第五，獨立託管，保障安全。

基金管理人負責基金的投資操作，本身並不經手基金財產的保管。基金財產的保管由獨立於基金管理人的基金託管人負責。這種相互制約、相互監督的制約機制對投資者的利益提供了重要的保護。

2. 基金的分類

(1) 根據投資對象不同，投資基金可劃分為股票基金、債券基金、貨幣市場基金、期貨基金、期權基金和認股權證基金等。

股票基金是最主要的基金品種，以股票作為投資對象，包括特別股票和普通股票。股票基金的主要功能是將大眾投資者的小額資金集中起來，投資於不同的股票組合。股票基金可以按照股票種類的不同分為特別股基金和普通股基金。特別股基金是一種可以獲得穩定收益、風險較小的股票基金，其投資對象以各公司發行的特別股為主，收益主要來自於股利收入。而普通股基金以追求資本利得和長期資本增值為投資目標，風險要較特別股基金高。

債券基金是一種以債券為投資對象的證券投資基金，其規模稍小於股票基金。由於債券是一種收益穩定、風險較小的有價證券，因此，債券基金適合於想獲得穩定收入的投資者。債券基金基本上屬於收益型投資基金，一般會定期派息，具有低風險且收益穩定的特點。

期貨基金是一種以期貨為主要投資對象的投資基金。期貨是一種合約，只需一定的保證金（一般為 5% ～ 10%）即可買進合約。期貨可以用來套期保值，也可以以小搏大，如果預測準確，短期能夠獲得很高的投資報酬；如果預測不準，遭受的損失也很大，具有高風險高收益的特點。

期權基金是以期權為主要投資對象的投資基金。期權也是一種合約，是指在一定時期內按約定的價格買入或賣出一定數量的某種投資標的權利。如果市場價格變動對它履約有利，它就會行使這種買入和賣出的權利，即行使期權；反之，它亦可放棄期權而聽任合約過期作廢。作為對這種權利占有的代價，期權購買者需要向期權出售者支付一筆期權費（期權

的價格）。期權基金的風險較小，適合收入穩定的投資者。

（2）根據基金單位是否可以增加或贖回，證券投資基金可分為開放式基金和封閉式基金。

開放式基金的基金單位的總數不固定，可根據發展要求追加發行，而投資者也可以贖回，贖回價格等於現期淨資產價值扣除手續費。大多數的投資基金都屬於開放式的。

封閉式基金發行總額有限制，一旦完成發行計畫，就不再追加發行。投資者也不可以進行贖回，但基金單位可以在證券交易所或者櫃檯市場公開轉讓，其轉讓價格由市場供需決定。

（3）根據組織形態的不同，證券投資基金可分為公司型投資基金和契約型投資基金。

公司型基金是具有共同投資目標的投資者依據《公司法》成立以盈利為目的、投資於特定對象（如有價證券、貨幣）的股份制投資公司。這種基金透過發行股份的方式籌集資金，是具有法人資格的經濟實體。基金持有人既是基金投資者又是公司股東。公司型基金成立後，通常委託特定的基金管理人或者投資顧問運用基金資產進行投資。

契約型基金是基於一定的信託契約而成立的基金，一般由基金管理公司（委託人）、基金保管機構（受託人）和投資者（受益人）三方透過信託投資契約而建立。契約型基金的三方當事人之間存在這樣一種關係：委託人依照契約運用信託財產進行投資，受託人依照契約負責保管信託財產，投資者依照契約享受投資收益。

（4）根據證券投資風險與收益的不同，可分為成長型投資基金、收入成長型投資基金（平衡型投資基金）和收入型投資基金。

成長型投資基金是以資本長期增值作為投資目標的基金，其投資對象主要是市場中有較大升值潛力的小公司股票和一些新興行業的股票。這類基金一般很少分紅，經常將投資所得的股息、紅利和盈利進行再投資，以實現資本增值。

　　收入型投資基金是以追求基金當期收入為投資目標的基金，其投資對象主要是那些績優股、債券、可轉讓大額定期存單等收入比較穩定的有價證券。收入型基金一般把所得的利息、紅利都分配給投資者。

　　平衡型基金是既追求長期資本增值，又追求當期收入的基金，這類基金主要投資於債券、特別股和部分普通股，這些有價證券在投資組合中有比較穩定的組合比例，一般是把資產總額的 25% ～ 50% 用於特別股和債券，其餘的用於普通股投資。其風險和收益狀況介於成長型基金和收入型基金之間。

二、投資基金的風險提示

　　基金是長期理財的有效工具，因此，基金宜長期持有，不宜短線頻繁炒作。

　　基金的種類有很多，不同的基金有不同的風險收益特徵。收益越大，風險也越大。股票基金、混合基金、債券基金、貨幣市場基金可能獲得的收益和承擔的風險逐步降低。

　　投資基金的風險有：

　　1. 投資風格過於激進

　　就 2007 年幾支排名最後的股票型基金而言，它們都有一個共同特點，就是換手率很高，表現比較激進。這種激進的投資風格對基金管理團

隊的要求很高，如果沒有很好的選股能力，這麼做無異於賭博，是拿投資人的錢當賭注。更讓人擔心的是，一檔基金本來表現就不好，為了提高業績，拚命用激進的方式來獲取收益，結果往往是適得其反。

2. 掌握市場風險能力差

高明的投資者，能基本掌握低買高賣的時機。如果判斷出現失誤，在高點買入股票被套，那就是失敗的投資。

3. 管理團隊水準低

好的團隊能讓基金跑贏大盤，跑贏同業；同樣道理，如果遇到差的基金團隊，賠錢完全是可能的事。管理團隊不穩定也會影響基金業績，尤其是一些明星基金，伴隨著基金經理的離職，其業績往往也會出現很大波動。

4. 投研能力太差

基金的運作過程可簡單分為投資和研究兩個階段，以基金經理為首的投資團隊與研究團隊的關係就像廚師與配菜師的關係。配菜師如果很差，那麼讓廚師化腐朽為神奇的機率就很低。那些排名靠後的基金，公司的投研能力一般都不強，或者在某些方面表現偏弱。

5. 排行長期墊底

如果一檔基金歷史業績還不錯，某一階段表現比較差，完全是正常的，人都有走錯路的時候，基金也同樣會出現波動。但是，如果一檔基金一直表現很差，就不能用偶然失誤來解釋了。不是其投資團隊有問題，就是基金管理公司或者產品的設計有問題。

那麼，怎麼樣才能較好的規避投資風險呢？

概括而言，為規避投資風險，我們要掌握以下幾點：

· 注重分散投資，不要把所有的雞蛋放在同一個籃子中。

· 要對自己的風險承受能力和理財目標進行分析，選擇投資與風險承受能力相配的產品。

· 要到合法場所購買合法基金管理公司的產品。

· 並非基金越便宜越好，價格高往往是其具有較好歷史業績的證明。

· 並非購買新基金比老基金更好。在牛市購買業績一直比較優良的老基金可能會獲得更好的投資收益。

三、目前基金的投資管道

出於對銀行的信任，現在大部分的基金投資者都是透過銀行購買基金的。其實，除了銀行，還有很多購買基金的管道，不同的管道，便利性、費用、提供的服務都有較大的差別。基金的交易原則是在哪裡買在哪裡贖回，而且日後如要進行基金轉換等操作，也需要透過當時的交易管道辦理。如果中途要變更交易管道，則須辦理轉託手續，從而造成不必要的麻煩。因此，在投資前充分考慮，從便利性、費用、可獲得的服務三個方面來對比，選擇一個適合自己的管道顯得很重要。

當前主流的三種購買管道便是：銀行代銷、證券公司代銷和基金公司直銷。

1. 銀行代銷

銀行是最傳統的代銷管道，通常基金公司會將該檔基金的託管行作為主代銷行。

優點：銀行在國民心目中的信譽極好，直到現在，仍有投資者認為去銀行購買基金踏實、放心。對投資者來說，銀行最大的優點在於其服務網點多，貼近投資者，非常方便。

開戶：透過銀行買基金很簡單，只須持有銀行的活期存摺，帶上身分證，開立相應基金公司的基金帳戶即可。

技巧：為了便於後續操作，在開戶的同時，可以開通網路銀行等業務，以後的操作就不必每次都去櫃檯辦理。

銀行代銷管道缺點：第一，銀行代銷的基金種類有限，不同銀行代銷的基金種類也不同。投資者如果要購買多檔基金，往往難以在一家銀行辦理妥當。第二，銀行通常並不代銷一家基金公司旗下的所有基金，這就為以後可能需要的基金轉換等業務帶來麻煩。第三，透過銀行購買基金，一般不能獲得申購費的優惠，股票型基金需要繳納申購費。

2. 證券公司代銷

證券公司也是一個傳統的基金代銷管道。

優點：第一，大型證券商，代銷的基金種類非常齊全，投資者可以透過證券商的線上交易系統，在統一的操作介面下進行基金買賣，非常方便。第二，透過證券商購買基金還可以獲得一定的申購費率優惠。

開戶：只要擁有股票交易帳戶，即可透過證券商直接開立基金公司的基金帳戶買賣基金。

技巧：第一，並非每家證券公司都代銷所有的基金，應選擇比較大的證券商，他們代銷的基金種類比較齊全。第二，基本上，第一次開戶需要由本人前去辦理，去之前，應該去證券商的網站或打電話諮詢他們代銷哪些基金，開設資金帳戶時要求哪家銀行的存摺或金融卡，事先做好準備。第三，很多證券營業部並不會明確給投資者費率折扣，對於投資額度較大的投資者，可與證券營業部的客戶經理溝通獲得申購費的優惠。

證券公司代銷管道缺點：證券商代銷管道的主要缺點在於網點比較

少，由於辦理開戶手續只能在股市開盤期間（上午 9 點半至 11 點半，下午 1 點至 3 點），對很多上班族來說，不是很便利。

3. 基金公司直銷

基金公司直銷有兩種：櫃檯直銷和線上直銷。其中，線上直銷是新興的一個交易管道，大部分基金公司均已開設線上直銷服務。

優點：第一，大部分基金公司的線上直銷提供了費率優惠。第二，由於節省了基金公司和代銷管道之間轉移資金的時間，贖回基金後資金可以更快到帳。

開戶：第一，帶上個人身分證明正本，去銀行辦理一張金融卡，可同時開通網路銀行服務，便於後續操作。第二，在相應基金公司網站上開通基金帳戶，即可買賣基金。

技巧：第一，事先了解基金公司的政策，包括要求的金融卡，提供的費率折讓等。

基金直銷管道缺點：第一，不同基金公司要求的結算卡不同，所以，如果購買多檔基金，往往需要為該基金組合辦理不同的金融卡。第二，並非所有基金公司直銷都有費率優惠。第三，須支付轉帳費用。

四、開放式基金與封閉式基金

根據基金是否可以贖回，證券投資基金可分為開放式基金和封閉式基金。開放式基金，是指基金規模不是固定不變的，而是可以隨時根據市場供需情況發行新的占比或被投資人贖回的投資基金。封閉式基金，是相對於開放式基金而言的，是指基金規模在發行前已確定，在發行完畢後和規定的期限內，基金規模固定不變的投資基金。

開放式基金和封閉式基金的主要區別如下：

1. 基金規模的可變性不同

封閉式基金均有明確的存續期限，在此期限內已發行的基金單位不能被贖回。雖然特殊情況下此類基金可進行擴募，但擴募應具備嚴格的法定條件。因此，在正常情況下，基金規模是固定不變的。而開放式基金所發行的基金單位是可贖回的，而且投資者在基金的存續期間內也可隨意申購基金單位，由此，基金的資金總額每日均不斷變化。換言之，它始終處於「開放」的狀態。這是封閉式基金與開放式基金的根本差別。

2. 基金單位的買賣方式不同

封閉式基金發起設立時，投資者可以向基金管理公司或銷售機構認購；當封閉式基金上市交易時，投資者又可委託證券商在證券交易所按市價買賣。而投資者投資於開放式基金時，他們則可以隨時向基金管理公司或銷售機構申購或贖回。

3. 基金單位的買賣價格形成方式不同

封閉式基金因在交易所上市，其買賣價格受市場供需關係影響較大。當市場供小於需時，基金單位買賣價格可能高於每份基金單位資產淨值，這時投資者擁有的基金資產就會增加；當市場供大於需時，基金價格則可能低於每份基金單位資產淨值。而開放式基金的買賣價格是以基金單位的資產淨值為基礎計算的，可直接反映基金單位資產淨值的高低。在基金的買賣費用方面，投資者在買賣封閉式基金時與買賣上市股票一樣，也要在價格之外付出一定比例的證券交易稅和手續費；而開放式基金的投資者須繳納的相關費用（如首次認購費、贖回費）則包含於基金價格之中。一般而言，買賣封閉式基金的費用要高於開放式基金。

4. 基金的投資策略不同

由於封閉式基金不能隨時被贖回，其募集得到的資金可全部用於投資，這樣，基金管理公司便可據以制定長期的投資策略，獲得長期經營績效。而開放式基金則必須保留一部分現金，以便投資者隨時贖回，而不能盡數的用於長期投資。一般投資於變現能力強的資產。

值得注意的是，封閉式基金投資必須保留一部分現金或流動性強的資產，以便應付投資者隨時贖回，避免長期投資受到一定限制；開放式基金的投資者因為隨時都要面臨贖回壓力，所以更須注重流動性等風險管理，這就要求基金管理人具有更高的投資管理水準。

五、基金選擇策略

基金規模擴大的同時，基金的品種也日趨豐富。在基金數量增加，品種複雜化後，如何選擇基金成為了投資者面臨的一個問題。

1. 選擇基金應先了解自己的投資屬性與風險容忍度

基金並不保證絕對收益，有一定的風險存在，因此對投資人而言，了解自己是正確投資的第一步，最重要的是允分認識自己的理財需求，如為建立購房基金、設立子女教育基金、儲蓄退休基金、投資時間長短及風險承擔能力。只有正確認識自己的投資屬性及風險承擔程度，才知道什麼樣的基金最適合自己。

確定風險容忍程度。投資人對風險承擔程度隨年齡、個性及社會階層不同而不同。對年輕一族來說，由於來日方長，可接受的風險較高，而即將退休或已經退休的人士，則對資金的穩健來源較為看重，因此可承受的風險較低。

　　確定資金運用時間及數額。如果可供運用的時間比較短，再冒險的投資人也不該投入到過度高風險的基金上，同時也要衡量自己的收入情況，手中握有的資金越多，能夠承擔的風險就越大。

　　確定對未來收益的期望。如果希望投資的收益較為固定，就適於選擇債券型基金；若是偏好較高的利潤，可以選擇較積極的股票型基金。

　　投資者要根據自己的年齡、收入情況、財產狀況與負擔、時間與精力、投資收益的目標與年限、自己的風險承受能力等來決定自己投入基金的金額。

　　從對投資者的調查結果來看，70% 以上的被調查者表現出了對投資風格穩健、具有較低風險的基金品種的偏好。

　　2. 選擇基金應了解該基金的經營團隊特質

　　經營團隊的特質，才是選股投資的最高標準。基金的宗旨應該是服務於機構和個人投資者，而不是為基金公司的所有者創造價值，共同基金必須由最誠實的人以最有效、最經濟的方式進行管理。

　　考察基金管理團隊的特質，應注意以下四個因素：一是洞察力，主要指掌握機會的能力。二是遠見。三是使命感，既然基金持有人把他們未來的財富託付給基金管理人，那麼他的使命和唯一目標就是如何更好的為基金持有人服務。四是熱誠，熱誠能把人們的潛能轉化為動力。

　　根據各個基金管理公司的背景、投資理念、內部制度、市場形象、旗下基金的歷史業績以及公司的員工素養、客戶服務等情況，綜合分析來選擇一家值得自己信賴和符合自己投資風格的基金管理公司。可根據各個基金的投資目標、投資策略、基金經理背景、交易規則、費率結構、限制條件等情況，結合自己的投資收益期望、風險愛好程度等來選擇一家基金。

六、基金贖回策略

　　關於是否贖回基金的話題隨著基金市場的波動而不斷升溫，實際上，基金贖回不能成為投資者的一種常態，投資者需要選擇一個合適的落腳點，才能更好的實現預期的投資收益。贖回基金還應講求策略。

　　首先，看看投資中有沒有出現以下情形：1. 設定止盈點。2. 根據指數漲跌贖回基金。3. 根據基金淨值漲幅快慢贖回基金，尋找漲得快的基金、漲得好的基金。4. 害怕高淨值的基金，淨值一高就贖回。

　　如果贖回基金是因為上述理由，投資收益可能就很難達到預期收益。當然，人們一直宣導的堅持長期投資，並不等於完全不贖回基金，但當發生以下幾種情形時，就可做基金的贖回或轉換。

　　首先，投資者自身的投資特徵發生變化時。投資特徵包括收益預期、風險承受能力、持有期等。隨著投資者對證券市場與投資工具的熟悉和了解，可以逐步調整自己的投資組合，原本持有的基金可根據需求贖回或轉換成其他基金。

　　其次，未來一定時間內需要大筆現金支出。急需一筆較大現金支出時，往往成為必須贖回基金的理由，但是如果投資之前對支出評估不足，又遇市場調整，贖回基金很可能損失收益。此時，投資者應對未來一定時期內的收入支出計畫等綜合考慮，一年內準備用的資金盡量配置在貨幣基金上，比較靈活；1 ～ 3 年要用的資金配置股票基金的同時，適當配置些債券基金（如 60% 或更多），5 年以內不用的資金可配置在股票型基金上。

　　第三，基金的投資風格發生較大變化時。當一支基金頻繁變動時，投資者就要注意，是不是選擇贖回，還需要觀察基金的投資收益是不是與基金招募說明書中的業績相符，根據實際情況考慮是否進行贖回。

　　最後，市場環境出現逆轉時。當牛市向熊市轉變趨勢明顯，此時投資者應精選股票型基金，只保留在低迷的市場環境中能逆勢而升的基金，同時可將牛市中大量持有的股票、指數型基金贖回，轉而增持風險較低的債券型基金。

第八章　保險理財

一、保險入門基礎知識

隨著社會經濟的發展，保險已經逐漸成為人們身邊不可缺少的產品。但人們對保險的理解還普遍處於較低的階段。保險基礎知識的缺乏，不僅使消費者不懂得如何選擇恰當的保險產品滿足自身的風險需求，還會導致社會上出現大量的保險糾紛。

保險（insurance）（僅指商業保險）是指投保人根據合約約定，向保險人支付保險費，保險人對於合約約定的可能發生的事故因其發生所造成的財產損失承擔賠償保險金責任，或者當被保險人死亡、傷殘、疾病或者達到合約約定的年齡、期限時承擔給付保險金責任的商業保險行為。

1. 保險屬於經濟範疇，它所揭示的是保險的屬性，是保險的本質性的東西。

從本質上講，保險展現的是一種經濟關係，表現在：

‧保險人與被保險人的商品交換關係。

‧保險人與被保險人之間的收入再分配關係。

2. 從經濟角度來看，保險是一種損失分攤方法，以多數單位和個人繳納保費建立保險基金，使少數成員的損失由全體被保險人分擔。

3. 從法律意義上說，保險是一種合約行為，即透過簽訂保險合約，明確雙方當事人的權利與義務，被保險人以繳納保費獲取保險合約規定範圍

內的賠償，保險人則有收受保費的權利和提供賠償的義務。由此可見，保險乃是經濟關係與法律關係的統一。

　　4. 保險的特徵。

・互助性。透過保險人用多數投保人繳納的保險費建立的保險基金對少數受到損失的被保險人提供補償或給付得以實現。

・契約性。從法律的角度看，保險是一種契約行為。

・經濟性。保險是透過保險補償或給付而實現的一種經濟保障活動。

・商品性。保險展現了一種等價交換的經濟關係。

・科學性。保險是一種科學處理風險的有效措施。

　　5. 保險的要素。

・可保風險的存在。

・大量同質風險的集合與分散。

・保險費率的釐定。

・保險準備金的建立。

・保險合約的訂立。

　　6. 保險在微觀經濟中的作用。

・有利於受災企業及時的恢復生產。

・有利於企業加強經濟核算。

・有利於企業加強危險管理。

・有利於安定人民生活。

・有利於民事賠償責任的履行。

7. 保險在宏觀經濟中的作用。

・保障社會再生產的正常進行。

・推動商品的流通和消費。

・推動科學技術向現實生產力轉化。

・有利於財政和信貸收支平衡的順利實現。

・增加外匯收入，增強國際支付能力。

・動員國際範圍內的保險基金。

二、保險投資和銀行儲蓄的區別

隨著人們收入的增加，理財意識越來越深入人心，保險最重要的功能是在未來風險出現時對損失的一種經濟補償，我們不應簡單的將保險的收益率與其他投資理財產品相對比，並據此考慮保險投資合不合算。保險投資更多的是個人理財中的一種財務風險管理，使風險得到分散，避免個人或家庭因為意外損害受到更大的傷害。試想一下，沒有對各種意外事故造成損害的保障，萬一發生了疾病或者意外事故，身體受到傷害，將導致家庭財務收入的減少或中斷以及生活水準的急速下降，何談美好生活？何談投資理財？保險是各種投資方式中風險性最低、最能表現「雪中送炭」效果的理財工具。

保險與傳統的銀行儲蓄的區別有：

1. 受益情況不同。買保險得到的不僅是自己的錢，還包括別人所交保費的分攤，而把錢存到銀行，只能得到本錢和利息。

2. 行為方式不同。買保險是同舟共濟，是個人力量與他人力量的結合，而銀行存款純屬個人行為，有了風險只能依靠自身力量來解決。

3. 資金的處置權不同。錢買了保險，就不可能像把錢存到銀行裡那樣，可以自由使用。假設你每年交 10,000 元的保費，可以獲得 100 萬元的終身保障，那麼從交第一次 10,000 元開始，就意味著你擁有了 100 萬元的權益，而如果你每年存款 10,000 元，不計利息的話，你要等到 100 年才可以累積 100 萬元的財富。

現今，保險計畫已被視為一種長遠理財工具。保險計畫除了能為客戶提供保障外，還具有儲蓄功能，協助客戶累積一筆資金，為未來生活早做安排。

並不是所有保險計畫均具儲蓄功能。那些能提供儲蓄兼保障功能的壽險計畫，稱之為「儲蓄壽險」。儲蓄壽險的投保人在計畫期滿時，可領取一筆既定金額；或是在保險期限內，也可憑保單借貸一定的款項做突發開銷。

就儲蓄功能而言，儲蓄壽險與銀行儲蓄在某種程度上非常相似，同是將款項累積至某個年期後提取，但事實上，不應將兩者混為一談，因為基本差別不少。

1. 儲蓄壽險將保障及儲蓄融為一體，是一種雙功能的理財工具。銀行儲蓄則純粹提供儲蓄作用。

2. 「儲蓄壽險」屬有計畫儲蓄。當保險合約生效後，投保人便要根據合約的規定定期交保險費，以維持保單的有效性，一般以逐年、半個月或逐月付款，直至保單期滿為止。

3. 銀行客戶可隨時運用儲戶的資金，在時間及數目上並沒任何限制。而儲蓄壽險客戶只可根據保險合約列明的條款按時領取紅利或於退保時得回現金價值，再或是在壽險期滿時支領全數保額。

4. 銀行定期存款以固定保證利率計算。而壽險紅利並非保證利潤，紅利率是根據壽險公司每年的投資表現而定，並無固定數額。壽險客戶亦可以選擇不在每年提取紅利，將其積存於壽險公司內賺取更多利息。

5. 現金價值是壽險公司根據投保計畫的儲蓄內容及投保年期而計算的。每份保險合約均附有現金價值表，清楚列明每年累積的現金價值，這數額是保證發給投保人的。通常在投保初期的數年，累積現金價值極小，之後按著投保年期愈長，累積金額增幅愈大。一般情況下，在壽險計畫期滿時，單以現金價值計算，已是高於多年來支付的保費總額，再加上積存紅利收益，可算是一項報酬理想、風險極低的長期儲蓄計畫。

三、適當投保的好處

買保險主要是為了規避風險，即花少量的保險費，避免大的經濟損失。買保險就是把自己的風險轉移出去，而接受風險的機構就是保險公司。保險公司之所以接受風險轉移是因為可保風險是有規律可循的。保險公司集中大量風險之後，運用機率論和大數法則等數學方法，去預測風險機率、保險損失機率。透過研究風險的偶然性去尋找其必然性，掌握風險發生、發展的規律，化偶然為必然，化不定為固定，為眾多有危險顧慮的人提供保險保障。

轉移風險並非災害事故真正離開了投保人，而是保險人借助眾人的財力，向遭災受損的投保人補償經濟損失，為其排憂解難。自然災害、意外事故造成的經濟損失一般都是極大的，是受災個人無法應付和承受的。保險人以收取保險費用和支付賠款的形式，將少數人的鉅額損失分散給眾多的被保險人，從而使個人難以承受的損失，變成多數人可以承擔的損失，

這實際上是把損失均攤給有相同風險的投保人。保險費是生活成本，實際上是在全體消費者之間均攤損失。這種均攤損失的方法只是把損失平均化，但並沒有減少損失。因為，從全社會的角度來考察，「平均化的損失仍然是損失」，保險費的支出會從商品價格中得到補償，所以，保險只有均攤損失的功能，而沒有減少損失的功能。

整體來說，適當投保的好處有：

1. 個人財務安全的保護神

你的生活為什麼舒適幸福？根本原因在於你的收入足以支付一切的開銷，一旦你的收入突然終止，家人的生活水準將會急速下滑，甚至淪到貧寒的境遇。要保障家庭經濟的安全，最簡單、最快捷、最便宜的方法就是購買保險。

2. 豐厚的投資報酬和安全性

普通的投資，是投入 100 元賺取 1 元的買賣，而保險卻是投入 1 元賺取 100 元的投資。普通的投資遵循「高收益、高風險」的規律，而保險投資卻非常的安全。國家對保險公司嚴格的監管和對保險資金運用嚴格的監控，把投資的風險降到很低。

3. 節稅和保全財產

保險金免繳所得稅和遺產稅，在制定遺產計畫時，如果沒有保險的參與，想要保全事業和財產幾乎是不可能的。

4. 保單不被凍結且不受債務人索債

當企業破產時，股票、債券、存款等都會被凍結，唯有保單不被凍結。另外債權人也無權要求受益人以保險收益來償還債務。這也是保險投資與其他投資大不相同的地方。

5. 提高信用

銀行貸款給企業時，要求企業必須附上財產保險，同理，對於購買了保險的企業者，他的信用以及企業的信用都會大幅提高。

6. 建立一項應急儲備金

保險的保險費，具有現金價值，表面上是交給了保險公司，實質上是「儲蓄」在保險公司裡，積少成多，當投保人遭遇經濟困難時，可以動用這筆資金，以度困境。

7. 以金錢買時間

成功＝資本能力時間。具備了一定的資本和能力，再給予充足的時間，事業成功便指日可待。但有了資本和能力後，誰也不清楚自己有多少時間。怎麼辦？買保險。即使你沒有時間，它也能確保你能夠在經濟上成功。

8. 保障生命價值

生命價值＝你的年收入工作的時間。一個 30 歲的人，他賺錢到 60 歲，這 30 年他有生命價值。可 60 歲他退休後，他沒了工作時間，不再為社會創造價值，就沒了生命價值。買保險。他會買到退休後的生命價值，更會買到退休後的收入。

以上僅從金融和財務角度對保險的好處做出一部分總結，實際上保險的好處有很多，比如：抵押貸款、易於變現物等。總之，保險是急用時的現金，它有三大任務：保障收入，保障財產，保障生命價值。一到需要的時候，它的價值就會自動升到最高點。

四、保險投資的風險提示

隨著思想觀念的更新，各種保險迅速進入到尋常百姓的工作生活之中，悄悄的發揮著助人護物的功能，其不容忽視的經濟保障作用正在為越來越多的人們所接受。在諸多的保險險種中，應該說投資分紅類保險最受青睞。

投資型保險，是客戶的保單利益與保險公司的資金運用直接掛鉤的保險險種，通常由分紅險、萬能保險以及投資連結保險三類組成。但分紅險相對於萬能和分紅投資的功能並不明顯，且透明度相當低。所以，有的分類只將萬能保險以及投資連結保險視作投資型保險。

投資型保險除了給予保戶生命保障外更具有較強的投資功能，其收益由保戶完全享有，當然投資的風險也要由保戶自己承擔。所以在選擇這類險種時，一定要從自己的實際需求出發，慎之又慎。

1. 分紅險保險

分紅保險的收益是由保險公司和客戶共同分享，因此，投資風險也由二者共同承擔。由於分紅收益率依賴於保險公司的投資經營能力，造成了前期銷售時客戶的預期收益率與現在的實際報酬相差甚遠，其投資類險的概念不太被消費者認同，更多的購買者還是看重其保障儲蓄功能多於投資功能。

專家建議：分紅保險重在保障儲蓄，相對於其他投資險來說，分紅險的靈活性比較差。對於收入不穩定，希望做短期投資，但又不願意承擔風險的人，比較適合。

2. 投連險

因為投連主要投資管道為股票與基金，投資收益率受到股市的影響。

市場上銷售的投資連接險一般設有 3 個左右可選的投資帳戶：基金投資帳戶、債券投資帳戶和穩健成長帳戶，其提供的風險保障主要是身故或者全殘保障。客戶所繳保費中的很小一部分用來提供風險保障，其餘的保費在扣除各種管理費用後，可以自由分配到不同的投資帳戶中，而且客戶可以隨時改變投資組合，在各個帳戶之間自由轉移帳戶金額。

專家建議：投資者在選擇投連險時，要了解投資帳戶和投資收益之間的關係，根據自己的風險承受能力選擇適合自己風格的帳戶。如果有足夠閒置資金，在未來 5 ～ 20 年內不急於使用則可以購買投連險長期投資。

3. 萬能險

萬能險的特點是保戶所持保單設定了保證最低收益率，具有可變動的靈活性，應屬於繳費靈活的分紅保險。萬能險投保靈活，一般壽險公司都對保戶的投資收益率有保底承諾。雖然萬能險的初始費用較高，但是作為一項長期投資理財險種，從長期來看費用遠遠低於直接投資股票基金，且風險相對較低。投保人可調整保額、保費及繳費期，並且可以方便的從投資帳戶中提領資金，達到保障和投資雙重功能。

專家建議：萬能險的年收益並非所交全部保費的收益，而是在扣除保障費用、手續費之後進入投資帳戶資金的收益。因為保險公司扣除手續費的比例相對較高，只有投資年限至少在 10 年以上才能呈現出其優良投資品種的價值。因此，萬能壽險比較適合中青年人進行長期投資，不適合 50歲以上的人。

有些客戶喜歡直接拿收益率對不同險種進行簡單比較，這種選擇方法並不科學。因為每個產品的預期收益、風險和保單條款都是不同的。不同的保險產品其投資策略也不相同，對於沒有最低報酬的品種，保險資金將

會安排較大比例的固定收益投資產品，如債務和存款，這必然會影響到資金的收益性和靈活性。不承諾投資收益的保險，在投資策略上具有更大靈活性，一般也具有更大的收益空間，但同時也存在較高風險。

一般來說，選擇險種應該從客戶自身的消費偏好出發，而不是對不同的品種進行簡單的優劣比較。不同險種的設計完全是針對市場的需求、客戶的風險偏好和承受能力而定的。如果你收入低且不願冒風險，最好購買傳統型固定報酬險種；如果你的收入較高，想獲得較高收益並且願冒一定風險，那你就應該選擇投資連接產品；你既想得到一定收益而又不願冒過大的風險，分紅類產品、萬能壽險對你比較合適。理性選擇適合自己的險種固然重要，但選擇一個穩健經營、整體投資實力強的保險公司更為重要。保戶應該把投資類保險看作是一種長期的保障和長期的投資，只有透過較長時間的增值期，才能真正認識一個保險公司的投資能力，也才能真正認識這種投資形式的價值。

五、購買保險的原則

如今人們已認識到保險投資的重要性，認為自己買了保險在某種意義上說也就相當於獲得了未來的保障。但據調查，有很大一部分人買了保險卻不能發揮應有的作用。其實買保險也有買保險的訣竅，必須牢記八大原則。

■ 原則之一：不可草率購買保險

現在社會上一些不法人員藉推銷保險的名義詐騙顧客錢財的事時有發生，所以從上門推銷保險的保險業務員手裡購買保險時必須辨識其身分的真假。按相關規定，保險公司保險業務員必須持有相關證照和保險公司發

給的工作證，所以要想驗明其身分，就去查看其有沒有這些證件。

■ 原則之二：必須了解保險公司

對於投保人來說，買保險是一項長期的投資。因此，在選擇保險公司時，投保人必須了解公司的基本情況，如登記資本、業務推展情況、理賠情況等等，做到心中有底。

■ 原則之三：購買保險要「貨比三家」

只要細細比較一下，就會發現同樣的保險在不同的保險公司會在繳費、保險範圍、領取保險賠償等方面有所不同。比如同樣是重大傷病醫療保險，有的保險公司能保 10 種重大傷病，有的保險公司所保的只有 7 種重大傷病；有的保到 70 歲，有的負責終身，但所繳保費卻相差無幾。投保人在購買保險時一定要拿好主意，切不可盲目購買。

■ 原則之四：購買保險要有主見

在買保險時自己必須要有主見，切不能偏聽偏信，人云亦云。畢竟每個人情況不同，所以選擇保險時答案自然也就肯定會有所不同。

■ 原則之五：必須讀懂保險條款

投保人在投保之前必須仔細研究所投保險條款中的保險責任和責任免除這兩大部分，應了解此種保險的保險責任是什麼？怎麼繳費？如何獲益？有無特別約定等。對一些過於專業的保險條款，如果一時弄不明白，應向保險公司的相關人士進行諮詢。

■ 原則之六：購買保險要避免衝動

在購買保險之前，必須考慮自己或家人究竟需要哪些保險、該投保多長時間等。如果投保人一時衝動去投保，不考慮其實用性，往往會讓自己

所買的保險不能發揮作用。

■ 原則之七：購買保險不能礙於情面

有的人認為熟人或親友介紹的肯定不會錯，不看保險條款就買下了。在這種情況下買的保險，購買者買後往往會後悔，因為其並不適合自己，不退難受，退保的話要受到很大的損失。因此，買保險一定要做到只選保障、不重人情。

■ 原則之八：購買保險不要貪便宜

購買保險時不能光看同類的保險哪種需要花的錢最少，而要搞清楚保障的範圍究竟有多大。有些人為了省下一些保費，在購買保險時購買最便宜的，這種貌似「精明」的選擇，出險後會後悔莫及。比較便宜的保險其所保障的範圍往往很小，出險後賠付的錢也會很少。因此，投保人在購買保險時首先應考慮保險的保障作用，爾後再考慮買保險所需要花的錢。

六、落實保單的細節及保險糾紛的處理

當買「保險」就像「買房買車」一樣成為生活中的一個重要部分之後，讀懂「保險合約」也隨之成為生活必備常識之一。但是，很多人對厚厚保險合約中晦澀難懂的專業術語、莫名其妙的資料和表格很是頭痛。

於是，落實保單過程中應重點注意的幾個細節就顯得特別重要。

- 填寫投保單時，必須仔細認真核對，特別是針對健康狀況告知裡面。

- 收到保險合約後，應確定理解了保險責任，必要時可透過多種管道和途徑向保險公司諮詢，向其他代理人或律師請教。

· 仔細查看保險合約中的內容是否和代理人述說的一致，如果有疑問，應及時提出質詢。

· 親自填寫保單回執，充分享受猶豫期賦予的權利。

· 一旦想退保，請以書面形式及時向保險公司提出申請。

· 保險單是購買保險和擁有保障的重要憑證，應妥善保存保險單，並記下公司名稱、險種名稱、保單號碼及保險金額。如有遺失或損毀，應及時申請補發。

· 將投保情況告訴其家人和親朋好友（特別是受益人），避免無人知曉。

· 及時辦理銀行轉帳的授權，避免因為耽誤繳納保費，而致使保險合約失效。

保險合約在履行過程中，雙方當事人因保險責任歸屬、賠償金額的多少發生爭議，應採用適當方式，公平合理的處理。按照慣例，對保險業務中發生的爭議，可採用協商和解、仲裁和司法訴訟三種方式來處理：

1. 協商和解

在爭議發生後，雙方應實事求是有誠意的進行磋商，彼此做出讓步，達成雙方都能接受的和解協定。協商和解一般有自行和解和第三者主持和解兩種方法。自行和解即沒有第三者介入，雙方當事人直接進行交涉；第三者主持和解即由雙方當事人以外的第三者從中調停，促使雙方達成和解協定。

2. 仲裁

仲裁是由合約雙方當事人在爭議發生之前或之後達成書面協議，願意把他們之間的爭議交給雙方都同意的第三者進行裁決，仲裁員以裁判者的身分而不是以調解員的身分對雙方爭議做出裁決。

3. 訴訟

訴訟解決保險糾紛，指的是法院依法定訴訟程序，對於保險糾紛予以審查，在查明事實，分清責任的基礎上做出判決或裁定。訴訟解決保險糾紛是法院的司法活動，其所做出的法律裁判具有國家強制力，當事人必須予以執行。

七、保險合約簽訂須知

在購買保險產品的時候，投保人首先要謹慎挑選保險公司和保險代理人，保險公司應當經保險監督管理部門批准依法設立，保險代理人應當具備保險監督管理部門規定的資格條件，謹防地下保單的陷阱和誘惑。然後就進入簽訂保險合約的階段。

如果說保險是服務，是為了滿足「虛擬」的未來需求，那麼保險合約就是這個「虛擬產品」的唯一書面憑證，就猶如記錄著存款資訊的存摺一樣重要。這就需要在保險合約簽訂時，要抓住其中的重點句，點題句，避免冗長枯燥的內容。

■ 第一步：拿到保單的第一時間要整理出「概要一覽表」

作為保障開始的象徵，我們可以得到一份規範的保險合約，從中可以逐步了解聯絡方法、保險合約常規資訊、必要的諮詢核實途徑等幾大重點。

■ 第二步：了解兩個重點中的關鍵點

經過整理，對保險合約應該有了一個從模糊到清晰的了解，此時就可以去掌握合約中關鍵的兩大重點：也就是保險責任和責任免除。

保險責任：就是我們去購買保險的最初目的，換句話說就是我們要滿

足某些合約約定的特定條件之後，保險公司就給我們相應的資金給付。

比如入院治療的醫療費用的報銷，比如意外死亡之後的高額賠付金，比如到期後的分紅，比如退休之後的養老金給付等，都是屬於保險責任說明和定義的範疇，這點非常重要，需要我們重點掌握。

責任免除（又稱除外責任）：這個和上面的保險責任是相對立的。簡單來說，就是一旦出現這個「責任免除」描述裡面的任何一種情況，保險公司都不予以賠付，算是保險合約以及日後理賠中的一個危險的禁地。

這些說明在保險合約上面的條款的專業性肯定不折不扣，絕對可靠，但是肯定也非常枯燥乏味，很難理解。而保險代理人給出的解釋肯定淺顯易懂，但很有可能會產生誤解。

所以，一個折衷的建議就是去和保險公司的客服人員溝通，當然，尋找一個律師也是一個不錯的選擇。

■ 第三步：了解好退出機制——一旦要退保，該如何保全自身的最大利益

就像那些成功的投資人一樣，他們在做任何一個生意，任何一項投資的時候，都會在進入之前就了解好退出機制。股市中的「落袋為安」的說法表現的就是這個道理。

我們都知道：投保人在任何時候都可以透過解除合約來退出「投資」，都可以要求得到相應的款項。只不過是不同情況下得到的保險款項不同。

大部分保險可以在 10 天的猶豫期和冷靜期中全額退貨退款，但是 10 天之後的領款情況可分以下幾種：

停止繳費並要求領回現金時：屬於退保，現金的退費額要參考現金價值表格。

停止繳費同時確保保單繼續有效，但不要求領回現金時：屬於減額付清。相應的保險額度就需參考減額付清表格；

如果在第二年的繳費到期 60 天後，仍然不繳納保費，就可以利用保險合約的現金價值進行墊付，這時也需要參考現金價值表；當然，持續的時間不會很長。

依照相關壽險的要求，到了約定的時間（如每 3 年或 5 年）和年限（如到了 20 年之後，或者 55 歲時）投保人是可以如約領到保險款項的。這點需要參照具體合約規定。

■ 第四步：注意保險合約中的幾個重點的時間期限

保險空白期：指從投保人繳納保費到保險公司出具正式保單之前的這段時間，這段期間是否具有保險責任尚無明確的法律條文進行規範，屬於空白。

觀察期（又稱等待期）：指在保險合約生效後的一定時期內（一般為 90 ～ 180 天），保險公司不承擔責任，適用於大部分的醫療保險單和極少數的意外保險。

猶豫期（又稱冷靜期）：指在投保人簽收保險單後一定時間內（一般為 10 天），對所購買的保險不滿意，可無條件退保，且退還相應保費。它是為了防止代理人的誤導和利益誇大，從而保障客戶的權利而設定的。

寬限期：在首次繳付保險費以後，如果投保人在今後每年的各期沒有及時繳費，保險公司將給予投保人 60 天的寬限期限，投保人只要在 60 天內繳納了保險費，保險合約就繼續有效。

八、人身保險知識

人身保險是以人的壽命和身體為保險標的的保險。當人們遭受不幸事故或因疾病、年老以致喪失工作能力、傷殘、死亡或年老退休時，根據保險合約的約定，保險人對被保險人或受益人給付保險金或年金，以解決其因病、殘、老、死所造成的經濟困難。

人身保險的特點是：

1. 定額給付性質的保險合約

大多數財產保險是補償性合約，當財產遭受損失時，保險人按其實際損失進行補償。大多數人身保險，不是補償性合約，而是定額給付性質的合約，只能按事先約定金額給付保險金。健康保險中有一部分是補償性質，如醫療保險。在財產保險方面，大多數財產可參考其當時市價或重置價、折舊來確定保險金額。而在人身保險方面，生命價值就難有客觀標準。保險公司在審核人身保險的保險金額時，大致上是根據投保人自報的金額，並參照投保人的經濟情況、工作狀況、生活標準、繳付保險費的能力和需求等因素來加以確定。

2. 長期性保險合約

人身保險的特點之一就是其保險期限長。個別人身保險險種期限較短，有幾天，甚至幾分鐘的，如旅客意外傷害保險和高空滑車保險，則另當別論。投保人身保險的人不願將保險期限定得過短的一個原因是，人們對人身保險保障的需求具有長期性；另一個原因是，人身保險所需要的保險金額較高，一般要在長期內以分期繳付保險費方式才能獲得。

3. 儲蓄性保險

人身保險不僅能提供經濟保障，而且大多數人身保險還兼有儲蓄性

質。作為長期的人身保險，其純保險費中大部分是用來提存準備金，這種準備金是保險人的負債，可用於投資獲得利息收入，將其用於將來的保險金給付。正因為大多數人身保險含有儲蓄性質，所以投保人或被保險人享有保單質押貸款、退保和選擇保險金給付方式等權利。財產保險的被保險人則沒有這些權利。

4. 不存在超額投保、重複保險和代位求償權問題

由於人身保險的保險利益難以用貨幣衡量，所以人身保險一般不存在超額投保和重複保險問題。但保險公司可以根據被保險人的需求和收入水準加以控制，使保險金額不會高得過分。同樣代位求償權原則也不適用於人身保險。如果被保險人的傷害是由第三者造成的，被保險人或其受益人既能從保險公司獲得保險金，又能向肇事方提出損害賠償要求，保險公司不能行使代位求償權。

購買適合自己或家人的人身保險，投保人有三個因素要考慮：

1. 針對性

自己或家人買人身險要根據需要保障的範圍來考慮。例如，沒有醫療保障的從業人員，買一份「重大疾病保險」，那麼因重大疾病住院而使用的費用就由保險公司賠付，適用性就很明確。

2. 經濟能力

買壽險每年需要繳存一定的保費，每年的保費開銷必須控制在自己的收入範圍內，一般是取家庭年儲蓄或結餘的 10% ～ 20%。

3. 側重點

投保人不可能投保保險公司開辦的所有險種，只能根據家庭的經濟能力選擇一些險種。這就應該有個側重點。一般來講，為成人投保比為兒女

投保更實際，特別是家庭的「經濟支柱」。

九、財產保險知識

　　財產保險是以財產及其相關利益為保險標的的保險。它包括財產損失保險、責任保險、信用保險、保證保險、農業保險等。

　　財產保險是投保人根據保險合約約定，向保險公司繳付保險費，保險公司按保險合約的約定對所承保的財產及其相關利益因自然災害或意外事故造成的損失承擔賠償責任的保險。

　　財產保險的核心原則是損失補償原則，即「有損失，有補償」，「損失多少，補償多少」。在財產保險中，有很多種類，與家庭生活直接相關的主要是兩類，一類是家庭財產保險；一類是駕駛員第三者責任保險。

　　家庭財產保險的主要優點是，花較少的錢，可以獲得較大的財產保障。當家庭財產遭受自然災害和意外事故時，可以從保險公司獲得經濟上的補償，使其恢復到遭受保險事故前的經濟狀況。

　　災害損失保險的標的包括被保險人的自有財產，由被保險人代管的財產或被保險人與他人共有的財產。這些財產通常包括日用品、床上用品；家具、用具、室內裝修物；家用電器、文化、娛樂用品；農具、工具、已收穫入庫的農副產品等。有些家庭財產的實際價值很難確定，如金銀、珠寶、玉器、首飾、古玩、古書、字畫等，這些財產必須由專業鑑定人員進行價值鑑定，經保險公司與投保人特別約定後，才可以進行承保。保險公司通常對以下家庭財產不予承保：損失發生後無法確定具體價值的財產，如貨幣、票證、有價證券、郵票、文件、帳冊、圖表、技術資料等；日常生活所必需的日用消費品，如食品、糧食、菸酒、藥品、化妝品等；法律

規定不允許個人收藏、保管或擁有的財產，如槍枝、彈藥、爆炸物品、毒品等；處於危險狀態下的財產；保險公司從風險管理的需求出發，聲明不予承保的財產。

家庭財產災害損失的責任包括：火災、爆炸、雷擊、冰雹、洪水、海嘯、地震、土石流、暴風雨、空中運行物體墜落等自然災害和意外事故。保險公司對因下列原因造成的損失不承擔賠償責任：戰爭、軍事行動或暴力行為；核輻射或汙染；電機、電器、電器設備因使用過度而超電壓、走火、漏電、自身發熱等原因造成的本身損毀；被保險人及其家庭成員、服務人員、寄居人員的故意行為、或勾結縱容他人盜竊或被外來人員順手偷摸、或窗外鉤物所致的損失等。

盜竊險的責任為正常安全狀態下，留有明顯現場痕跡的盜竊行為，致使家庭保險財產產生的損失。除自行車、電動輔助車外，盜竊險規定的保險標的範圍與家庭財產、災害損失險完全一樣。

駕駛員第三者責任險，是指被保險人以第三者依法應負的民事損害賠償責任為保險標的的保險。即保險公司同意代被保險人（已投保此險種的駕駛員）賠償根據合約規定的被保險人有法定賠付責任的全部賠款，它包括個人傷害責任和財產損壞責任。在一般情況下，交通事故的善後處理，特別是人員傷亡的處理是一件非常棘手的事。這是因為，財產的損失往往是可以用貨幣衡量出來的，而人的身體和生命的價值卻是無法用貨幣來衡量的。因此，一起車禍發生後，如果單靠當事人雙方來處理，就難有所終。但是，如果將這種風險轉嫁到保險公司，並由警察機關和保險公司按照法定賠付責任來處理，情形就好多了。從家庭理財的角度出發，因事故而引發的經濟補償責任就由保險公司承擔了。

十、為自己制定合適的保險套餐

目前，保險公司推出的保險產品琳琅滿目，令消費者不知如何選擇，究竟怎樣才能做到花較少的錢獲得一份適合自己和家人的保障？在購買保險時，如何合理搭配相關險種？

每個家庭的結構都是不一樣的，下面提供三款套餐以供參考：

1. 溫飽型家庭保險套餐

適合人群：社會新人、單身階段、收入較低。

保險組合：定期壽險（消費型）＋附加意外傷害（消費型）＋附加住院醫療（消費型）。

解析：這類人群，由於剛工作不久，一方面沒有很多積蓄，另一方面要考慮到不久將來結婚生子也要花費很多資金，所以保費支出不宜太高。保費支出低，但是保額不能低。然而養兒防老，如果父母只有一個孩子時，花了這麼多心血在孩子的身上，如果有什麼閃失，兩位老人家怎麼辦？所以千萬不要為了節省保費而犧牲了保額。故此類人群應選擇消費型的保險。其最大的特點就是保費低保障高。考慮到沒有能力把所有保障都做足，這個年齡階段，應暫緩考慮重疾險和養老險，這方面的需求可以等經濟條件改善了，在這份保險的基礎上再做調整。

2. 小康型家庭保險套餐

適合人群：人到中年，事業有成，已婚已育，收入穩定，貸款購房購車。

保險組合：家庭綜合意外保險（消費型）＋車險（消費型）。

先生：重疾終身壽險（分紅型）＋附加定期壽險（消費型）＋附加住院

醫療（消費型）。

太太：重疾終身壽險（分紅型）＋附加定期壽險（消費型）＋附加住院醫療（消費型）。

子女：壽險（分紅型）＋附加住院醫療（消費型）。

解析：人到中年，重疾的風險漸漸加大。因此在「溫飽款」的基礎上，增加重疾保障和醫療保障。作為一個家庭，選擇一張家庭綜合意外保險也是比較經濟的辦法，它涵蓋了全體家庭成員，而且還可以包含房地產。保額根據兩個人的收入狀況進行分配，一般來說，家庭頂梁柱的保額需要充足。小孩子的壽險將來可作為婚嫁金或教育金，但保額不宜過高。

3. 富裕型家庭保險套餐

適用人群：退休在即，公司高階主管，子女獨立，收入豐厚，有房有車者。

保險組合：家庭綜合意外保險（消費型）＋車險（消費型）。

先生：重疾終身壽險（分紅型）＋附加定期壽險（消費型）＋附加住院醫療（消費型），壽險（萬能）＋投資連結保險。

太太：重疾終身壽險（分紅型）＋附加定期壽險（消費型）＋附加住院醫療（消費型），壽險（萬能型）。

子女：壽險（分紅型）＋附加住院醫療（消費型）。

解析：擁有高品質的晚年生活和將資產妥善傳承是此時收入豐厚者的規劃重點。此時他們的財力相對比較豐厚，投資經驗也比較老道，適合在「小康款」的基礎上增加其他保險。如果比較保守，則可選擇萬能險。如果有一定投資經驗者，還可以選擇投連險來滿足投資需求。

十一、退保的多種情況和風險提示

在商場買東西，消費者常常可以無條件退貨。保險同樣是商品，理應也可以退，但卻不會有「無條件退保」的好事。左小姐一年前在某保險公司投保了一款長期分紅人壽保險，一年來已繳了 50,000 多元的保費。最近，左小姐加入了房貸一族的行列，加之對保險公司分紅不滿意，於是便動了退保的念頭。可到保險公司一算，退保後能拿到手的錢只有 20,000 多元，讓她怎麼也想不明白。

目前，像左小姐這樣有錢的時候急投保，缺錢的時候謀退保的薪水族不在少數。退保的主要原因是投保者抱怨保險分紅報酬率普遍不高。實際上，壽險合約訂立後，如果中途退保，投保人就要承擔不同程度的退保費用，而保險公司則只退還保單的現金價值。因此不到萬不得已最好不要退保。

現金價值是能退到多少保費的關鍵。它是指被保險人要求解約或退保時，壽險公司應該返還的金額。大多數保單在背後都會附有現金價值表，以提示你在投保以後各年度所能退得的保費，現金價值往往小於保險人繳納的保險費。保險專家稱，個人長期壽險的保費由純保費和附加保費兩部分組成。其中純保費用於承擔保險責任（合約中約定的死亡、傷殘、滿期生存、年金等的給付），在投保人要求退保時，需要按年度扣除相應保費。而附加保費用於保險公司的各項開銷。附加保費又分為保險公司管理費和壽險業務員佣金兩部分。

不同的險種，附加保費占總保費比例不同。即使同一險種，因繳費年期不同等原因，附加保費占總保費的比例也有差別。一般來說，大多數險種的管理費占總保費的比例不超過 10%，佣金（直接佣金和間接佣金之

和）不超過總保費的 5%。而在所扣除的費用中，最大的一塊是保險公司的手續費。這筆費用遠遠大於消費者在其他消費活動中所付出的退費，保險公司在保險條款裡有明確提示。對於某些保險公司的一些長期性壽險險種，第一年度的保單現金價值極少甚至為零，如果保戶退保的話，有可能一分錢也拿不到，這時，退保手續費等於保戶所繳保險費；第二年度的保單現金價值為所繳保險費 20% 左右，如果保戶退保，保險公司將扣除保戶所繳保險費的 80% 作為退保手續費。

在每一保單年度，各種手續費占當年保費的比例是不同的，但有一個大致的規律。通常，第一個保單年度裡，手續費占當年保費的比例最大；以後從第二個保單年度到第五個保單年度，手續費比例遞減；在第五個保單年度之後，則維持在一個較低的固定水準。

如果確信自己有更好的投資途徑，並核算過保單現金價值認為自己可以承受，投保人要求退保也無可厚非。但對於一些傳統的長期壽險，則不要做出輕率的退保行為。因為各家公司在這些純粹保障類的險種上的價格大同小異，盲目承受退保損失實在有些不值得。

十二、各種保險的理賠手法以及注意事項

理賠是指在保險標的發生保險事故而使被保險人財產受到損失或人身生命受到損害時，或保單約定的其他保險事故發生而需要給付保險金時，保險公司根據合約規定，履行賠償或給付責任的行為，是直接表現保險職能和履行保險責任的工作。

保險理賠程序主要有：

1. 立案查驗

保險人在接到出險通知後，應當立即派人進行現場查驗，了解損失情

況及原因，查對保險單，登記立案。

2. 審核證明和資料

保險人對投保人、被保險人或者受益人提供的相關證明和資料進行審核，以確定保險合約是否有效，保險期限是否屆滿，受損失的是否是保險財產，索賠人是否有權主張賠付，事故發生的地點是否在承保範圍內等。

3. 核定保險責任

保險人收到被保險人或者受益人的賠償或者給付保險金的請求，經過對事實的查驗和對各項單證的審核後，應當及時做出自己應否承擔保險責任及承擔多大責任的核定，並將核定結果通知被保險人或者受益人。

4. 履行賠付義務

保險人在核定責任的基礎上，對屬於保險責任的，在與被保險人或者受益人達成相關賠償或者給付保險金額的協定後十日內，履行賠償或者給付保險金義務。保險合約對保險金額及賠償或者給付期限有約定的，保險人應當依照保險合約的約定，履行賠償或者給付保險金義務。

保險人按照法定程序履行賠償或者給付保險金的義務後，保險理賠就告結束。如果保險人未及時履行賠償或者給付保險金義務的，就構成一種違約行為，按照規定應當承擔相應的責任，即「除支付保險金外，應當賠償被保險人或者受益人因此受到的損失」，這裡的賠償損失，是指保險人應當支付的保險金的利息損失。為了保證保險人依法履行賠付義務，同時保護被保險人或者受益人的合法權益，任何單位或者個人都不得非法干預保險人履行賠償或者給付保險金的義務，也不得限制被保險人或者受益人獲得保險金的權利。

索賠時應提供的單證主要包括：保險單或保險憑證的正本、已繳納保

險費的憑證、關於能證明保險標的或當事人身分的原始文本、索賠清單、出險檢驗證明、其他根據保險合約規定應當提供的文件。

其中出險檢驗證明經常涉及的有：

因發生火災而索賠的，應提供警消部門出具的證明文件。由於保險範圍內的火災具有特定性質 —— 失去控制的異常性燃燒造成經濟損失的才為火災。短時間的明火，不救自滅的，因烘、烤、燙、烙而造成焦糊變質損失的，電機、電器設備因使用過度、超電壓、走火、自身發熱所造成其本身損毀的，均不屬火災。

因發生暴風、暴雨、雷擊、雪災、雹災而索賠的，應由氣象部門出具證明。在保險領域內，構成保險人承擔保險責任的這些災害，應當達到一定的嚴重程度。

因發生盜竊案件而索賠的，應由警察機關出具證明。該證明文件應當證明盜竊發生的時間、地點、失竊財產的種類和數額等。

因陸路交通事故而索賠的，應當由交通管理部門出具證明資料，證明陸路交通事故發生的地點、時間及其損害後果。如果涉及第三者傷亡的，還要提供醫藥費發票、傷殘證明和補貼費用收據等。如果涉及第三者的財產損失或本車所載貨物損失的，則應當提供財產損失清單、發票及支出其他費用的發票或單據等。

因被保險人的人身傷殘、死亡而索賠的，應由醫院出具死亡證明或傷殘證明。若死亡的，還須提供戶籍所在地派出所出具的除戶證明。如果被保險人依保險合約要求保險人給付醫療、醫藥費用時，還須向保險人提供相關部門的事故證明，醫院的治療診斷證明及醫療、醫藥費用原始憑證。

許多人為繁瑣而冗長的理賠程序費盡周折，其實只要詳細了解了理賠

步驟，做到心裡有數，理賠也沒有想像的那麼難。以車險索賠為例，車主
應注意的問題有：

1. 及時報案

發生交通事故後，車主應保護好現場，並在 48 小時內向保險公司報
案，如實陳述事故發生經過，提供保險單，等待保險公司查勘人員到現場
查勘，同時填寫好《索賠申請書》。此外，車主要儘快將各種索賠單證交
給保險公司理賠人員，在出險車輛修復後，車主應保存好修理發票，同時
提供其他必要的資料向保險公司索賠。

2. 了解拒賠範圍和免責範圍

「在車險索賠時，車主應遵守相關交通規範並熟悉保險責任範圍。」
保險專家說，對於年審不合格或沒有年審、拖帶未保險車輛、交通肇事逃
逸、購買二手車後保單未過戶的車輛，保險公司有權拒賠。另外，並非所
有的事故車主都能得到全額理賠。以盜搶險為例，如果車上零部件或附屬
設備被盜竊或損壞，而非全車遭盜竊，保險公司將不予理賠。

3. 損失過小索賠不划算

因為在車險續保時，保險公司有一個保費優惠條款，即車輛一年未出
險，第二年續保時即可享受 10% 左右的保費優惠；如果連續幾年沒有出
險紀錄，那麼保費優惠最高能達到 30% 左右。

第九章　黃金理財

「金銀天然不是貨幣，貨幣天然是金銀。」馬克思（Marx）的這句名言突顯出以黃金為代表的貴重金屬的保值、增值作用。歷史經驗也顯示，在通貨膨脹環境下，黃金是一種「隨脹而漲」的投資產品。與其他投資產品相比較，黃金理財因其獨特魅力越來越受到投資者追捧。在全球金融危機中，黃金價格堅挺，2008 年度收益率為 5.6%，成為為數不多保持強勢的產品。另外，在全球經濟陷入衰退的時候，黃金並沒有遭遇劇烈拋售，反而成為投資者押寶的重點配置。

一、黃金理財基礎知識

金，又稱為黃金，化學元素符號為 Au，是一種帶有黃色光澤的金屬。黃金具有良好的物理屬性，穩定的化學性質、高度的延展性及數量稀少等特點，不僅是用於儲備和投資的特殊通貨，同時又是首飾業、電子業、現代通訊、航太航空業等部門的重要材料。黃金在 1970 年代前一直是世界貨幣，目前依然在各國的國際儲備中占有一席之地，是一種同時具有貨幣屬性、商品屬性和金融屬性的特殊商品。

黃金的用途有：國家貨幣的儲備金、個人資產投資和保值的工具、美化生活的特殊材料、工業、醫療領域的原材料。

黃金投資俗稱炒金，是透過對黃金及其衍生物進行購買、儲藏及銷售等過程的財產保值、增值及營利的行為。雖然說購買黃金首飾也是一種投資黃

金的行為，但通常所說的黃金投資主要是指買入金條、金幣以及紙黃金等。

　　黃金保值功能的表現形式較為單一，傳統的方式就是黃金窖藏，也就是人們將自己的金融資產置換成各種黃金製品以防貨幣貶值而使金融資產縮水造成損失。相比較而言，黃金投資增值功能的表現形式就要豐富得多。經過多年的創新發展，目前比較常見的增值方式有：利用不同時期所出現的價格差異進行買賣套利；利用不同市場之間的價格差異進行買賣套利；在不同的品種間出現價格差異時進行套利交易，我們把它稱為黃金的跨期、跨市和跨品種交易。這種透過跨期、跨市和跨品種的交易方式來獲得價差收益的，就是人們平常所說的黃金投資中最常見的三種增值獲利方式。

　　黃金價格的變動，絕大部分原因是受到黃金本身供需關係的影響。因此，作為一個具有自己投資原則的投資者，就應該盡可能的了解任何影響黃金供給的因素，從而進一步明瞭市場內其他投資者的動態，對黃金價格的走勢進行預測，以達到合理投資的目的。

　　1. 美元走勢

　　美元雖然沒有黃金穩定，但是它比黃金的流動性要好得多。因此，美元被認為是第一類的錢，黃金則是第二類。當國際政局緊張不明朗時，人們都會因預期金價的上漲而購入黃金。但是更多的人保留在自己手中的貨幣其實是美元。假如國家在戰亂時期需要從他國購買武器或者其他用品，也會賣空手中的黃金，來換取美元。因此，在政局不穩定時期美元會不會升，還要看其走勢。簡單的說，美元強黃金就弱，黃金強美元就弱。

　　2. 戰亂及政局震盪時期

　　戰爭和政局震盪時期，經濟的發展受到很大的限制。任何當地的貨幣，都可能會由於通貨膨脹而貶值。這時，黃金的重要性就淋漓盡致的發

揮出來了。由於黃金具有公認的特性，而且又是國際公認的交易媒介，在這種時刻，人們都會把目標投向它。這種對黃金的搶購，也必然會造成金價的上升。

但是也有其他因素的共同制約。比如，在 1989 至 1992 年間，世界上出現了許多的政治動盪和零星戰亂，但金價卻沒有因此而上升。原因就是當時人人持有美金，捨棄黃金。故投資者不可機械的套用戰亂因素來預測金價，還要考慮美元等其他因素。

3. 世界金融危機

假如出現了世界級銀行的倒閉，金價會有什麼反應呢？

其實，這種現象就是因為危機的出現。如果人們保留金錢在自己的手上，銀行就會出現大量的擠兌或破產倒閉。情況就像前不久的阿根廷經濟危機一樣，全國人民都要從銀行兌換美元，而國家為了保留最後的投資機會，就禁止了美元的兌換，從而發生了不斷的騷亂，全國陷入了恐慌之中。

當美國等西方大國的金融體系出現了不穩定的現象時，世界資金便會投向黃金，一旦黃金需求增加，金價即會上漲。黃金在這時就發揮了資金避難所的功能。唯有在金融體系穩定的情況下，投資人士對黃金的信心才會大打折扣，將黃金賣出造成金價下跌。

4. 通貨膨脹

我們知道，一個國家貨幣的購買能力，是基於物價指數而決定的。當一國的物價穩定時，其貨幣的購買能力就趨於穩定。相反，通貨率越高，購買力就越弱，而貨幣也就越缺乏吸引力。如果美國和世界主要地區的物價指數保持平穩，持有現金也不會貶值，又有利息收入，那麼現金必然成為投資者的首選。

相反，如果通脹劇烈，持有現金根本沒有保障，收取利息也趕不上物價的暴漲。人們就會採購黃金，因為此時黃金的理論價格會隨通脹而上升。西方主要國家的通脹越高，以黃金作保值的要求也就越大，世界金價亦會越高。其中，美國的通脹率最容易左右黃金的變動。而一些較小國家，如智利、烏拉圭等，每年的通脹最高能達到 400 倍，卻對金價毫無影響。

5. 石油價格

黃金本身是通脹之下的保值品，與美國通脹形影不離。石油價格上漲意味著通脹會隨之而來，金價也會隨之上漲。

6. 本地利率

投資黃金不會獲得利息，其投資的獲利全憑價格上升。在利率偏低時，衡量之下，投資黃金會有一定的益處；但是利率升高時，收取利息會更加吸引人，無利息黃金的投資價值就會下降，既然黃金投資的機會成本較大，那還不如放在銀行收取利息更加穩定可靠。特別是美國的利息升高時，美元則會被大量的吸納，金價勢必受挫。

利率與黃金有著密切的關聯，如果本國利息較高，就要考慮一下喪失利息收入去買黃金是否值得。

7. 經濟狀況

經濟欣欣向榮，人們生活無憂，自然會增強人們投資的欲望，民間購買黃金進行保值或裝飾的能力會大為增加，金價也會得到一定的支持。相反之下，民不聊生，經濟蕭條時期，人們連吃飯穿衣的基本保障都不能滿足，又哪裡會有對黃金投資的興致呢？此時，金價必然會下跌。由此可見，經濟狀況也是構成黃金價格波動的一個因素。

8.黃金供需關係

金價是基於供需關係之上的。如果黃金的產量大幅增加，金價就會受到影響而回落。但如果出現礦工長時間的罷工等原因使產量停止增加，金價就會在需過於供的情況下升值。此外，新採金技術的應用、新礦的發現，均令黃金的供給增加，表現在價格上當然會令金價下跌。一個地方也可能出現投資黃金的風氣，例如在日本出現的黃金投資熱潮，需求大量增加，同時也導致了價格的節節攀升。

對於黃金走勢的基本分析有許多方面，當我們在利用這些因素時，就應當考慮到它們各自作用的強度到底有多大。然後找到每個因素的主次地位和影響時間段，來進行最佳的投資。

二、黃金投資市場分析

決定黃金買賣成敗的諸因素中，最關鍵的是，能否對黃金的價位走勢做出正確的分析和判斷。預測黃金價格走向的主要方法有兩種：基本分析和技術分析。兩者是從兩個不同的角度來對市場進行分析，在實際操作中各有各的特色，因此投資者應結合使用。

1.黃金投資基本分析

所謂基本分析，就是著重從政治、經濟、個別市場的外在和內在因素進行分析。再加上其他的投資工具，以確定市場的目前狀況是應該入市還是離市，並採取相應策略。

以基礎分析為主要工具的分析家，一整天都在研究金礦公司的行情、政府部門的相關資料以及各個機構的報告，以此來推測市場的未來走勢。基本分析涉及的主要因素在上一小節有所涉及，不再重複。

2. 黃金投資的技術分析

士兵想要在戰爭中獲得勝利，除了要配備精良的武器以外，還要練就一身夠強的殺敵本領。同樣，投資者在進行黃金交易時，除了要有準確的資訊來源以外，還要掌握技術分析這個有利武器。技術分析起源於統計學，它可以幫助我們在市場上尋求最佳的介入價格，與基本分析相輔相成，都是不可缺少的分析工具。

技術分析是透過對市場上每日價格的波動，包括每日的開市價、收市價、最高價、最低價、成交量等數字資料，透過圖表將這些資料加以表達，從而預測未來價格的走向。每種分析方法都不會十全十美。我們既不能對技術分析過分依賴，也不能偏向於基本分析。

從理論上來講，在透過基本分析以後，可以運用技術分析來捕捉每一個金市的上升浪和下跌浪，低買高賣，以賺取更大利潤。而且，技術分析是以數學統計方程式為基礎的一種客觀分析方法，有極強的邏輯性，它把投資者的主觀見解進行過濾，要比憑藉個人感覺的分析穩當得多。

(1)K 線圖。現在的圖表都是透過電腦對每一天資料的處理後，而畫出的。其最大的功能就是反映大勢的狀況和價格資訊。柱狀線可以將金市上每天的開盤價、收盤價、最高價、最低價在 K 線上表現出來。對金市每日市場的價格走勢情況進行匯總，就可以繪成日線圖。如果需要進行短線買賣，用同樣的道理，可以用較短時間的圖形（例如 5 分鐘走勢圖）來捕捉短線買賣信號。

圖表是市場情況的反映，因此有著不同的走勢。為了能夠更好進行分析，人們在圖表上添加了一些輔助線，這樣一些買賣信號就可以更容易的被我們發現。市場上的常見輔助線有幾十種，不同的投資者對它們也各有

取捨。

　　(2) 交易量長條圖。交易量表示了在一定時間區段內商品或金融工具整體交易行為。通常交易量用直方條來表示（從零點生起的分隔號）。在做圖時，做在曲線圖或 K 線圖的下端，因而可以將每一時期的價格和交易量圖示垂直方向的連結起來。交易量越大，分隔號的高度越大。

　　交易量圖提供了表示市場中買賣數量情況的資訊。當交易量放大時，表示投資工具的這一價格受到了市場的認可；相反，如果在某一個價位上的交易量很小，表示市場交易者缺乏交易興趣，因此存在市場價格發生逆轉的危險。

三、現貨實物黃金投資策略

　　黃金投資是一種永久、及時的投資。幾千年來，黃金一直散發著它的光芒、魅力，並以其獨有的特性 —— 不變質、易流通和具有保值、投資、儲值的功能 —— 而成為人們資產保值的首選。無論歷史如何變遷、國家權力如何更迭、又或是貨幣幣種的更換，但黃金的價值永存。

　　在當今不確定的經濟、政治環境下，許多投資者紛紛轉向黃金投資，將它稱為「沒有國界的貨幣」，因此黃金成為在任何時候、任何環境下最重要、最安全的資產。市場上黃金投資品種多樣，其中現貨實物是最為穩妥的黃金投資方式。

　　現貨實物黃金交易顧名思義，就是以實物交割為定義的交易模式，包括金條、金幣。投資人以當天金價購買金條，付款後，金條歸其所有，自行保管；金價上漲後，投資人攜帶金條，到指定的收購中心賣出。

　　實物黃金投資並不是簡單的低買高賣，還得講究策略。在各大金店的

實物黃金銷售當中，很多諮詢者表示，實物黃金投資中最大的問題是，選擇買入的價格和準備賣出的價格不是很容易掌握。近期，一些投資者更會發出這樣的疑問，既然黃金價格逐年攀升，以至高位，是否還有繼續投資的價值？

其實，黃金價格和其他投資產品價格一樣，在某種程度上，也有其自身的變化規律。對於投資者而言，如何選擇最佳購買時機和最佳賣出價格，自己可以做一套黃金投資策略。比如我們可以發現這樣的規律：一般情況下，每年的黃金消費淡季是5、6、7月分，投資者可以選擇在這個時間區段內購買，但購買量不能一下子達到飽和，也就是說，如果你準備用20萬做黃金投資，那麼一次性購買不要超過投資總額度的二分之一，也就是不能超過10萬元。如果價格在這時還會繼續下降，每下降60到100美元，繼續拿出可用投資資金的二分之一來購買，直到可用資金用完，這時候投資者所承受的風險是最小的。對於擁有實物黃金的投資者來說，黃金價格出現上漲的時候，就算握在手上的實物金有了獲利空間，也不能一下子全賣掉，這一點非常重要。

黃金投資專家建議投資者：

在沒有跡象顯示黃金價格是否會繼續上漲或下跌的情況下，一定要有選擇性的購買或謹慎回購，而不是全部一次性投資。如果選擇一次性投資，投資者承受的風險不僅是最大的，而且收益是最小的。投資者對回購的選擇一般可以在每筆獲利到80～300美元的範圍內逐步進行，切忌武斷的判斷市場，走全買全賣的極端方式。

現貨實物黃金交易比較麻煩，存在著「易買難賣」的特性。這種投資方式主要是大的金商或國家央行採用，作為自己的生產原料或當作國家的

外匯存底。對於穩健型的投資者來說，在目前黃金市場出現大幅波動的情況下，可以選擇實金品種進行投資。這樣既可以擁有黃金實物，又不會為較大的市場價格波動所困擾，在品種的選擇上，可以參考金幣、金條等。

投資者一般可以將 5% ～ 20% 的資產用於黃金投資。實金投資適合長線投資者，投資者必須具備策略性眼光，不管其價格如何變化，不急於變現，不急於盈利，而是長期持有，主要是作為保值和應急之用。

四、紙黃金投資策略

紙黃金是很有大眾緣的一種黃金投資方式。所謂紙黃金，是指黃金的紙上交易，投資者的買賣交易紀錄只在個人預先開立的「黃金存摺帳戶」上呈現，而不涉及實物黃金的提取。盈利模式即透過低買高賣，獲取差價利潤。相對實物黃金，其交易更為方便快捷，交易成本也相對較低，適合專業投資者進行中短線的操作。

紙黃金與實物黃金相比，有交割方便，不用儲存，不用加工費、保管費等優點，是一種理想的保本、增值的投資品種。且紙黃金交易的全過程沒有實金提取和交收的二次清算交割行為，從而避免了黃金交易中的成色鑑定、重量檢測等手續，紙黃金的交易更為簡單便利，可以作為中短線交易的品種，適合具有一定專業能力的投資者。

紙黃金就是個人記帳式黃金，它的報價類似於外匯業務，即跟隨國際黃金市場的波動情況進行報價，客戶可以透過掌握市場走勢低買高拋，賺取差價。黃金市場風雲變幻，金價走勢受供需、政治、經濟、技術和心理等諸多因素影響，有時大起大落，風高浪急；有時多空膠著，波瀾不興。那麼投資者在金市中如何掌握準確的買賣時機，長期穩定的獲利呢？

1. 要注意規避風險，保住本金

「規避風險，保住本金」是巴菲特 (Buffett) 幾十年來最為精闢的總結之一。對投資者來說，最重要的事情永遠是保住資本。因為本金沒有了，在市場翻身的機會也就沒有了。在沒有把握獲勝時，首先是保存實力，節省彈藥，尋找有利於自己的戰機，一旦機會來臨便主動出擊，獲得勝利。所以紙黃金投資者在追漲的行情中，一定要注意止損，做好有效的風險控制方式。

2. 要分批入場，穩定獲利

黃金投資理財好比是一座金山，裡面蘊藏著數不盡的財富。我們不可能把這些財富在短暫的時間裡都收入囊中。在市場波動中，有 70% 左右的時間都是震盪的，只有 30% 左右的時間是上漲或者下跌，那麼積小勝為大勝就是長久立足的制勝法寶。進場和補倉的時候倉位要小，雖然利潤少點，但積小勝為大勝，才是常勝。在炒金生涯中，我們都應堅持這樣的投資理念：炒金最重要的不是一次能夠賺取多少，而是能不能穩定的獲利，長久的立足生存。

3. 要謹慎操作

巴菲特曾講過：「在這裡的錢，正在從活躍的投資者流向有耐心的投資者。許多精力旺盛的投資人的財富正在漸漸消失。」我們每次交易一定要慎重考慮，完全清楚進場之後在哪裡止贏，在什麼情況下應該及時止損，以及市場目前是否具有好的進場點位等。有些行情我們能看到，卻難以真正掌握到。我們只能做那些既看得到也可以掌握的行情。適當的交易是與市場保持連結的重要方法，這有助於你的操作盡量與市場趨勢靠近。

4. 要注意短中長的組合

紙黃金投資由於點差較大，不適合短線的頻繁操作，一般考慮做中長

線投資較好，所以資金管理就非常重要了。我們可以考慮把一部分資金，比如 40% ～ 60% 的資金用來中長線投資，在實金買盤淡季的時候逐步建倉。剩下的資金就可以考慮做一些短線操作，進場的時候也不易一次滿倉進入，可以考慮分批進場，有效降低市場風險。

五、黃金期貨投資策略

與現貨黃金投資相比，期貨市場中則是標準化合約，採取的是保證金交易，個人投資者不能進行交割而只能對沖平倉。由於期貨具有價格發現的功能，因此在所有的黃金投資方式中，其價格的敏感度是最強的，同時也會影響到其他黃金投資產品的價格。另外，由於具備槓桿效應以及與高風險投資工具的負相關性，黃金期貨的出現提供給投資者一種以較小的資金來對沖市場其他資產風險的工具。

黃金期貨如同股票投資要到證券公司開戶一樣，黃金期貨交易要到期貨公司進行期貨開戶。

首先，黃金期貨交易採取的是多空雙向交易機制。

其次，黃金期貨交易是符合規定，金含量不低於 99.95% 的金錠，每手為 300 克。

再次，黃金期貨實行的是 T ＋ 0 交易，也就是當天買進當天就可以賣出。

黃金期貨的推出是黃金市場的一次革命，交易量的增加是這場革命的直接結果。然而，黃金期貨交易機制與黃金現貨、股票交易都有很大的不同，它雖然是一種投資工具，但其本身也隱藏著風險。投資者一定要從收益和風險兩個角度分析、掌握，全面了解期貨市場的風險，謹慎入市。下

面就黃金期貨投資風險控制和止盈（損）策略進行分析。

1. 止損設定

止損設置主要把持好最大承受虧損設置和最大持倉設定。即：

(1) 最大可承受虧損設定。

每筆交易的最大可承受虧損額是倉位控制的依據之一。一般來說，每個交易者都不希望自己虧損龐大，所以他們替自己制訂了一個最大限度。根據多數成功交易者的經驗，這個限度往往在總資金額的 1% ～ 4% 之間。

(2) 最大持倉設定。

可以買入（賣出）的手數＝（本金 × 最大可承受每筆虧損總資金比率）÷（每手商品價格 × 最大可承受止損幅度），持倉幅度＝（手數 × 每手保證金）÷ 本金

例如，本金為 5 萬元，規定保證金比例為 10%，最大每筆虧損額為總資金的 3%，買入後最大止損幅度是 2%，現在商品價格為 3 萬元／手。可買手數＝（5 萬 ×3%）÷（3 萬 ×2%）＝ 2.5 手，實際交易的時候可以買 2 手，也可以買 3 手。假設買了 3 手，那麼，倉位＝（3 手 ×3 萬10%）÷5 萬＝ 18%。

2. 止損策略

那麼如何選擇止損策略呢？通常來講，主要有波動率止損、趨勢止損和時間止損 3 種策略。

(1) 波動率止損。

商品合約價格的日常波動性很大，即使某天價格整體上漲，盤中也有可能是下跌的。如果止損幅度太小，那麼投資者可能面臨經常止損的問

題。這樣不但會為投資者帶來心理壓力，而且確實也會造成虧損累積。所以，止損的幅度應該選擇比較適當的位置。

一般用 10 日平均波動來衡量價格的日常合理波動，一旦超過這個數值的一定倍數時，價格就不再是某種合理的波動，而是可能出現了某種方向上的突變，此時就是最後的價格止損位置。根據實戰經驗，這個倍數定為 2 倍比較合適。也就是說，價格超出 10 日平均波動的 2 倍時，應該是投資者最後撤離的機會。

(2) 趨勢止損。

一般按照當初投資和買入時依據的趨勢進行。當趨勢不再按照投資者的設想發展時，投資者就應該考慮進行止損了。通常認為，如果沒有什麼異常情況，還是使用波動止損為好，畢竟少操作比多操作要好一些。

(3) 時間止損。

當商品價格在一段時間內表現不佳的時候，可以採用此方法進行止損操作。當一個頭寸不能很快的朝著預定方向走的時候，以後往往也不會繼續朝著這個方向走了，這就是時間止損的依據之一。

還有一個就是持倉成本的問題，投資者不可能長時間持有一個不賺錢的頭寸。如果投資者的操作正確，那麼投資者將很快脫離成本控制。

一般所採用的時間區段是一週到兩週。也就是說，如果價格在兩週內沒有什麼變化或者表現不令人滿意，投資者就應該進行止損了。

3. 止盈設定

(1) 利潤目標出局法。

交易者在開倉的時候，首先要對行情有個大致的設想，設定一個目標價格，當價格達到這個位置的時候，平倉出局。

但是這個方法存在很多缺點：其一，很難對價格進行準確的客觀判斷。其二，價格未到預期價位，出現反轉的操作風險。

(2) 利潤回撤出局法。

當利潤從最高點回落到一定的比例時，投資者出局了結。雖然這個方法有些笨拙，但卻是一個具有相當可操作性的出局方法。因為它能夠給出一個比較具體的出局點。

(3) 危險信號出局法。

這是指商品價格在某一天出現相反方向的大幅波動，尤其是尾盤時候。如果交易者經常遇到這樣的危險信號，並且能夠及時躲開的話，從長遠來看，應該會有不少的收益。因為一旦危險信號出現，那麼說明市場可能正在發生本質的改變。這意味著市場不僅僅是小幅調整那麼簡單，這個時候，投資者應該採取行動了。無論什麼情況，先退出再說，這是一種明智的行為，如果危險過去了，那麼投資者完全可以隨時再進場。

因此，危險信號出現的時候，投資者至少應該減半出場或全部出場了結。

(4) 趨勢出局法。

趨勢減弱。比如，原先的上升趨勢軌跡比較明顯，但是隨著價格的上漲，價格軌跡出現了下滑甚至走平，上升趨勢線向下偏移。雖然這時利潤並沒有明顯減少，但是出於技術原因，投資者可以考慮進行減倉操作。減倉幅度一般在 50% 左右，即減半倉。

趨勢調整或者反轉。原先的短期上升趨勢結束，轉而進入短期下跌趨勢。但是短期下跌趨勢運行較慢而且幅度不大，這個時候我們同樣可以先進行減半倉操作，而後再根據利潤回撤法進行出局的操作。

具體做法是這樣的：先根據最高價確定利潤回撤的出局價格；而後根據趨勢調整法，先出局一半；接著，價格繼續回到利潤回撤出局價格的時候，出局另外一半的持倉，最終完成全部的出局操作。趨勢反轉往往伴隨著大幅波動和連續下跌，此時如果價格沒有觸及到利潤回撤點，投資者也應該全部出局，以便有效的控制風險。

六、黃金投資的風險分析

除了公認的保值功能之外，黃金與其他投資品種的風險對沖，交易無須繳稅、全球都可以得到報價以及交易行情等優點吸引了眾多投資者。對於自古就有藏金喜好的華人投資者而言，個人炒金管道的放寬，黃金投資更是成為不少人的首選。但是，在看到黃金投資的各項優點之外，投資者也必須關注其中的風險。

■ 風險一：外盤投資風險
■ 風險二：操作風險控制

廣大投資者基本上都是由自己來進行投資操作，因此投資心理對投資者認知和操作過程有著至關重要的作用。

1.「貪」

貪本身並不是錯誤，關鍵問題不是貪與不貪，而是會貪與不會貪。適可而止、貪得有度就是會貪，不顧現實的貪得無厭就成了貪婪。如果不貪圖買在最低點，也不追求賣在最高點，那麼投資就變得容易得多，捨棄一些局部得失而求得全局的主動和優勢才是明智的選擇。當點位已經很低的時候還只看到風險而看不到機會，或者在點位已經很高的時候還不知控制風險而盲目追逐利潤，只能是得小利而失大體，得局部而失全局。

2.「怕」

經歷過失敗的投資者往往會形成一定的恐懼心理，這是造成下一步投資失敗的重要的心理誤區。比如經過一次深度套牢的股民在下次買入股票後就會變得比較敏感，莊家一震倉往往就驚慌失措，賠錢賣出了。同樣，剛剛在低位放掉一匹黑馬的股民下一次也會變得比較惜售，從而很容易再錯失一次真正的出貨良機。

3.「賭」

很多投資者投資的主要目的就是為了賺錢，急於賺錢和發財心切都是可以理解的，關鍵是投資的目的就是著眼於未來的收益。所以在經歷失敗後要調整自己的心態及方法，而不是急著將自己的損失賺回來，這樣的後果有可能使損失更加慘重。

專家提示，嚴格設定「止盈」和「止損」，不要心存僥倖。在下單之前要有一個清楚的願望：看漲看跌、長線短線、止盈止損等。但我們也不能完全局限於此，因為市場在隨時變化，心態隨著市場調整才是最重要的。

■ 風險三：實金回購風險

實物黃金的價值在於財富儲藏和資本保值。進行實物黃金投資似乎更讓人覺得「手裡有貨，心裡不慌」。而如果進行實物黃金投資，還需要根據金價的波動，透過黃金買賣來實現盈利。

對於投資者來說，投資黃金的最大障礙就在於回購管道的不暢通。據了解，國外的黃金回購量占總需求量的 20% 左右。

■ 風險四：網路技術風險

網路風險，網路交易的業務及大量風險控制工作均是由電腦程式和軟

體系統完成，所以，電子資訊系統的技術性和安全性就成為網路交易運行的最為重要的技術風險。這種風險既來自電腦系統停機、磁碟破壞等不確定因素，也來自網路外部的數位攻擊，以及電腦病毒破壞等因素。

　　黃金投資與其他的投資方式一樣，風險與報酬並存，以上的風險只是其中一部分，其他例如政府行為、戰爭、自然災難、各國經濟、匯率波動等都會導致本金和收益損失，投資者要調整好心態，在面對龐大利潤的同時，也要防範龐大的風險。

第十章 債券理財

　　真有一種投資方法可以讓投資者穩坐釣魚臺嗎？答案是肯定的。債券就是一種能讓你進退自如的投資。它進可攻、退可守，具有鮮明的低風險性和安全性。如果債券票面價格上漲，債券投資者就能得到利息和票面價格差價的雙重收益；如果票面價格下跌，投資者只需繼續持有，最差也能賺到購買時發行人承諾的利息，收益能有保障。整體來看，債券既能賺到比存款更高的固定收益，又能規避股市價格大漲大跌的風險。

一、債券的種類簡介

　　債券是發行人按照法定程序發行，並約定在一定期限還本付息的有價證券。通俗的講，債券就是發行人向投資人開出的「借據」。由於債券的利息通常是事先確定的，因此債券通常被稱為固定收益證券。

　　債券的基本要素有4個：票面價值、債券價格、償還期限、票面利率。

　　1. 票面價值

　　債券的票面價值簡稱面值，是指債券發行時設定的票面金額。

　　2. 債券價格

　　債券的價格包括發行價格和交易價格。

　　債券的發行價格不等同於債券面值。當債券發行價格高於面值時，稱為溢價發行；當債券發行價格低於面值時，稱為折價發行；當債券發行價格等於面值時，稱為平價發行。

債券的交易價格即債券買賣時的成交價格。在行情表上我們還會看到開盤價、收盤價、最高價和最低價。最高價是一天交易中最高的成交價格；最低價即一天交易中最低的成交價格；開盤價是當天開市第一筆交易價格；閉市前的最後一筆交易價格則為收盤價。

3. 償還期限

債券的償還期限是個時間區段，起點是債券的發行日期，終點是債券票面上標明的償還日期。償還日期也稱為到期日。在到期日，債券的發行人償還所有本息，債券代表的債權債務關係終止。

4. 票面利率

票面利率是指每年支付的利息與債券面值的比例。投資者獲得的利息就等於債券面值乘以票面利率。

債券的種類繁多，且隨著人們對融資和證券投資的需求還會不斷創造出新的債券形式。在現今的金融市場上，債券的種類可按發行主體、發行區域、發行方式、期限長短、利息支付形式、有無擔保和是否記名等分為九大類。

1. 按發行主體分類

根據發行主體的不同，債券可分為政府債券、金融債券和公司債券三大類。

第一類是由政府發行的債券稱為政府債券，它的利息享受免稅待遇，其中由中央政府發行的債券也稱公債或國庫券，其發行債券的目的都是為了彌補財政赤字或投資於大型建設項目。而由各級地方政府機構如市、縣、鎮等發行的債券就稱為地方政府債券，其發行目的主要是為地方建設籌集資金，因此都是一些期限較長的債券。

第二類是由銀行或其他金融機構發行的債券，稱之為金融債券。金融債券發行的目的一般是為了籌集長期資金，其利率也一般要高於同期銀行存款利率，而且持券者需要資金時可以隨時轉讓。

第三類是公司債券，它是由非金融性質的企業發行的債券，其發行目的是為了籌集長期建設資金。一般都有特定用途。

2. 按發行的區域分類

按發行的區域劃分，債券可分為國內債券和國際債券。

國內債券，就是由本國的發行主體以本國貨幣為單位在國內金融市場上發行的債券。國際債券則是本國的發行主體到別國或國際金融組織等以外國貨幣為單位在國際金融市場上發行的債券。

3. 按期限長短分類

根據償還期限的長短，債券可分為短期、中期和長期債券。

一般的劃分標準是期限在 1 年以下的為短期債券；期限在 10 年以上的為長期債券；而期限在 1 年到 10 年之間的為中期債券。

4. 按利息的支付方式分類

根據利息的不同支付方式，債券一般分為附息債券、貼現債券和普通債券。

附息債券是在它的券面上附有各期息票的中長期債券，持有者可按其標明的時間期限到指定的地點按標明的利息額領取利息。

貼現債券是在發行時按規定的折扣率將債券以低於面值的價格出售，在到期時，持有者仍按面額領回本息，其票面價格與發行價之差即為利息。

除此之外的就是普通債券，它按不低於面值的價格發行，持券者可按

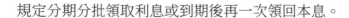

規定分期分批領取利息或到期後再一次領回本息。

5. 按發行方式分類

按照是否公開發行，債券可分為公募債券和私募債券。

公募債券是指按法定手續，經證券主管機構批准在市場上公開發行的債券，其發行對象是不限定的。由於這種債券的發行對象是廣大的投資者，因而要求發行主體必須遵守資訊公開制度，向投資者提供多種財務報表和資料，以保護投資者利益，防止欺詐行為的發生。

私募債券是發行者向與其有特定關係的少數投資者為募集對象而發行的。該債券的發行範圍很小，其投資者大多數為銀行或保險公司等金融機構，它不採用公開呈報制度，債券的轉讓也受到一定程度的限制，流動性較差，但其利率水準一般較公募債券要高。

6. 按有無抵押擔保分類

債券根據其有無抵押擔保，可以分為信用債券和擔保債券。

信用債券亦稱無擔保債券，是僅憑債券發行者的信用而發行的、沒有抵押品作擔保的債券。一般政府債券及金融債券都為信用債券。

擔保債券指以抵押財產為擔保而發行的債券。具體包括：以土地、房屋、機器、設備等不動產為抵押擔保品而發行的抵押公司債券、以公司的有價證券（股票和其他證券）為擔保品而發行的抵押信託債券和由第三者擔保償付本息的承保債券。

7. 按是否記名分類

根據在券面上是否記名的不同情況，可以將債券分為記名債券和無記名債券。

記名債券是指在券面上注明債權人姓名，同時在發行公司的帳簿上做同樣登記的債券。而無記名債券是指券面未注明債權人姓名，也不在公司帳簿上登記其姓名的債券。現在市面上流通的一般都是無記名債券。

8. 按發行時間分類

根據債券發行時間的先後，可以分為新發債券和既發債券。

新發債券指的是新發行的債券，這種債券都規定有招募日期。既發債券指的是已經發行並交付給投資者的債券。新發債券一經交付便成為既發債券。在證券交易部門既發債券隨時都可以購買，其購買價格就是當時的行市價格，且購買者還須支付手續費。

9. 按是否可轉換來區分

債券又可分為可轉換債券與不可轉換債券。可轉換債券是能按一定條件轉換為其他金融工具的債券，而不可轉換債券就是不能轉化為其他金融工具的債券。可轉換債券一般都是指的可轉換公司債券，這種債券的持有者可按一定的條件，根據自己的意願將持有的債券轉換成股票。

二、債券投資的基礎知識

債券投資是投資者透過購買各種債券進行的對外投資，它是證券投資中的一個重要組成部分。債券投資可以獲取固定的利息收入，也可以在市場買賣中賺取差價。隨著利率的升降，投資者如果能適時的買進賣出，還能獲得更大收益。

1. 債券作為投資工具主要有以下幾個特點

(1) 安全性高。由於債券發行時就約定了到期後償還本金和利息，故其收益穩定、安全性高。特別是對於國債及有擔保的公司債、企業債來

說，幾乎沒有什麼風險，是具有較高安全性的一種投資方式。

(2) 收益穩定。投資於債券，投資者一方面可以獲得穩定的利息收入，另一方面可以利用債券價格的變動，買賣債券，賺取差價。

(3) 流動性強。上市債券具有較好的流動性。當債券持有人急需資金時，可以在交易市場隨時賣出，而且隨著金融市場的進一步開放，債券的流動性將會不斷加強。

因此，債券作為投資工具，最適合想獲取固定收益的投資人。

2. 債券投資必須先考慮好以下問題

(1) 債券種類。一般來說，政府債券風險較小，公司債券風險較大，但後者收益也較前者大。

(2) 債券期限。債券期限越長，利率越高、風險越大；期限越短，利率越低、風險越小。

(3) 債券收益水準。債券發行價格、投資者持有債券的時間及債券的期限結構等都會影響債券收益水準。

(4) 投資結構。不同品種、不同期限債券的不同搭配會極大影響收益水準，合理的投資結構可以減少債券投資的風險，增加流動性，實現投資收益的最大化。

三、債券投資的一般原則和方法

人們要想駕馭某一事物，必須先摸清它的運行規律，然後再來按這個規律辦事，投資者投資債券也應如此，我們首先要掌握債券投資的一般原則和方法。

1. 收益性原則

這個原則應該說就是投資者的目的，但對於不同種類的債券收益性的大小，我們要分別對待。國家（包括地方政府）發行的債券，是以政府的稅收作擔保的，具有充分安全的償付保證，一般認為是沒有風險的投資；而企業債券則存在著能否按時償付本息的風險，作為對這種風險的報酬，企業債券的收益性必然要比政府債券高。當然，這僅僅是其名義收益的比較，實際收益率的情況還要考慮其稅收成本。

2. 安全性原則

投資債券相對於其他投資工具要安全得多，但這僅僅是相對的，其安全性問題依然存在，因為經濟環境、經營狀況、債券發行人的資信等級都不是一成不變的。就政府債券和企業債券而言，政府債券的安全性是絕對高的，企業債券則有時面臨違約的風險，尤其是企業經營不善甚至倒閉時，償還全部本息的可能性根本不大。因此，企業債券的安全性遠不如政府債券。對於抵押債券和無抵押債券來說，有抵押品作償債的最後擔保，其安全性就相對要高一些。對於可轉換債券和不可轉換債券來說，因為可轉換債券有隨時轉換成股票、作為公司的自有資產，對公司的負債負責並承擔更大的風險這種可能，故安全性要低一些。

3. 流動性原則

這個原則是指收回債券本金的速度快慢，債券的流動性強意味著能夠以較快的速度將債券兌換成貨幣，同時以貨幣計算的價值不受損失，反之則表示債券的流動性差。影響債券流動性的主要因素是債券的期限，期限越長，流動性越弱；期限越短，流動性越強。另外，不同類型債券的流動性也不同。如政府債券，在發行後就可以上市轉讓，故流動性強；企業債

券的流動性往往就有很大差別，對於那些資信卓著的大公司或規模小但經營良好的公司，他們發行的債券其流動性是很強的，反之，那些規模小、經營差的公司發行的債券，流動性要差得多。因此，除了對資信等級的考慮之外，企業債券流動性的大小在相當程度上取決於投資者在買債券之前對公司業績的考察和評價。

所謂「雞蛋不能放在同一個籃子裡」，債券投資要很好的運用組合投資理論，在進行投資決策時，要分散投資的對象，選擇各種證券，主要是債券、股票，進行搭配結合，以便有效的降低投資中的風險，增加投資收益，這就是分散化策略。分散化的策略主要包括以下幾個方面的內容：

1. 種類分散化

這種策略也就是我們平常所說的「不在同一棵樹上吊死」。如果將資金全部投資於政府公債，雖然其償付能力得到保證，信譽高於企業債券，但是可能會由此失去投資企業債券所能得到的較高收益。

2. 時間分散化

我們投資債券，最好將資金分成幾部分在不同的時間下注，而不要全部一下子投進去就玩那麼一把，因為債券價格和市場利率常常是跌宕起伏、變化莫測的，一次性下注很有可能被套牢而陷入困境，分段購買或賣出，就可以合理的調動資金來解套。

3. 到期日分散化

如果我們投資的債券，其到期日都集中在某一個定期或一段時間內，則很有可能因同期債券價格的連鎖反應而使得我們的收益受損，因此，債券的到期日分散化相當重要。要做到這一點有兩種辦法：一是期限短期化，將資金分散投資在短期債券上。二是期限梯形化，將資金分散投資在

短、中、長三種不同期限的債券上。

4. 部門或行業分散化

因為同種部門或行業基本上是一損俱損，一榮俱榮，為了將風險分開，最好是將資金分部門或行業投資，這和種類分散道理一樣。

5. 公司分散化

不同行業的公司，其經營效益互不相同，就連同一行業的公司，其實也有差別。因此，企業債券的組合投資，即要選安全性高，收益率相對低的大公司債券，也要選安全性低但收益率高的小公司，這樣綜合，就既有安全性保障，又有較高的投資收益。

6. 國家分散化

這個主要是針對國際債券市場而言，因為各個國家或地區的政治風險、經濟金融風險、自然災害風險都有不確定的因素，故為規避風險，最好將資金分別投資於不同的國家或地區。

四、投資可轉債策略

可轉債（Convertible Bond）全稱為可轉換公司債券，於西元 1843 年起源於美國。是指發行人依照法定程序發行，在一定時間內按約定的條件可以轉換成股份的公司債券。也就是說，可轉債作為一種公司債券，投資者有權在規定期限內按照一定比例和相應條件將其轉換成確定數量的發債公司的普通股票（以下簡稱基準股票）。因此，可轉債是一種含權債券，它既包含了普通債券的特徵，具有面值、利率、期限等一系列要素；也包括了權益特徵，在一定條件下它可以轉換成基準股票；同時，它還具有基準股票的衍生特徵。

可轉債兼具股票和債券的屬性，結合了股票的長期成長潛力和債券的安全與收入優勢。但為了提高可轉債投資收益，投資者應依據自身的資金數量和要求的收益水準選擇合適的投資策略和投資時機。

1. 可轉債投資的基本策略

投資者應根據發行公司的償債能力、行業地位、發展策略以及財務、產品、管理、技術、市場等綜合基本因素，重點對其未來業績和現金流做出預測，確定可轉債投資品種。

- 穩健性投資，即投資於市價接近債券本身價值的可轉債，從而在有效控制投資風險的前提下獲取穩定的投資收益。

- 進取型投資，即投資於基本面較好、具有成長性、轉股價格修正條件優惠的可轉債，從而在風險相對較低的前提下獲得不低於基準股票的投資收益。

- 尋找套利機會，即市場存在一定的無效性，當處於轉股期內的可轉債市價低於轉股價格時進行套利操作。

2. 不同價位的可轉債投資策略

可轉債在不同價位下會顯示出不同的特性。因此，投資者應區別對待不同價位的可轉債。

- 債券溢價在 30% 以上的高價位可轉債。這類可轉債的下跌空間相對比較大，但如果投資者看好其基準股票，則可以投資於該類可轉債。因為一方面可轉債買賣的手續費低於股票，能降低投資者買賣成本；另一方面可轉債在中長期持有的情況下能夠獲得一定的利息收入。此外，在股市長時間下跌的情況下，它還具有一定的抗跌能

力。故該類可轉債的未來收益相對於普通股票還是比較有優勢的。

- 債券溢價在 15% ～ 30% 的中價位可轉債。這類可轉債股性和債性都適中，其轉換價值比市價要低得多。在股市上漲時，獲取收益相對要慢一些；但在股市下跌時，其損失也會小一些。進行這類可轉債投資時可多關注轉換溢價率相對較低而基準股票的波動性又較高的可轉債。

- 債券溢價低於 15% 的低價位可轉債。這類可轉債的債性較強，下跌空間有限，進行中長期投資時一般不會有太大的損失，而且也很可能在未來分享到股市上漲的收益。這類可轉債比較適合低風險、期望在中長期投資中獲益的投資者進行投資。

3. 可轉債投資時機的選擇策略

可轉債還本付息的特性確保了穩定的收益；可轉換成股票的特性提供了獲取更高收益的機會。整體來說，它的操作方式可以根據市場情況分為三種：

一是股市轉好。可轉債股票特性表現較為明顯，市場定價考慮股性更多；可轉債價格隨股市上升而上漲並超出其原有成本價時，持有者應拋出以直接獲取價差收益。

二是股市由弱轉強。如果發行可轉債的公司業績轉好，其股票價格預計有較大提高時，投資者可將可轉債按轉股價格轉換為股票，以享受公司較好的業績分紅或股票攀升的利益。

三是股市低迷。可轉債債券特性表現較為明顯，市場定價考慮債性更多；可轉債和基準股票價格雙雙下跌，賣出可轉債或將其轉換為股票都不合適，投資者應保留可轉債以獲取到期的固定本息收益。

第十一章　房地產理財

　　曾經，許多人從萬元，到百萬，到千萬，實現三級跳，來得輕鬆。飛躍靠什麼？就是房地產。在人口成幾何階數成長時，唯一不成長的是土地！房地產是關乎國運的支柱產業，政府不會坐視不管。投資房地產，是永恆的暴利產業。過去，多少是無心插柳柳成蔭；今後，則必須武裝起來，學房地產規律，學房地產投資原理，學影響房地產的天時地利。然後，把這些知識應用於實踐，獲得成功。

一、房地產投資概述

　　所謂房地產投資，是指資本所有者將其資本投入到房地產業，以期在將來獲取預期收益的一種經濟活動。

　　房地產投資形式多種多樣，房地產建商所進行的房地產開發是人們最熟悉的一種類型。另外，為了出租經營而購買住宅或辦公大樓；將資金委託給信託投資公司用以購買或開發房地產；企業建造工廠、學校建設校舍、政府修建水庫等，都屬於房地產投資。儘管它們表現形式各異，但都有一個共同的特點，即透過犧牲現在的某些利益換取預期收益。要強調的是，「現在的某些利益」是指即期的、確定性的利益，但預期收益卻要到未來才能實現，而且這種未來收益在時間和總量上都難以精確預測。所以，房地產投資決策中，估算總成本和利潤的同時還應考慮時間因素。只有在比較項目收益和支出的總量與時間的基礎上，並考慮預測的置信水準時，才可能做出合理的投資決策。

另外，因為在市場經濟條件下，投資者往往同時面對多種投資機會，雖然這些機會的即期支出相對容易確定，但是它們的未來收益卻是難以確定的。而且，投資者在決策之前，往往會發現，誘人的機會常常不只一個，但投資者可利用的資源卻總是有限的，所以，這時就需要有一種方法能夠對各種投資方案進行評估，幫助投資者在各種限制條件的前提下，了解如何應付所要承受的風險、所要求的資產流動性、投資組合平衡以及來自管理部門的相關限制條件等，使得最終所選擇的投資項目獲得最大的效益。

與一般投資相比，房地產投資具有以下特徵：

1. 房地產投資對象的固定性和不可移動性

房地產投資對象是不動產，土地及其地上建築物，這些都具有固定性和不可移動性。不僅地球上的位置是固定的，而且土地上的建築物及其某些附屬物一旦形成，也不能移動。這一特點對房地產供給和需求帶來重大影響，如果投資失誤會為投資者和城市建設造成嚴重後果，所以投資決策對房地產投資更為重要。

2. 房地產投資的高投入和高成本性

房地產業是一個資金高度密集的行業，投資一宗房地產，少則幾百萬，多則上億元。這主要是由房地產本身的特點和經濟運行過程決定的。房地產投資的高成本性主要源於：土地開發的高成本性；房屋建築的高價值性；房地產經濟運作中交易費用高。

3. 房地產投資的回收期長和週期性長

房地產投資的實際操作，就是一整個開發過程。對每一個房地產投資項目而言，它的開發階段一直會持續到項目結束，投入和使用的建設開發期是相當漫長的。房地產投資過程中要經過許多環節，從土地所有權或使

用權的獲得、建築物的建造，一直到建築物的投入使用，最終收回全部投資需要相當長的時間。

4. 房地產投資的高風險性

由於房地產投資占用資金多且周轉期長，而市場是瞬息萬變的，因此投資的風險因素也將增多。加上房地產資產的低流動性，不便輕易脫手，一旦投資失誤，房屋空置，資金不能按期回籠，企業就會陷入被動，甚至債息負擔沉重，導致破產倒閉。

5. 房地產投資的強環境約束性

建築物是一個城市的構成部分，又具有不可移動性。因此，任何城市都要求有一個統一的規畫和布局。城市的功能分區、建築物的密度和高度、城市的生態環境等都構成外在的制約因素。房地產投資必須服從城市規畫、土地規畫、生態環境規畫的要求，把微觀經濟效益和宏觀經濟效益、環境效益統一起來。只有這樣才能獲得良好的投資效益。

6. 房地產投資的低流動性

房地產投資成本高，不像一般商品買賣可以在短時間內馬上完成，輕易脫手，而交易通常要一個月甚至更長的時間才能完成；而且投資者一旦將資金投入房地產買賣中，其資金很難在短期內變現。所以房地產資金的流動性和靈活性都較低。當然房地產投資也有既耐久又保值的優點。房地產商品一旦在其管理部門將產權登記入冊，獲取相應的產權憑證後，才能得到法律上的認可和保護，其耐久保值性也更加高於其他投資對象。

二、房地產投資風險分析

房地產投資的風險主要表現在投入資金的安全性、期望收益的可靠

性、投資項目的變現性和資產管理的複雜性四個方面。通常情況下，人們把風險劃分系統風險和個別風險。

1. 系統風險

系統風險是對市場內所有投資項目均產生影響、投資者無法控制的風險。

(1) 通貨膨脹風險。通貨膨脹風險也稱購買力風險，是指投資完成後所收回的資金與投入的資金相比，購買力降低對投資者帶來的風險。

(2) 市場供需風險。市場供需風險是指投資者所在地區房地產市場供需關係的變化對投資者帶來的風險。具體表現為租金收入的變化和房地產本身價值的變化，這種變化會導致房地產投資的實際收益偏離預期收益。

(3) 週期風險。週期風險是指房地產市場業的週期波動對投資者帶來的風險。正如經濟週期的存在一樣，房地產市場也存在週期波動現象。房地產市場的週期可分為復甦與發展、繁榮、危機與衰退、蕭條四個階段。

(4) 變現風險。變現風險是指急於將商品兌換為現金時由於折價而導致資金損失的風險。

(5) 利率風險。調整利率是國家對經濟進行宏觀調控的主要方式之一。國家透過調整利率可以引導資金的流向，從而產生宏觀調控的作用。利率的提高會對房地產投資產生兩個方面的影響：一是對房地產實際價值的折減，利用提高的利率對現金流折現，會使投資項目的財務淨現值減小，甚至出現負值。二是利率提高會加大投資者的債務負擔，導致還貸困難。利率提高還會抑制市場上的房地產需求數量，從而導致房地產價格下降、房地產投資者回籠資金壓力加大。

(6) 政策風險。在房地產投資過程中，政府的土地供給政策、地價政

策、稅費政策、住房政策、價格政策、金融政策、環境保護政策等，均對房地產投資者收益目標的實現產生極大的影響，從而對投資者帶來風險。避免這種風險的最有效的方法是選擇政府鼓勵的、有收益保證的或有稅收優惠政策的項目進行投資。

(7) 政治風險。主要由政變、戰爭、經濟制裁、外來侵略、罷工、騷亂等因素造成。某些房地產建商不履行正常的開發建設審批程序而導致工程停工，也是一種政治風險。

(8) 或然損失風險。我們將火災、風災或其他自然災害引起的置業投資損失所造成的風險稱為或然損失風險。

2. 個別風險

僅對市場內個別項目產生影響、可以由投資者控制的風險為個別風險。

(1) 收益現金流風險。不論是開發投資，還是置業投資，投資者都面臨著收益現金流風險。

(2) 未來經營費用的風險。這類風險主要是對於置業投資來說的。如建築物功能過時或由於建築物存在內在缺陷導致結構損壞所帶來的風險。

(3) 資本價值風險。物業的資本價值在很大程度上取決於預期的收益現金流和未來可能的經營費用水準。預期的資本價值和現實資本價值之間的差異即資本價值的風險，在很大程度上影響著置業投資的收益。

(4) 比較風險。投資者將資金投入房地產後，就會失去其他投資機會，同時也就失去了可能帶來的收益。這就是房地產投資的比較風險。

(5) 時間風險。房地產投資強調在適當的時間、選擇合適的地點和物業類型進行投資，這樣才能使其在獲得最大投資收益的同時使風險降至最低限度。

(6) 持有期風險。與時間風險有關。一般來說，投資項目的壽命週期越長，可能遇到的影響項目收益的不確定性因素就越多。

三、住宅投資策略

住宅投資包括對單個家庭住宅和對公寓（簡稱住房）的投資。住房以其使用壽命的長期性而被劃分為資產，是任何財富擁有者都能夠擁有的。

住宅投資的決策涉及企業、家庭甚至政府，因而住宅投資有其特殊性。在所有投資需求中，住宅投資對實際利率最為敏感。這是因為住宅的折舊速度非常慢（幾十年的舊住宅比比皆是），折舊費微乎其微。這樣實際利率對住房投資顯然十分重要。如果是租房，那麼支付給房主的租金中大部分是對住宅所占用的資金的報酬；如果是自己購房居住，那麼住宅成本的主要部分就是住宅抵押貸款利息。所以，住宅投資是投資中對貨幣政策和財政政策引起的利率變化最為敏感的部分。由於貨幣政策較之財政政策對利率的影響更大，所以住宅投資與貨幣政策的關係，比它與財政政策的關係更為密切。

對住宅投資的分析是從對既有住房的需求開始的。一般來說，既有住房的供給是不變的，而對既有住房的需求取決於許多因素：

1. 財富量越大，則對住房的需求越大。
2. 其他資產，如債券的收益率越低，則對住房的需求也越大。
3. 對住房存量的需求還取決於擁有住房所能得到的淨實際收益。

市場每經歷一次反覆，就更成熟一次，投資策略也應有所轉變。如果說住宅投資在以前是資金、膽識、眼光、機遇的結合，那現在則更需要信心和耐心，以及更新觀念、靈活應變、用足政策，買進的機會多，須多斟

酌；賣出的機會少，動作要快。投資時具體要注意以下幾點：

1. 確保合法可靠，減少投資的盲目性

買房先買產權，只有獲得了產權，投資者才擁有對房產的收益權和處分權，可自用、出租。投資前一定要確保所購房產的安全性，查明開發及銷售是否合法，購買的是房屋所有權還是使用權，因為產權關係不明確解決起來十分困難。

2. 前瞻性投資

投資者要仔細研究城市規畫方案，關注城市基本建設進展情況，尋找發掘隱藏的投資價值，如交通條件的改善，人們生活方式和品味的變化，新技術發明帶來的改變等。並掌握好投資時機，投資過早資金可能被套牢，投資過晚則喪失升值空間。

3. 追求長期穩定的收入

住宅投資是一種長線投資，報酬率特別高的項目很可能被複製，供應量的成長會降低其報酬率，應注重物以稀為貴。

4. 掌握循環週期

在實際操作時注意審時度勢，靈活應變。如購入後遇市場轉淡，不必急於折價出售，可轉手做長線將房屋出租收租金支付貸款，靜守等待價升之日。

5. 用動態的眼光觀察

任何事物的優劣都不是絕對的，在不斷變化的市場中可能瞬間發生突變而影響投資收益，客觀地理位置雖不可變，但其社會位置卻是隨著經濟和城市的發展而不斷變化的，現在的熱門地段將來未必熱，現在的冷門地段將來也未必不熱。

6. 注意心理因素

和投資股票一樣，投資買房也是買一種預期，物業某項品質的普遍認同會使其購買需求轉旺，促成價格上漲，正因此，行銷中有了各種概念的流行。

四、店面投資策略

曾幾何時，店面投資報酬之高，令人咋舌。

從目前的市場情況來看，店面投資無疑已告別了「神話時代」，這也同時意味著，日後投資者需要有更多的技巧，具體有：

1. 清晰定位。投資店面最重要的就是定位要清晰，要不斷調查市場，走訪觀察，對目標店面周邊的商業類型、數量及分布，各行業的平均租金水準、客流量、消費人群爛熟於胸，同時對不同行業的品牌企業對店面面積和租金水準要做到知己知彼。

2. 黃金地段。店面所在地段是投資店面成功的重要因素之一，只有店面的出租保證商家的獲利，才能使店面以較好的價格出租，從而保證投資者自身的租金報酬，並奠定店面不斷升值的基礎。對於中小投資者而言，住宅、學校、醫院、超市和辦公大樓集中的區域或其中心地帶，值得投資，並能保證較好的租金水準和報酬。

3. 注意細節。投資店面最終需要落實在產品上，選擇優秀的店面產品，是投資成功的基礎。留意公設比。對於面積的選擇，要考慮到出租的用途，20 坪左右是個穩妥的選擇。

4. 二手店面有商機。相對新店面，二手店面具有周邊市場形勢明朗、風險評估容易等優勢。交易的價格要保證能在該市場環境下獲得 8% ～

9% 的報酬率。

5. 遠離高風險的產品。不輕易涉足產權分散的店面，即使建商喊出包租 ×× 年、保證 ××% 的報酬率。

6. 分散投資。條件允許的話，應該進行分散投資。選擇不同地段、不同面積的店面，並盡可能的多租賃給不同的行業，將風險降至最低。

7. 注重店面潛力。投資店面要看其 5 年後的價值，因為在現在的條件下，一方面，前 3 年的超額獲利點幾乎都已經被建商「精明」的高售價所攫取；另一方面，5 年的時間，是經濟發展的一個重要週期。住宅大樓的一樓獨立店面即使現在生意不太好，但經過市場培育期，獲取報酬只是時間長短的問題。

五、辦公大樓投資策略

無論是大公司還是中小公司，都需要一個辦公場所，而今，大多數的公司已不願意待在狹小的住宅裡辦公，隨著實力的增強，大家更願意選擇與公司形象相配的辦公大樓。於是，辦公大樓成為和店面一樣有投資潛力的商業房地產，但何時投資、如何投資，還需要仔細考察和盤算。

從專業角度講，辦公大樓分為 A、B、C 三個級別，通俗的講則分為高中低端三種，這主要從停車場地、電梯、大廳、建築外立面等方面的水準來區分。不同等級的辦公大樓投資策略不同，投資者要區別對待：

1.A 級辦公大樓：投資風險小報酬穩健

A 級辦公大樓具有很高的知名度、相關配套成熟、有固定的客源和成熟的商業氛圍、出租相對比較活躍等特點，適合外商企業或國內知名企業辦公，走的是精品路線，優越的地理位置和國際化的配套設施，令此類辦

公大樓的租售價格不菲。

雖然總量不多，但由於配套齊全、位置優越而受到一些大型公司的寵愛。故而投資這類辦公大樓，每年有穩定的報酬率，屬於穩健型投資。對於一些資金雄厚、不願意冒險、希望能夠有穩健報酬的投資者來說，A級辦公大樓是一個比較好的選擇。

2.B級辦公大樓：容易撿到便宜好貨

B級辦公大樓無論是投資成本還是管理費，都比A級辦公大樓便宜，對於投資者來說，門檻較低。但是，B級辦公大樓因為知名度較低，配套相對落後，所以存在一定的投資風險，需要投資者具有專業的眼光和判斷能力。在投資中，這屬於「攻」的類型。投資者如果眼光準確，很容易選到平價貨、便宜好貨，就可以做到「低成本、高報酬」。

3. 經濟型辦公大樓：市場空間很大

這些不追求很高利潤的中低端的辦公大樓行情也不錯。價格便宜，特別適合於經營規模不需要太大的企業，如傳播媒體、廣告創意等中小型IT企業或室內設計公司等。其中還包含住商混合大樓，尤其適合處於創業階段的中小企業。

4. 看似高端、實為中端的辦公大樓：無奈的尷尬

投資時我們要辨別哪些是看似高端、實為中端的辦公大樓，這些辦公大樓雖然地理位置好一點，但配套不足而身價又高，在中小企業面前顯得有些「曲高和寡」，一些大型企業則又嫌其配套不夠難以接納，價格不上不下，市場很難打開。

5. 超A級辦公大樓：中長線投資

超A級辦公大樓，無論是硬體還是軟體，都比舊A級辦公大樓更先

進、更完善。因此在未來的發展中，超 A 級辦公大樓肯定會發揮出更加明顯的優勢。但是超 A 級辦公大樓一般價位較高，根據目前掌握的資料，新 A 級辦公大樓的租價平均比舊的同級別辦公大樓要高出 20%，所以投資超 A 級辦公大樓需要較多的資金注入。此外，超 A 級辦公大樓的成熟還需要兩、三年的時間，目前報酬並不高，屬於一種長線投資。所以，投資者需要有耐心，有長遠眼光。

六、房產轉讓管理

當涉及房地產買賣、交換等轉讓行為時，應按如下程序辦理手續：

1. 簽訂合約。房地產買賣、交換、贈送或抵債的，轉讓當事人應當簽訂房地產轉讓合約。

2. 過戶申請。房地產轉讓當事人應當在簽訂轉讓合約或合資、合作、兼併、合併合約等法律文件後，向房地產交易管理部門提出過戶申請。

3. 價格申報。雙方在房屋買賣、交換、贈與或抵債合約簽訂後 30 日內持房地產權屬證書、當事人的合法證明，向房地產交易管理機構提出申請，並如實申報轉讓房產的成父價格。

4. 過戶審核。房地產交易管理部門自受理轉讓當事人過戶申請之日起 15 日內向申請人做出是否受理的書面答覆，對不符合規定條件或手續的，做出不予過戶的決定，並書面通知轉讓當事人。

5. 繳納稅費。房地產轉讓當事人必須按照國家相關法律、法規的規定繳納相關稅費。

6. 變更登記。凡符合轉讓條件的，由房地產交易管理部門將申請過戶的文件移交房地產管理機構，由其按照相關規定辦理變更登記。

7. 領取權證。辦理上述手續後，由房地產管理部門核發過戶單，雙方當事人憑過戶單辦理房地產權屬證書，房地產登記機構在 15 日完成房地產權利變更登記，製作房地產權證。

七、房地產抵押管理

房地產抵押是指抵押人以其合法的房地產以不轉移占有的方式向抵押權人提供債務履行擔保的行為。當債務人不履行債務時，抵押權人有權依法以抵押的房地產拍賣所得的價款優先受償。

在進行房地產抵押時，抵押人和抵押權人要簽訂書面抵押合約。

1. 預購房屋貸款抵押。是指購房人在支付首期規定的房價款後，由貸款金融機構代其支付其餘的購房款，將所購房屋抵押給貸款銀行作為償還貸款履行擔保的行為。

2. 在建工程抵押。是指抵押人為獲得在建工程繼續建造資金的貸款，以其合法方式獲得的土地使用權連同在建工程的投入資產，以不轉移占有的方式抵押給貸款銀行作為償還貸款履行擔保的行為。

辦理房屋抵押貸款必須具備一定條件，不論是銀行還是其他各金融機構要求完全相同。具體要求如下：

1. 在貸款到期日時的實際年齡一般不超過 65 周歲。

2. 有正當職業和穩定的收入來源，具備按期償還貸款本息的能力。

3. 願意並能夠提供貸款人認可的房產抵押；房產共有人認可其相關借款及擔保行為，並願意承擔相關法律責任。

4. 所抵押房屋的產權要明晰，符合國家規定的上市交易條件，可進入房地產市場流通，並未做任何其他抵押。

5. 所抵押房屋未列入當地城市改造拆遷規畫，並有房產部門、土地管理部門核發的房屋所有權狀和土地所有權狀。

6. 抵押物所有人可以是借款人本人或他人。以他人所有的房產做抵押的，抵押人必須出具同意借款人以其房產作為抵押申請貸款的書面承諾，並要求抵押人及其配偶或其他房產共有權人簽字。

八、房地產價值升值五大因素分析

房地產實現其自身價值的方式主要有三種：即自用、出租、買賣。假如一個房地產所有者出於投資理財的目的，希望透過出租和買賣房產得到更多的報酬，則判斷房地產是否具有升值潛力就是一個很重要的問題。影響房地產增值的因素很多，主要有以下幾個因素。

1. 位置

在諸多影響房地產增值的因素中，位置是首當其衝的，是投資獲得成功的最有力的保證。影響房地產價格最顯著的因素是地段，而決定地段好壞的最活躍的因素是交通狀況。一條馬路或城市地鐵的修建，可以使不好的地段變好，相應的房地產價格自然也就直線上升。購房者要仔細研究城市建設進展情況，以便尋找具有升值潛力的房地產。分析某一地段時，並不是看它是否在繁華的市中心，相反，市郊外圍往往具有更大的升值空間。

2. 商圈

商圈也是決定房價的關鍵因素，所購房地產地處商圈的成長性將決定該房價的成長潛力。所謂住宅所處的商圈，由三部分構成：其一是就業中心區，一個能吸收大量就業人口的商務辦公大樓群或經濟開發區。就業人

口是周邊住宅的最大需求市場，這個就業中心區的層次將決定周邊住宅的定位，其成長性將決定周邊住宅開發在市場上的活力。其二是在離就業中心區三至五公里的地帶將集中成一個有規模的統一規畫的成片住宅區，一般要超過四、五個完整街坊。在就業中心區與住宅區之間，有簡潔、完整、多樣化的交通路線。其三是在住宅區中，有一個以大賣場為中心的商業中心，輻射 20 分鐘步程。就業中心區、住宅區、大賣場三者之間將會形成一種互動的關係。與就業中心區的互動成就了住宅區開發的第一輪高潮，而大賣場的選址卻是洞悉第二輪成長的關鍵。

3. 環境

包括生態環境、人文環境、經濟環境。任何環境條件的改善都會使房地產升值。生態環境要看有無空氣、水流等公害汙染及汙染程度，如果社區內開闢有大量的綠地或有園林，這樣的社區就會因局部區域綠地的變化而使氣候有所改良，社區內的植被會吸收雜訊、阻擋塵埃，可將受汙染的空氣漸漸淨化。在購房時，要重視城市規畫的指導功能，盡量避免選擇坐落在工業區的房地產。每一個社區都有自己的背景，特別是文化背景。在知識經濟時代，文化層次越高的社區，房地產越具有增值的潛力。

4. 配套

在關注房地產本身的同時，還要放眼所購房地產的配套設施。配套設施的齊全與否，直接決定著該地段房地產的附加價值及升值潛力，同時也是決定著入住後居家生活方面舒適與否的關鍵。與交通條件類似，在城市中心區域大多不存在配套問題，配套條件也主要針對城郊新區的居住區而言的。很多社區是逐步發展起來的，其配套設施也是逐步完成的。配套設施完善的過程，也就是房地產價格逐步上升的過程。

5. 品質

隨著科學技術的發展，住宅現代化被逐步提到了日程。實際上，房地產的品質是在不斷提高的。這就要求在買房時，要特別注意房地產的品質，對影響房地產品質比較敏感的因素，要重點考慮其抗「落伍」性。如規畫設計的理念是否超前、是否具有時代感、是否迎合物業發展的趨勢。好的規畫設計能夠呈現其自身的價值。一棟造型別致的建築物，可以提高自身的附加價值。房地產的內部空間布局也很重要。一棟經過良好規劃的建築物，不僅室內空間完整方正，對於採光、通風、功能分隔的考慮也都要符合使用要求，當然價值也就越高。

第十二章　收藏品理財

　　經濟學家奈斯比（Naisbitt）曾經預言：21世紀，收藏品投資將取代證券投資和房地產投資，成為人類主要的投資方式。但是，不要以為收藏品就是藏起來就會不斷升值，大多數收藏品也有價格週期。所以，投資任何一種收藏品，都必須深入了解相關知識，否則，就根本不知道其中的風險和機會。

一、古玩收藏理財基礎知識

　　古玩是中國傳統的長線投資項目。「招財進寶」是古訓，明清晉商徽商發家致富後大都回鄉置地造豪宅搜集古玩。黃金有價，古玩無價。家藏多少「寶」，決定一個富人的文化品味與身價。半個世紀以來，中國古玩拍賣業充滿風雨，從玩物喪志到玩物尚志，再到玩物生財，古玩收藏理財日益引人關注。

　　十幾年來，據世界上兩家最大的拍賣行蘇富比、佳士得拍賣資料：中國明清官窯瓷年增值22%，比國外一些著名基金投資增值15%還要高。精品古玩書畫正逐年上升。古玩收藏投資實踐有各式各樣的收藏投資法，以下列出三種以供參考。

　　1. 頻繁進進出出的投機逐利式的收藏法，最終為獲小名贏小利的小贏家

　　古玩市場常見那些小本小利的古玩商家。21世紀初，一張清乾隆時期的紅木八仙桌1.5萬人民幣收進，同行叫行價1.8萬人民幣也賣了，客

商出價 2 萬人民幣也賣了；2008 年後，此張紅木八仙桌至少 5、6 萬人民幣了。如今，做紅木生意的古玩商家幾乎個個人都嘆氣：當年只要保留一件曾經經手過的黃花梨櫃或紫檀木櫃，都要賺上幾百萬人民幣，夠吃下半輩子了。嚴格的說，古玩市場上專門做紅木生意，屬於體力工作，多為教育程度和修養不高者。各類做古玩生意的頻繁進進出出者，或為了周轉資金，或因場地有限，或缺乏文人收藏家的長遠眼光，故只能成為獲小名贏小利的小贏家。

2. 偶爾可進可出的修身養性式的收藏法，最終為獲中名贏中利的中贏家

傳統的收藏，主要屬於修身養性式的收藏，不少有家學、家底，有錢、有專家指導的收藏者，藏品收進，只進不出。只進不出，決定了收藏者以精品收藏為目標。貪便宜或掃蕩式的收藏，要與經營結合才可行，否則，家裡會變成古玩垃圾倉庫。一般而言，傳統的只進不出的收藏者，8 年、10 年後，家裡收藏品有了一定的累積，且重複藏品過多，收藏同行前來觀賞，要求收藏者割愛，非收藏者鎮家之寶或極其鍾愛物，會偶爾樂意轉讓。再過 8 年、10 年，藏品累積愈來愈多，收藏者開始會有意尋找藏品之出路。一般所有藏品整體轉讓，不太可能，因為自己還要玩。通常選擇部分藏品轉讓，會突然發現獲利空間很大。有眼力者，投資贏利十倍以上，也是很平常的。如收進數年，數年後偶爾出讓，最終為獲中利贏中名的中贏家。

3. 長久只進不出的籌辦博物館式的收藏法，最終為獲大名贏大利的大贏家

有歷史感、有文化功底、有資金實力、有收藏目標的收藏者，收藏入

門之後，就會在專家前輩的引導下選擇專題收藏。

古玩投資具體操作項目有：第一，明清官窯瓷器。高古陶器、精品民窯瓷器升值有潛力但有些當代名人新瓷比民窯精品瓷還貴，故要小心。第二，明清紅木家具。比如清末民國白木家具有升值潛力。第三，明清木雕、竹雕、牙雕、玉雕等。這些雜項有升值潛力，尤其是名家作品。老三代玉器盡量別碰，初玩白玉精品、甚至仿品也可。第四，奇石市場剛起步，奇石升值無市場參照系，故可以作為投資黑馬對待。第五，書畫作品贗品太多，沒有行家指點，可作裝飾，少作為投資。如有行家指點，可用漸進法，先玩小名頭，再玩中、大名頭。

目前鑑別古玩真偽的主要方法仍是靠「眼」來觀察。凡見過的實物會儲存到大腦裡，並形成一種標準，人們鑑定真偽、辨別年代的經驗就由此而來。因此，眼力高低與見識多寡也成為衡量收藏家或愛好者「專業水準」等級的重要標準之一。

人是萬物之靈，對人的心理研究是一門科學。目鑑，就是憑人的感受感覺鑑定古玩，是一個心理暗示和心理反應過程。目鑑感覺，就是鑑定者對古玩產生的第一印象，是人的一種認知活動。它符合從感性到理性、從現象到本質的認知過程。同時，它有著自己特殊的認知規律。所以說，目鑑感覺既不是單純的感性認知，也不是單純的理性認知，二者既矛盾又統一，既分離又相連，它有感覺與認知兩個階段，從而產生聯想和判斷。

目鑑感覺是在目鑑主體的意識與目鑑客體的相互作用下出現的。首先，目鑑是由感覺為起點的，在鑑定過程中，目鑑主體透過感覺體驗，目鑑客體的造型、色彩、紋樣、質感，感覺到它的韻味與哪個時代的器物相通，然後產生更複雜的心理活動 —— 知覺，其中包括聯想和判斷。

最後判斷鑑定客體的時代和價值。列寧（Lenin）說過：「不透過感覺，我們就不知道事物的任何形式。」在人的視、觸、聽、嗅、味諸感官中，古玩古物目鑑依賴的主要是視、觸、聽、嗅四種。視，既看器物的造型、色彩、紋飾、工藝等特點，與哪個時代相吻合。觸，即用手掂一下分量，並且摩挲手感。聽，即聽聽敲擊的聲音，是沉悶或響亮，或是破損的啞聲。嗅，即嗅聞器物有沒有造偽藥水的氣味。在感覺中，各種感覺現象並不是孤立的，而是互相影響和相通的，即存在通感現象。

目鑑感覺的特徵有：

1. 感覺的新鮮性

新鮮感是目鑑的重要特徵。一件從未見過的目鑑客體突然呈現在面前時，第一眼的印象是十分重要的，因為它最少帶有人為因素。每天與同一件器物接觸，對佳器會熟視無睹，對仿品也不會感覺它差到哪裡去，習慣成自然就是這個道理。

2. 反應的突然性

目鑑時，經常有這種情況，「心」與物突然相遇的瞬間，答案就出來了。這就是鑑定者們常說的「開門見山」。人的直覺具有這種來去無蹤的特點，這種直覺只能意會不可言傳。

在這瞬間內，目鑑意識完成了將目鑑客體「變換、減少、解釋、貯存、恢復和使用的所有過程」。也就是說，感官將目鑑客體的物理參量輸入到目鑑主體的神經和認知系統中，並在此做進一步加工，而這些過程中在一秒鐘左右的瞬間，在主體還未意識到過程的瞬間，過程已經完成了。

3. 思索的專注性

專注性在現代認知心理學中被稱作注意現象，它是認知過程感覺階段

中的重要特徵。在目鑑中，目鑑主體只有凝神觀照，全身心的撲到目鑑對象上，才能帶動起自身的各種感官、心智的積極運動，使目鑑成功。

4. 判斷的選擇性

美國著名的心理學家阿恩海姆（Arnheim）指出，「視覺是一種主動性很強的感覺形式」，「具有高度的選擇性」。不同的目鑑主體在目鑑過程中的首位目鑑注意力是不同的，有的注意造型，有的注意釉色。另外，某些人為因素也會對目鑑主體產生心理暗示，使其感覺具有側重性選擇。所以，這裡就提出了「目鑑主體職業道德意識的高低是影響其目鑑水準的關鍵之一」。

二、投資收藏理財的風險

收藏熱潮的湧起和藏品的天價炒作，吸引越來越多的人關注或投身於此。然而，世界上沒有免費的午餐，也沒有低風險高收益的投資品種。有一句話不應該忘記：收藏有風險，投資須謹慎。

首先，是真贗品的風險。藝術品的假冒仿造由來已久，當今的假冒手法更是專業化、規模化和科技化，鑑別十分困難，許多收藏者不慎「中招」是常有的事情。當對藝術品真偽難辨時，寧可放棄為佳。

其次，是變現難的風險。藝術品雖然富有價值，但交易分散，資訊分散，不像股票債券那麼容易變現。當你急需資金而想將藏品出手時，未必一時之間就能有買家接手，因為你所欣賞的藝術品未必別人也同樣欣賞。即使有買家願意購買，但若知道你急需變現時就常常會壓低價格。

再者，是價格虛高的風險。藝術品市場上經常有一些炒作行為，有些投資者由於不善於鑑別資訊的可信度而盲目跟風，常常被誤導而在炒作價

位的高峰期接棒，以致所投資的藝術品成了燙手山芋。投資買入時機與價位不理想時，收藏者就需要較漫長的時間去消化和解套。

另外，是保管的風險。收藏品有實物類型的，實物的磨損就是價值的削減，確保收藏品的妥善保管是十分重要的。收藏者要謹防破損、汙漬、受潮、發黴、生鏽，也不能隨意加工，否則收藏品可能會價值大跌，甚至一文不值。此外，在鑑賞、擺放、運輸過程中，也需要格外小心。

收藏品的理想儲存環境因材料及種類不同而不同，對於溫度和溼度等都有一定的要求。一般來說，金屬類藏品需要注意防鏽和防氧化；字畫、書籍等需要防變色、防腐蝕、防蟲以及防黴；漆器、木器、樂器等則需要防乾燥以及防裂痕。這不僅需要對其精心護理，還需要購買一些專門設備來把安全性風險最小化。

還有，藝術品收藏還有誤買贓貨和政府禁止流通文物等風險。如果不慎接手此類物品，則往往會一無所獲，損失慘重。所以，注意藝術品的流傳來源與政府文物政策及相關界定也是必要的。

三、鑑別書畫真偽的方法

字畫的真，應以佳者為真，劣者為偽。古代名家均有代筆，代筆中的佳作連本人也難分辨，何況數百年之後的今人呢。代筆作品有許多高於本人作品的。如乾隆的字多出自張得天之手；陸泣庠的字多為朱孔揚代筆。張、朱二人書法的水準是高於乾、陸的。所以，購買古字畫時應遵循這樣一個原則：真而佳為上品，真而劣雖真亦不取；偽而佳雖假亦可取，偽而劣則不足道。

鑑別古字畫以作品水準的高低為依據是件難事，這需要有廣博的學

識、豐富的經驗、超人的眼力。若從字畫的用料、樣式、風格，即絹或紙、墨跡、圖章、題款、揭裱等方面入手，則可觀其大概。

1. 絹與紙

古字畫的用料非常重要，也是鑑別真偽的重要依據。絹的耐久性很短，遠不及紙張。經過上百年的絹，其柔韌性就完全喪失，變得糟腐，不能用手觸及。宋代的絹，若經過裱托的保護，如今還能看到。明代以前的絹流傳到今天，表面上絕沒有亮光，絲上的絨毛因多年的使用也完全退掉，不會有絨毛存在。絹的顏色在內外上是完全一致的。偽造品若用新絹，即使用特製的絹，與宋元時代的絹極為相似，但表面的亮光與絲上的絨毛，無論用什麼方法也無法退掉並能與真的舊絹完全相同。

紙的情況就較為複雜了，鑑別時可取一塊舊紙浸入水中用針挑，若是宋紙就會有許多長絨，不管如何破碎仍可以裝裱，宋代以後的紙則不可能做到。

2. 墨跡

宋代以前的作品，墨色上面會出現一層白霜，仔細觀察，又沒有別的什麼物質，剝、刮磨也不會退去。偽製品是將香灰吹散，使其黏在上面，一經擦拭，則下面的黑亮新鮮的墨跡就會閃現出來，與自然生成的絕不會相同。新作或仿製品的墨色、彩色都浮在表面，浮而不沉亮而不濃，雖經過薰舊處理，仍會在一些不經意的地方露出新作的痕跡，用心查看是可以分辨出的。

3. 圖章

唐宋作品蓋圖章的很少。宋以前都用銅章，或用象牙犀角章。明初王冕開始用花乳石刻名章。明中葉後開始用青田、壽山、昌化石刻章。偽製

者若不明此事，全用石料刻章，並不知道從印跡可以看出印章的質料。元代以前的人不講究印章，圖章都是匠人出製，文人製印的很少，做工也不精，樣式也一般；今天偽造者不明此事，印章多精益求精，反倒畫蛇添足，露出破綻。古代字畫能流傳至今日，多是收藏家保存的功勞，但收藏者都有一個習慣，那就是在自己收藏的作品上都要印上自己的圖章，以示自己曾經有過它，有些還邀請當世名流蓋上鑑賞圖章，就連皇家宮廷內的藏品，也每更替一代，便增加一代的圖章。一件古代名作，上面若無著名收藏家或鑑賞家的圖章，必為偽造品。鑑別時只要能證明圖章的真偽就可斷定作品的真偽。

4. 題跋

古字畫的題跋多出自各代名人手筆。凡作品是真跡，名人題跋大多也是真跡。題跋是偽造的，作品也一定是偽造的。

5. 揭裱

舊字畫經過揭裱，可複製出幾幅偽作。如果揭裱的是最上一層紙，顏色必淡，仔細觀察，表面必然有不合理的飛白處，或有新添的墨跡，筆跡會出現深淺不同和重複的地方；如果是下層，紙的表面肯定會有浮毛，顏色必淡，其他情況同上。如果用舊紙仿製的字畫，墨色不會浸入紙絹之內，必浮而不沉。一幅破碎字畫若裱裝工藝高超，懸掛或正視時是很難看出破綻的，只有將字畫面向陽光，從背面透視才可看出真相。商人在出售這種字畫時，往往將字畫裝裱得很厚或裝在鏡框內，以防你反照，購買時必須特別注意。

四、投資藝術品的技巧

　　隨著經濟的發展，藝術收藏力量不斷增強，中國書畫的地位及價值將無法估量。對書畫有愛好的人，除收藏欣賞之外，還有一種保值、增值的投資作用。書畫收藏與許多投資有相似之處，也有不同之處。關鍵在於要掌握收藏書畫的五個基本技巧。

1. 不要做超越自身能力的投資，要量力而行。尤其是在起步階段，謹慎為宜。拍賣市場售出的書畫，少則幾千幾萬，高則數十萬，上百萬上千萬，初入門者最好留意那些中等名家的作品，往往價格不高，但品質較好。

2. 不要購買有爭議的作品。因為書畫市場上偽品甚多，如不細心，以真貨的價買了假貨，不僅丟了資金，還會挫傷個人銳氣，挫傷自己的膽識。千萬不能大意，購買時如果自己在技術上掌握不準，可以請行家鑑定。

3. 不要四面出擊。要選擇一個門類，或者某個時期，某種題材，某個畫派，甚至某個畫家的作品，集中精力弄懂弄通某個類型或某個畫家作品的行情，掌握其藝術特徵，做到心中有底有數，這樣才會穩操勝券。如果要廣收博採，那必須有高深的資歷和雄厚的經濟實力，才能達到目的。

4. 注意收集各種相關資料進行系統的了解和研究。例如書畫報刊、藝術投資文章書籍、拍賣圖錄和拍賣成交價格表，只有廣泛的收集資訊，分析資訊，才能保證投資的收益。

5. 掌握好出讓時機。出讓藝術品，是藝術品投資的後續動作。只有出售，才能獲取收益。在出讓時，應考慮市場狀況、行情趨勢以及自己

資金周轉情況等。

以藝術品板塊分析，未來值得投資者關注並有可能出現「衝高」的藝術品有：

1. 古代傳統書畫。尤以晚清、民國書畫中的精品畫值得關注。中國古代書畫在整個書畫市場中一向占有相當大的比例。其原因是一方面當代書畫前期過於熱炒，已趨疲軟，另一方面由於歷史的稀缺性，傳統古畫，包括晚清、民國書畫中的精品越來越少，加之這類書畫作品較長時間一直價位較低，因而在新一輪藝術品投資中將有出人意料的良好表現。

2. 油畫。分早期油畫板塊、寫實板塊和當代油畫三大板塊。中國油畫上市較晚，近兩年呈「火山爆發」態勢，近期有回落趨勢。但作為中國藝術品中與國際藝術品直接接軌的一個重要藝術品門類，在海外華僑和中國白領階層中有著顯而易見的投資前景，在稍做調整後完全有可能繼續衝高。有專家指出，油畫之所以受寵，原因之一是中國畫贗品氾濫，且造假技術越來越高明，甚至可亂真。其二，油畫一直低調，有些拍品的底價遠遠低於它應有的價值，因此有一個修正、恢復階段。但專家也提醒，收藏在世畫家的作品要慎重，因藝術品的價格形成比較複雜，有些畫家比較善於炒作，不一定名副其實。

3. 古籍善本、碑帖法書。這一板塊，過去走勢一直比較平穩，但就其珍稀性和歷史、文化價值前景而言，遠沒有達到應有的價位。另外，由於古籍珍貴善本的徵集難度越來越大，因此，對歷史藏書家和名人收藏的挖掘就顯得格外重要。

4. 高古瓷。古瓷作為藝術市場中僅次於書畫的第二大板塊，始終是投資

者關注的熱門焦點。近年來，古瓷中的明清官窯器價格上漲飛速，幾乎達到了價格極限，而宋古瓷尤其是宋元名窯精品，如龍泉窯、吉州窯、耀州窯、磁州窯、越窯、洪州窯、景德鎮湖田窯等精品器物這些年來沉澱於民間各大收藏家手中，數量、品質、等級均十分可觀，屬於「整蓄發勢」的板塊。一旦出現政策等方面的利好，將成為藝術品市場最大的「黑馬」。此外，古瓷中的釉裡紅瓷器投資亦值得關注。近幾年，明代、清三代精品釉裡紅器物拍出百萬、千萬人民幣的已在數十件之多，成為明清精品瓷中的又一亮點。釉裡紅瓷器受投資者和藏家追捧的原因大致有三：一是由於其色調紅透豔麗、賞心悅目，令人稱絕。二是其製作工藝極難掌握，故成功之作極為罕見，加之出土也不多，世間流傳極少。三是釉裡紅由於材料所限，歷朝燒製此品的時間都不大長久，清初所製尚沿用前朝遺料，這就是造成釉裡紅瓷傳世數量稀少而彌足珍貴的原因。

5. 古硯。以「四大名硯」為代表的中國古硯，自古是中國文人墨客的喜好藏品，也是古代文房中最受重視的器物。但由於國外文化習俗與中國的差異，國際市場對其關注不多，古硯在海內外藝術品市場始終難占一席之地。隨著中國傳統文化的深入傳播，以古端硯、歙硯為代表的古硯精品，肯定會引起投資者的高度重視，可以預料，及早進入這一收藏投資領域，會獲得意想不到的收穫。

6. 古墨。以徽墨為代表的古墨是中國傳統文房藝術品中極具投資潛力的門類，其中又以皇家御墨、貢墨、集錦墨、文人自製墨和各類紀念墨最具特色。古墨不僅將中國雕琢、書法、繪畫等傳統技藝匯於方寸之間，而且以數類珍貴材料集於一體，古色古香，天然成趣。明清高級古墨以其材料昂貴，工藝繁複，早在清代就有「寸墨寸金」之說。名

貴古墨由於其稀少性，在拍賣市場一經出現，都會有不俗的表現。在未來藝術品市場中，相信古墨仍會受到投資者極大的關注。

7. 各類郵品、金銀紀念幣。各類郵品、金銀紀念幣是中國進入收藏最早、最具人氣和門類最大的品類。但自 1997 年郵品類與電話磁卡類等全線崩盤後，始終一蹶不振，跌入低谷。不過，隨著 2008 年北京奧運會的帶動，郵品類又逐漸成為藝術收藏品中首個突出重圍的門類，表現越來越好。

8. 古錢、金銀錠、金銀幣。這類古代藝術品近年受到投資者的高度關注。2007 年秋拍這類藝術品專場總成交額 1,446.7 萬人民幣，成交比率 71.62%。其中，民國十八年孫中山像國幣精鑄樣幣一組三枚以 220 萬人民幣成交，創造了中國輔幣拍賣的世界紀錄。在中國所有近代機鑄錢幣中，有出現「國幣」字樣的，也只有這一套三枚，完全未使用，係極其珍貴的存世孤品。另外，金銀錠板塊表現極為突出，這部分拍品的成交率接近 100%，同類拍品的成交價較 2006 年春相比，有很大的增幅。這些不俗表現，也將吸引投資者在未來藝術品市場中，及早爭取占有，相信會收到極為可觀的報酬。

除了上述門類值得關注外，古玉、銅鏡、民國名人瓷等，都同樣值得關注。

五、投資古瓷器的技巧

古瓷器是中國歷史文化的重要組成部分，有很高的藝術收藏價值，愛好者甚多，但有經驗者卻是少數。故而舊貨古玩市場舉目可見贗品賣得誇張，被一些收藏愛好者當作「稀世珍寶」抱回家中「珍藏」。收藏古瓷器是

一門大學問，那麼收藏者該如何著手收藏古瓷器呢？

- 要先知後行。即要學習和掌握中國歷代各時期古瓷器的收藏鑑賞知識，透過媒體獲取與收藏有關的資訊、行情和各地的市場動態，並多結交一些集藏朋友，以指導自己的集藏行動。

- 要先易後難。古瓷器收藏需要有一個由淺入深、從易到難的過程，加之現在的古瓷器真假難辨，因而投資時具有很大風險。初涉集藏領域的朋友不妨從最普通最熟悉的古瓷器——晚清時期和民國時期瓷器開始收藏，從中培養自己的眼力與技能，等自己的收藏和投資水準達到一定程度後，再涉足貴重古瓷器也不遲。

- 先本地後外地。收藏古瓷器應該從自己所在地區開始，儘管現在郵購古瓷器的廣告不絕於報刊，其價格有時也相當誘人，但信譽好壞很難說清，甚至有些純屬虛假廣告，你的匯款或信件寄出後就會石沉大海。

- 先下手後總結。買賣古瓷器時，大多數人尤其是初藏者都懷著買嫌貴、不買又後悔的心理。所以，下定決心購買某種古瓷器之後，要及時總結、分析、判斷，訂出下一步的收藏購買計畫，切不可盲目操作。

- 先擇優後操作。收藏古瓷器一定要唸好「精、少、好」的三字訣，選擇的古瓷器年代要宋元明清時期存世量要少、品相要好且完整，要貴精不貴多，不可貪便宜買賤貨或殘貨。

另外，購買古董的時候鑑別古董的真假好壞，可以試試藏家們自創的「六看鑑別法」：

- 一看造型。古瓷器不同的朝代是有不同的造型的，有的時候從器形

就可以判斷出大致是什麼時代的瓷器。

- 二看胎質。不同年代的瓷器在胎質上有所不同。

- 三看紋飾。不同時代的作品紋飾，也是各具特色。

- 四看款識。有些古瓷器的底部印有款識，每個朝代的款識都有不同的寫法，從款識上也可以鑑定出一個古瓷器的年代及價值的高低。

- 五看工藝。在收藏的時候不僅要看這件瓷器的年代器形，工藝的高低也是呈現價值的一個重要指標，比如影青碗，北宋時採用仰燒，故碗底留有印記；而南宋時則採用復燒（碗底朝上，一個疊一個），故碗沿留有「芒口」，所以南宋時的碗，多數是有包邊的，宮廷用的碗是包金邊的，有錢的大戶人家是包銀邊的，而普通百姓用的碗就只能包銅邊了。在收藏的時候，從這些碗採用的包邊殘留材質就可以推斷出這瓷碗以前的主人的身分，從而認定它們的價值。

- 六看手感。所謂手感，就是指收藏者在購買瓷器時把玩這些瓷器的感覺，如手感是否圓潤順暢。據說有些真正有經驗的收藏大家在鑑定一件古董的時候，只要把它拿在手裡摩挲片刻就能把這件器物的真假和價值估摸得八九不離十。

　　一個有志於古瓷器收藏的愛好者，除了走出上述認知上的誤區外，重要的是多看真品，從真品入手再結合書本知識，才能形成經驗。多與同行交流切磋心得體會，優勢互補，共同進步。不要輕信那些商販保真的諾言，憑藉對他們的信任決定取捨。要在收藏中學習鑑賞，鑑賞中指導收藏，循序漸進，逐步提升。

古錢幣的投資技巧

　　中國古錢成千上萬，其中最具投資收藏價值的是稀有的古錢幣。多數收藏者選擇古錢幣作為入門的品種，因為古錢幣承載了豐厚的歷史文化。每一個政權出現，與之相伴隨的往往都是錢幣的發行，可以說，古幣是中國政治經濟發展的歷史腳印，清晰的注釋著歷史進程，顯示著不同時期經濟發展的狀況，這就是被當今人們籠統稱之的錢幣文化。近幾年，古錢幣銷售市場不斷擴大，交易日漸頻繁，收藏古錢幣已成為一些人投資理財的新選擇。不過，收藏古幣可是一門大學問，需要掌握的技巧也不少。

1. 長期投資是錢幣投資的首選。這是因為長期投資風險小但報酬有時很高，主要靠時間來獲勝，對投資者介入時機選擇不甚嚴格。長期投資關鍵在於掌握好投資品種，建議選擇市場上搶手的能夠長期穩定增值的中級錢幣，另外，長期投資主要依賴錢幣本身的升值能力。

2. 薪水階層不宜參與炒作。因為炒作是一種「短平快」項目，風險性極大，稍有不慎，容易上當受騙；另外，薪水階層需要按照一定作息時間上班，客觀上不具備炒作條件。

3. 投資者要學會判斷錢市行情。一般來說，行情好時，各種錢幣價格都有明顯上漲，市場投資者大幅增加，各種錢幣密集成交，呈現一派購銷兩旺的局面；行情低落時，錢幣市場上會經常冒出平時難得一見的珍稀錢幣，價格也不十分燙手，大量中級錢幣入市，價格可商量餘地較大等。對投資者而言，為了規避風險，無論行情高低，都應見好就收，不必刻意追求最大利潤。

4. 如果投資者出現資金套牢的情況，不妨採取以下補救措施：當錢市價格全線下跌、大勢無可挽回時，應立刻以最快速度割肉出局，減輕損

失；在錢市大氣候並未整體惡化，個別品種下跌、短期無法回升情況下，宜考慮轉移戰場拋掉套牢品種轉向其餘希望更大的品種，堤內損失堤外補；對某些錢幣可考慮在低價位上吃進套牢品種以攤低成本；如果被套品種自身品質頗強，被套只是暫時現象，則可以考慮堅持，等待最後勝利。

近年來，收藏古錢幣的人越來越多。古錢幣具有一定收藏價值，也具有較大的升值空間和潛力。但是，並非所有的古錢都具有收藏價值，收藏古錢幣時有必要掌握辨識技巧，做到有的放矢。

首先要弄清歷史價值。珍稀古錢幣是貨幣歷史的實物，更是歷史的見證。因此，在收藏前有必要弄清它在歷史上的地位。如「成都交子」和在呼和浩特市發現的「十文中統元寶交鈔」是中國迄今發現的最早的紙幣，被學術界視為無價之寶。短命王朝或農民起義時的鑄幣，流通時間短，發行量少，是不可多得的珍品。如「靖康通寶」、「靖康元寶」是宋欽宗時期鑄造的，他在位16個月就被擄往北方。因此，「靖康」錢鑄量很少，「靖康通寶」更為罕見，屬中國國家一級文物。

其次要了解現存數量。遵循「物以稀為貴」的集藏原則，既要看年代是否久遠、流通時間的長短，更要看存世量的多少。中國錢幣有近5,000年的歷史，大體可分為春秋戰國時期的刀幣、布幣等，秦代的外圓內方錢、唐代的通寶、宋代的年號錢、清末的「宣統通寶」，品種有數萬至數十萬種。齊、燕、趙等國的刀幣，韓、魏、秦等國的布幣等年代久遠，比圓形錢稀少，價格昂貴。存世數量少的錢幣還有唐代叛軍史思明占領洛陽後鑄的「得壹元寶」，後發現「得壹」兩字不吉利，便改為「順天」，鑄「順天通寶」。這兩種錢幣傳世很少，「得壹元寶」尤其罕見，為稀世珍品。

三要看文化價值。一些傳世並不太少的品類，則主要因其文化品味、藝術價值極高而備受青睞。如漢代王莽新朝時的「貨泉」、「布泉」等錢幣，用的是垂針篆；北宋仁宗時所鑄的九疊篆書體「泉體通寶」，是中國最早的美術字，為收藏珍品。唐高祖武德四年的「開元通寶」，係大書法家歐陽詢的手跡，其書風端正古樸，法度嚴整，勁健含蓄。另外，享有「篆法絕工、六朝之冠」和「北周三品」、「重寶」的古錢幣均屬此列。

　　四要掌握觀賞品相。古錢幣的投資價值、增幅大小與品相密切相關，同一錢幣若有品相差異，則價格之差往往高達十幾倍甚至幾十、上百倍，足見其品相的重要。無論錢幣珍罕與否，凡有幣面模糊、輪廓缺損、鏽蝕嚴重、看相較差者，盡量不要收藏。收藏古錢幣時還應注意是否有月紋、星紋等標識，古錢的鑑別以背文來區分鑄造年代和位址，品評其稀珍。一般來說，錢幣背面有月紋、星紋等記號的要比背部光面的更有收藏價值。值得收藏的錢幣中，用金、銀、白銅等精製而成的宮廷錢幣，鑄量少，品質佳，屬珍貴文物。

收藏郵票的技巧

　　收藏郵票首先要辨別郵票的價值。斷定郵票的真假，必須有真憑實據，不能僅靠感覺。我們所說的真憑實據主要有六個方面，即郵票的版別、紙張、刷色、票幅、齒孔、背膠這六個要素。

　　1. 版別

　　鑑別郵票，首先要了解郵票的印刷版別，即不同時期的郵票印刷工藝的特點與區別。以中國來說，1949 年初期，是採用雕刻版、膠版、凸版等印刷工藝來印製郵票；1950 年代末引進了照相凹版技術，郵票生產基本以

影寫版（即照相凹版）和雕刻版為主；1980 年代引進電子製版技術，影寫版郵票由照相凹版改為電子製版印製。另外，還有影寫版與雕刻版套印的郵票，簡稱影雕套印版，以及少量與膠版、凸膠套印的郵票。

現今市場上流行的假票基本上都是用膠版印刷的。用膠版仿印雕刻或影雕套印版印出的郵票，最大的缺陷就是仿不出雕刻版的立體感。雕刻版印製的郵票，圖案上的點線及銘文的墨層高高凸起，有一種浮雕的感覺，手感明顯，這是其他印刷工藝都達不到的。雕刻版印刷的原版是由專業雕刻技師用手工在鋼版上精雕細琢而成，是一種藝術的再創作。即使雕刻師本人也難以再雕出一塊與之絲毫不差的銅版，造假者更難望其項背。

2. 紙張

集郵活動中最忌諱的是觸摸郵票，這也給了假票兜售者可乘之機。因此，憑視覺來鑑別郵票紙張往往成為辨識假票的突破口。中國的郵票用紙是國家郵政部門定點生產的廠家專門生產的。它是根據郵票印製工藝的要求及郵票本身的特性而製作的，其紙張物理指標及外觀要求都較為特殊。這些專用的「塗料郵票紙」，統稱為郵票紙。由於「塗料郵票紙」不同於社會上所用的膠版紙、銅版紙，所以社會上出現的假票與真票在色澤上會產生差異。另外，從紙張表面外觀上也能觀察到「塗料郵票紙」與膠版紙有著明顯的不同之處。只要我們對假票仔細的觀察，就能辨別出贋品。

3. 刷色

即郵票印刷所產生的票面色彩效果。刷色是印刷工藝、紙張、油墨等諸因素的綜合產物。主要是由油墨決定的。印製郵票用的油墨是專門配製的，色相正，色澤濃豔；而偽造的郵票由於用普通油墨膠印，難免顏色發悶發暗，色相不正。又會因套色不準而產生疊色、露紅（圖案和文字伴有

紅色暗影）等紕漏。

4. 票幅

測量郵票的票幅，主要用於辨識假無齒、假有齒郵票。有的偽造者為了獲利常常在有齒票和無齒票之間做文章，他們將真的有齒郵票的齒尖剪掉後，冒充無齒票出售。這就要求集郵者掌握真無齒票所應該具有的票幅規格，才不至於上當受騙。票幅的規格是以公釐計算的，知道了每套票的確切票幅尺寸，也就知道了每套郵票的圖案四周應有多寬的邊。經驗豐富的集郵者甚至憑目測，就可以識破被剪去齒尖的冒牌無齒票。初學集郵的人則必須對照郵票目錄上的票幅資料，認真核對測量。如果你身邊帶有高倍放大鏡，那也不妨拿來觀察一下。在多數情況下，如果是假無齒票，就可觀察到齒孔的痕跡。因為偽造者為了盡量留出比較寬的票邊，不得不最大限度的減少剪掉的部分。

5. 齒孔

這裡說的齒孔，是齒孔的形狀、打孔方式與齒孔度數。它們也是鑑定郵票的重要依據。

齒形。郵識與經驗不足的初學者，應先從較易掌握的齒孔形狀來檢驗郵票。真假郵票的齒形大有文章。郵票印刷廠的打孔設備有嚴格的工藝標準，並定時定點維修、更新，所打齒孔，形狀規則，光潔圓滑，而造假者不可能具備同等技術條件，只能將就湊合，目測即可看出一些假票是類三角形齒孔，在放大鏡下呈現出多邊形齒孔。

打孔方式。郵票的齒孔是由各種打孔器打出的，有線式、平式、梳式、滾洞式等。線式齒是最早的專業打孔方式，也稱單線齒針板，是由一大排列隊整齊的針組成，將郵票印張續入打孔機，依次踩動踏板，先打出

整張上的全部橫向齒，再轉動 90 度，打出縱向齒。這樣打出的齒在郵票的四角幾乎都不同。所以，當你發現郵票發行時間並非很早而四角齒孔不規則時，就應當多加注意了。當然要把問題搞清楚，還要查閱相關文獻，以及在此前弄清楚是不是郵票的品相問題。

齒孔度數。打孔器上孔針的粗細與排列間距千差萬別，由此衍變出紛雜的齒孔度數，國際集郵界以 20 公釐的長度為單位，在這一長度內的齒孔數就是齒孔度，其測量精確到四分之一孔，測量的方法是將專門為這一用途製作的置齒尺上下移動，當郵票與置齒尺上的齒孔完全吻合時，即可判定齒孔度數。偽造拙劣的郵票，甚至四個邊的齒度都不相同。當然真票偶爾也會出現齒度誤差，而與郵票目錄上的齒度資料不一致，但這種誤差是有規律可循的，這自然需要相當的郵識。

6. 背膠

郵票背膠也是研究和辨別郵票真偽的一個要素。偽造票所用的膠質與刷膠手法都與真票的製作有所不同。要鑑別這類差別，首先要研究和掌握真郵票背膠工藝的發展過程。一般來說，中國的郵票在 1950 年代是以馬鈴薯澱粉作原料的糊精膠塗刷背膠。這種背膠的特點是膠質光亮，發黃，膠層較厚。1960 年代採用 PVA 合成膠，光澤較糊精膠差，顏色發白，膠層較薄。目前發現的假票一般無背膠，有的是在票背上塗上一種半透明的白色塗料，冒充背膠，但沒有黏性，也有的是塗刷膠水，因手法拙劣，連齒孔紙毛也沾上了膠水。對一般造假者來說，要不走樣的均勻刷塗背膠並非易事，而要調製出配比正確、膠色逼真的膠料就更加困難了。

郵票的收藏與保管是十分重要的。因為一枚郵票有纖細的齒孔，有怕受潮的背膠，如果不注意保管，就會發生沾汙、折裂、缺齒、黏膠以及出

現黴點，從而影響郵票的品相。郵票收藏有十大禁忌：

- 忌日光曝晒 —— 郵票受陽光照射過久，會褪色或變色。夏季氣溫較高，不宜在陽光下翻看郵冊，以免郵冊和護袋變形，背膠融化。

- 忌受潮 —— 郵票受潮，會發生黴變和斑點，甚至紙張黴爛，刷膠票則會黏連。郵冊應放在乾燥通風的地方，在梅雨季節和空氣溼度較大時，不宜整理、欣賞郵票，但應適當翻弄散潮。

- 忌接近酸鹼 —— 郵票不宜與酸性或鹼性物質接觸，同時也怕受到煤氣、沼氣及化學藥品的侵蝕。浸洗郵票時，不能用含有酸性、鹼性及其他易起化學作用的洗滌劑。郵票存放也應遠離這些物質。

- 忌票面汙染 —— 整理郵票時，要注意清潔，有的人在浸洗、整理過程中不注意，即將印色、墨水、油汙、灰塵等弄到郵票上，這些不潔之物會使郵票受到汙染，影響圖案的清晰和票面的美觀。

- 忌拿手指摸 —— 有的人圖方便省事，不用鑷子取郵票，而用手；有的人在欣賞郵票時，用手摸弄郵票，這容易使票齒受到損傷，同時手上的汗漬、油汙會將票面弄髒而失去原來的光澤。拿取郵票一定要用郵票鑷子。整理欣賞郵票時，手要洗淨，桌面要擦抹乾淨，以免郵票受汙。

- 忌長期閉藏重壓 —— 將郵票久藏在箱子裡，不輕易拿出來翻看，日子久了，因空氣不流通，箱內潮氣散不出，會使郵票受潮，發生黏連，甚至蟲蝕也不知道。同時裝滿郵票的貼簿、插簿或袋裝郵票，都怕擠壓，尤其是刷膠票，長期擠壓會黏連。所以不要將郵票長期閉藏在箱子裡不去過問，而應該經常翻弄、檢查。箱子還應放一包生石灰，吸收潮氣。郵冊存放宜直立，且不要過擠，平放時不

要重壓。

- 忌鼠咬蟲蝕 —— 老鼠、蟑螂、蛀蟲都會咬壞郵冊和郵票，尤其是用漿糊黏貼的，更容易發生鼠咬蟲蝕的現象。所以黏貼郵票一定不要用漿糊，而用膠水紙。郵冊、郵票的存放，要選擇鼠蟲不易侵擾的地方。

- 忌硬撕蠻揭 —— 有的人搜集舊郵票時，直接從信封上硬撕揭，造成撕爛、揭薄或損壞票齒。應該從信封上剪下，放在清潔的溫水中浸泡。浸脫的郵票，用棉球將背面殘留的漿糊、膠水、紙屑輕輕洗淨，再用吸水紙吸乾、晾乾。

- 忌胡黏亂貼 —— 黏貼郵票不能用漿糊往郵票冊上貼，這樣就不便移動，還容易黴變起斑點、遭蟲蝕鼠咬，所以黏貼郵票應用護郵袋或膠水紙。

- 忌雜亂無章 —— 搜集郵票要加以整理，切忌雜亂無章。郵票要按照專題或國別放在一起，一套套不要打亂。如果亂七八糟放在一起，越積越多，則不便整理、欣賞和研究。

玉器投資技巧

看到一塊乳白發亮的玉器，你是不是會眼前一亮，認為一個價值連城的寶貝就擺在你面前了？如果你不仔細鑑別就這樣籠統的認為，那麼你還不適合做玉器方面的投資。現在，玉器的投資價值已越來越顯著，市場上的玉器良莠不齊，玉器投資的學問也很不簡單。

首先我們要學會判斷玉料的質地。在玉雕行業中，資深工藝人根據長期累積的經驗，習慣從「坑、形、皮、性」四個方面來判斷玉料。

- **坑**：坑是指玉的產地。新疆白玉雖然都產在新疆，但因具體產地不同，玉的品質也不一樣。著名產地有楊家坑、富家坑等。有經驗的行家能從外表特徵知道玉的產地和品質，人們後來就習慣以產地即坑，作為玉質優劣的代稱，如行話「坑子好」就是質地好的意思。

- **形**：形是指玉的外形。玉有三種外型，一種叫山料，呈石塊狀。一種叫山流水玉和戈壁灘玉，是山料經風雨或風沙石沖刷磨損失去稜角的狀態，表面較平滑，留有水波浪或沙孔痕跡的玉料。一種叫籽玉，是經山水沖入河底呈卵石狀的玉。山料玉品質出入很大，山流水玉、戈壁灘玉和籽玉由於受風化影響，玉質較純淨，多是好玉，尤其籽玉的潤美是其他玉種所不能比的。

- **皮**：皮是指玉的表面特徵，這種特徵反映了玉的品質。好品質的玉應該是皮如玉。皮好，裡面玉質也好；皮不好，裡面玉質也不好。

- **性**：性是指玉的結晶構造。玉的結晶顆粒形狀多種多樣，排列也不盡相同，表現為不同的性質，稱為「性」。愈是好玉，愈沒有性的表現，玉性實際上是玉的缺點，好的籽玉無性的表現。

玉不琢，不成器。學會鑑別玉材後，還須掌握鑑定玉器的刀功。古代由於生產力十分低下，雕琢玉器只能用解玉砂來研磨。而現代工藝是用高速旋轉的雕機，由於轉速不同，肯定在所加工的玉器上留有不同的痕跡，特別是陰刻線等尤為明顯。這些細節一是由於加工方式不同，二是經濟利益驅動，往往是無法兼顧的。即使仿品為了達到「作舊」目的，總是省去最後一道打磨工藝 —— 用布殼拋光，使整體作品呈現「舊氣」，但我們還是能從這些最細微處明察秋毫。

仿古玉器的始作俑者往往是研究與製作脫節，研究者可以熟知各時代

作品的特徵，但工匠們只會製作，有時為使產品易銷，刻意追求視覺上的美觀，「畫虎不成反類犬」，製成的作品容易辨別。而一些仿古高手則不惜工本，自己集研究設計和加工製作為一身，改進生產工具，例如用轉速很慢的玉雕機精工細作，以求達到與舊玉器同樣的加工效果，最後又耗費大量時間進行打磨，仿品確實唯妙唯肖，與舊品難分伯仲。但古人「君子無故玉不去身」，以傳世品為例，由於長時間佩戴在身，經常把玩，加之人體的分泌物、空氣的侵蝕、雙手的盤摸，經年累月，在玉器表面特別是鏤雕處所形成的濃厚包漿，卻是仿古件難以仿製的。

第十三章　期貨理財

　　期貨市場是人與人、心與心的博弈場所，高手之間的較量絕不只是技術水準和資金實力上的較量，更是理念和心態上的較量。但凡一代大師無不是對市場有著超乎常人的深刻認識，有著獨到的投資理念。商品期貨交易不像有些人想的那樣是一種賭博，而是一種在遵循各種規則下的安全行業。交易者只要懂得並遵循各種數學規則，就會產生利潤。

期貨的基礎知識

　　期貨的英文為 Futures，是由「未來」一詞演化而來，其含義是：交易雙方不必在買賣發生的初期就交收實貨，而是共同約定在未來的某一時候交收實貨，因此中國人就稱其為「期貨」。

　　1. 期貨合約的主要特點

　　(1) 期貨合約的商品品種、數量、品質、等級、交貨時間、交貨地點等條款都是既定的，是標準化的，唯一的變數是價格。期貨合約的標準通常由期貨交易所設計，經國家監管機構審核批准上市。

　　(2) 期貨合約是在期貨交易所組織下成交的，具有法律效力，而價格又是在交易所的交易廳裡透過公開競價方式產生的；國外大多採用公開叫價方式。

　　(3) 期貨合約的履行由交易所擔保，不允許私下交易。

　　(4)期貨合約可透過交收現貨或進行對沖交易來履行或解除合約義務。

2. 期貨合約的組成要素

(1) 交易品種。

(2) 交易數量和單位。

(3) 最小變動價位，報價須是最小變動價位的整倍數。

(4) 每日價格最大波動限制，即漲跌停板，當市場價格漲到最大漲幅時，我們稱「漲停板」，反之，稱「跌停板」。

(5) 合約月分。

(6) 交易時間。

(7) 最後交易日：最後交易日是指某一期貨合約在合約交割月分中進行交易的最後一個交易日。

(8) 交割時間：指該合約規定進行實物交割的時間。

(9) 交割標準和等級。

(10) 交割地點。

(11) 保證金。

(12) 交易手續費。

3. 期貨合約的作用

(1) 吸引套期保值者利用期貨市場買賣合約，鎖定成本，規避因現貨市場的商品價格波動風險而可能造成損失。

(2) 吸引投機者進行風險投資交易，增加市場流動性。

4. 期貨交易的特徵

(1) 期貨交易的雙向性。期貨交易與股市的一個最大區別就是期貨可以雙向交易，期貨可以買空也可賣空。價格上漲時可以低買高賣，價格下

跌時可以高賣低補。做多可以賺錢，而做空也可以賺錢，所以說期貨無熊市。

(2) 期貨交易的費用低。對期貨交易國家不徵收印花稅等稅費，唯一費用就是交易手續費。

(3) 期貨交易的槓桿作用。槓桿原理是期貨投資魅力所在。期貨市場裡交易無須支付全部資金。目前期貨交易只需要支付保證金即可獲得未來交易的權利。由於保證金的運用，原本行情被以十餘倍放大。

(4)「Ｔ＋0」交易機會翻倍。期貨是「Ｔ＋0」的交易，使資金應用達到極致，一旦掌握趨勢，即可隨時交易，隨時平倉。

(5) 期貨是零和市場但大於負市場。期貨是零和市場，期貨市場本身並不創造利潤。在某一時段裡，不考慮資金的進出和提取交易費用，期貨市場總資金量是不變的，市場參與者的盈利來自另一個交易者的虧損。

期貨與股票的差別

期貨的炒作方式與股市十分相似，但又有十分明顯的區別。股指期貨與股票相比，有幾個非常鮮明的特點，這對投資者來說尤為重要。

1. 期貨合約有到期日，不能無限期持有

股票買入後可以一直持有，正常情況下股票數量不會減少。但股指期貨都有固定的到期日，到期就要摘牌。因此，交易股指期貨不能像買賣股票一樣，交易後就不管了，必須注意合約到期日，以決定是提前結了頭寸，還是等待合約到期（好在股指期貨是現金結算交割，不需要實際交割股票），或者將頭寸轉到下一個月。

2. 期貨合約是保證金交易，必須每天結算

股指期貨合約採用保證金交易，一般只要付出合約面值約 10% ～ 15% 的資金就可以買賣一張合約，這一方面提高了盈利的空間，但另一方面也帶來了風險，因此必須每日結算盈虧。

3. 期貨合約可以賣空

股指期貨合約可以十分方便的賣空，等價格回落後再買回。股票融券交易也可以賣空，但難度相對較大。有研究顯示，指數期貨市場的流動性明顯高於股票現貨市場。如在 1991 年，FTSE-100 指數期貨交易量就已達 850 億英鎊。

4. 股指期貨實行現金交割方

期指市場雖然是建立在股票市場基礎之上的衍生市場，但期指交割以現金形式進行，即在交割時只計算盈虧而不轉移實物，在期指合約的交割期，投資者完全不必購買或者拋出相應的股票來履行合約義務，這就避免了在交割期股票市場出現「擠市」的現象。

5. 市場專注度不同

一般來說，股指期貨市場是專注於根據宏觀經濟資料進行的買賣，而現貨市場則是專注於根據個別公司狀況進行的買賣。

期貨投資風險提示

保證金交易、到期日（投機者需要在合約到期前的規定日之前平倉）、升貼水是期貨有別於現貨市場的三個重要特徵。許多投資者（包括投機者和套期保值者）在期貨投資過程中經常忽略這三個可能導致期貨投資（投機）失敗的重要因素。

1. 保證金交易下的槓桿作用放大了風險

一般期貨市場投資的正常保證金比例在 5% ～ 20% 之間，也就是說期貨投資中有了 5 ～ 20 倍的槓桿作用。一些投資者（特別是股票市場投資者，也包括現貨需求與供應商）經常是重倉（有時更是滿倉）操作，因為他們覺得這樣能「充分」利用資金。結果是稍微的反向（正常整理）波動便使這些投資者帳戶發生保證金不足，這樣投資者不得不被部分強制平倉，若行情產生與持有倉位相反的較大級別運動，則會產生更大的虧損。

期貨投資首先應該是輕倉先介入，之後如果有了贏利（當然也必須是出現了重要的突破）再進行加倉操作。若介入方向最後被證實錯誤，虧損的也只是輕倉部位的一定比例的虧損，這樣才能保證帳戶資金的穩定性。

2. 到期日前投機者必須平倉離場

期貨投資對應的是買賣某個未來的合約，而這些合約是有期限的，這樣就必須在合約到期前交易所規定的日期平倉離場，而不管此時你是贏利或者虧損。

許多投資者在發生了虧損的情況下總是抱著倉位不放，預想著未來可能會解套。事實上，在期貨投資過程中，投資者經常忽略選擇好應（適合）投資的期貨合約。特別是在期貨合約「換月」（也叫移倉）過程中，若選擇了錯誤的合約介入，則可能行情沒順利走出來，該合約就要到期了。這種情況下就必須平倉出局，而隨後可能「行情」就順著原來投資的方向前進了。

3. 升貼水（或者是期現價差問題）

在期貨市場上，現貨的價格低於期貨的價格，則基差為負數，遠期期貨的價格高於近期期貨的價格，這種情況叫「期貨升水」，也稱「現貨貼水」，遠期期貨價格超出近期期貨價格的部分，稱「期貨升水率」；如果遠

期期貨的價格低於近期期貨的價格、現貨的價格高於期貨的價格，則基差為正數，這種情況稱為「期貨貼水」，或稱「現貨升水」，遠期期貨價格低於近期期貨價格的部分，稱「期貨貼水率」。

特別是期貨市場上的套期保值者，更應注意升貼水（期現價差）問題。當價格處於空頭勢時，現貨商想在期貨市場做賣出保值，但如果此時期貨對現貨貼水，也就是期價低於現貨價時，是不適合做賣出保值的。相反，道理也一樣。如果此時賣出套保者在期價對現貨價貼水狀態下做套保，將產生一定的損失。

總之，期貨投資需要注意的細節非常多，而這三個問題容易被投資者忽略。「一站、二看、三通過」的道理在期貨投資中尤其應值得重視，這樣才能更有效的避免一些期貨投資的風險。

期貨交易技巧

當踏入期貨市場開始交易時，首先需要掌握的是，期貨交易的基本技能，如此，才不至於兩眼一抹黑，完全處於被動。

我們需要掌握的交易技巧有：

1.K 線之觀測

K 線為過去行情變動的走勢，但不管如何研究過去的走勢，對現在的變動行情也無法預測，這是對 K 線沒有知識及研究的投資人常常產生的誤解。

K 線雖然是過去的走勢，但 K 線卻以圖形顯示出過去所蓄積的買賣的狀態以及人氣的程度和實際趨勢的流程，而且可以預測將要變動的行情。

要想判斷遠離實際趨勢的人氣行情時，K 線是最好的方法，因此 K 線可以分成短線、中勢、大勢三種：

- 短線觀 ── 日線，節線 ── 要預測一個月內的行情走勢。

- 中勢觀 ── 三日線，週線 ── 要預測三個月的行情，週線具有代表性。

- 大勢觀 ── 月線，接代走勢（年線）── 要預測六個月至一年的行情。

2. 如何捕捉大行情

大行情與一般行情不同，應該有其前兆。

第一，行情已上漲而人氣卻非常疲軟。

當行情低而供需可望改善，行情也跟著上漲，但一般投資人仍習慣於低價買入，逢高賣出，此時行情的價位越低則變動為大行情的可能性越大，這種疲軟人氣是行情上漲前的特色，即預示著有強烈因素潛在著。

第二，雖然現有強力上漲因素，而不出現於行情，只是潛伏著。

行情上漲的原動力是供需可望好轉，像供給在大幅減少，需求大幅增大，當國際形勢異變等。社會問題影響商品，主要政府機構發表的供需數字造成較大差距，在此時原則上應做反方向較宜。

第三，農作物因供給量的變化可能成為大行情。

因天氣而受左右的農作物收穫有其特有的天氣行情。

3. 該如何處理漲停板、跌停板

當行情出現漲停板或跌停板時，市場人氣會有很明顯的偏向，漲停板時空單就消失，相反的做多單的增多，當日的買單也會留在明天等待上漲也是一種常識。

假如當日集中於做多的狼狽雜亂的樣子而引起的漲停板，在收盤後應

反省，觀看明日行情。有時第二天期待高價時獲利了結的買方的賣出卻超過賣方的賣出，也就是明天會出現獲利了結而成為低價開盤，這是較特殊的例子。一般來說，漲停板次日也是行情很高。

第一，漲停板須跟進時：長期低價盤檔的行情突然上漲變成漲停板時，這表示時機已成熟，轉變行情上漲了，一定要跟進。

第二，漲停板須逆向時：因突發因素的出現，而行情成為漲停板時做逆行，尤以當行情在高價圈持續變動，看起來很堅挺，但還是以賣出空單為宜。

第三，須任其放行時：行情在中段盤檔有做手出現時，有時會出現漲停板或跌停板。在下跌過程時由於下跌太急劇，空頭獲利了結也會反彈變成漲停板，不宜再逢低買入，該任其放行為上策。

4. 該如何處置差價的變化

■ 第一，差價滑落。

行情不振尤其能反映出現貨狀況不良，期貨市場的近期合約受現貨市場影響而低價，但是，三個月以上的期貨由於長期展望人氣看漲，現貨月與遠月分之間的差價關係，經常是順價差（越往遠月分行情越高），而差價滑落即指現貨月與第二月分之間的差價在現貨交割後，第二月分跌至現貨月的低價，所以掌握時機觀測第二月分也是行情不振的話，那麼也就可以把現貨交割月的價格作為目標空第二月分。

■ 第二，逆差勿做空頭。

所謂逆差價是指越往後面月分行情越低，這是市場的人氣由於多頭獲利回補（空單），做新賣單的人在遠月分做空頭，造成遠月分下跌。而空頭回補和做現貨買入集中於現貨月，因此行情上漲，故形成逆差價。

但行情由順差變成逆差轉換並構成天價時，倒不如說逆差該做空頭成功率更大。

當天價圈的盤檔期太長時，順差會轉變為逆差，直到天價的行情暫時下跌，然後再次上漲成順差，此時的高行情有逆差的超出高行情和不超出的狀況，兩者均成為第二次天價的可能性很大。

- **第三，現貨月與第二月分的差價（做多頭）。**

逆差行情持續三個月以上，行情研判時通常均為差價滑落的相反（上漲），兩者之間的差價的特徵是 3 ～ 5 年一次的大行情較多，所以兩者之間的差價非常大，而現貨月以天價交割結束，第二個月分至第三月分之間的差價出現，可以作為參考，但不可作為依據。

- **第四，地域性差價。**

舉例說：A 地、B 地、C 地之間同一商品、同一月分的行情差價（包括運費、捆包費、手續費），但仍然有地域性的差價出現，可以作為參考，但不可作為依據。

- **第五，賺取差價。**

不同月分的對沖，一般投資者可靈活賺取差價，但如果有買賣現貨時，在開始時就必須先清楚接受現貨只是以賺取差價為目的。

期貨交易策略

交易者在完成了市場分析之後，就應當清楚到底是該買進，還是該賣出，根據資金管理方面的考慮，確定注入資金的規模，最後進入市場，實際購進或拋出期貨合約。在期貨交易中，由於入市點和出市點的時機抉擇

必須要精確，因此，最後這一步在上述過程中可能是最困難的。關於如何入市、在什麼點位入市的問題，必須在通盤考慮各項技術性因素、資金管理的要求、以及所採用的交易指令類型的基礎上，才能做出最後決定。

1. 關於突破信號的策略：預先還是伺後

關於突破信號，交易者永遠都是面對一個左右為難的問題：究竟在突破發生之前預先入市呢？還是等突破發生後市場反撲或反彈時伺後入市呢？兩種做法各有各的道理，而且也有綜合採用兩種方式的辦法。如果交易者可以買賣數張合約，那麼不妨每樣各做一個單位。假定預期市場將發生向上突破，採取預先方式的好處就在於，如果突破果真如願發生了，那麼我們的頭寸就具備有利的（較低的）價位。但是在另一方面，交易失敗的風險也相應較大，如果正當突破發生時才入市，則成功的把握較大。但是代價是：入市的價位也不利（較高）。如果等市場在突破後出現反撲時，再伺機入市，那麼只要果真能夠發生反撲，這就不失為合理的折衷方案。可惜的是，許多勢頭凶猛的市場（通常也是最有利可圖的），並不給那些耐心的交易商第二個機會。因此，採取伺後方式的風險小，但是錯過重要的入市機會的可能性較大。

2. 趨勢線的突破

這是一種最有價值的早期入市或出市的信號。如果交易商正在尋求趨勢變化的技術信號，以開立新頭寸，或者正找機會平倉了結原有頭寸的話，那麼，緊湊趨勢線的突破常常構成絕妙的下手信號。當然，我們始終也必須考慮其他技術信號。另外，在趨勢線起支撐或阻擋作用的時候，也可以用作入市點，在主要的上升趨勢線的上側買入，或者在主要的下降趨勢線的下側賣出，均不失為有效的時機抉擇的對策。

3. 支撐和阻擋水準的利用

在選擇出、入市點這一方面，支撐和阻擋水準是最行之有效的圖表工具。當阻擋被擊破時，可能構成開立新的多頭的信號，而這個新頭寸的保護性止損指令就可以設定在最近的支撐點的下方。我們甚至還可以更接近的設定止損指令，把它安排在實際的突破點之下，因為這個水準現在應該產生支撐作用了。如果在下降趨勢中市場上衝至阻擋水準，或者在上升趨勢中價格下跌到支撐水準，那麼我們均可以據此開立新頭寸，或者把已有帳面利潤的原有頭寸加以擴大。另外，在我們設定止損指令的時候，支撐和阻擋水準也最有參考價值。

4. 百分比回撤的利用

在上升趨勢中，向下的調整常常回撤到前面的上漲進程的 30% ～ 60% 的位置。我們可以利用這一點來開立新的多頭頭寸或擴大原有的多頭頭寸，因為現在主要談的是時機抉擇問題，所以把百分比回撤也應用於非常短期的變化。

5. 價格跳空的利用

還可以利用日線圖上出現的價格跳空來有效的抉擇買賣時機。例如，在上升運動之後，其下方的價格跳空通常產生支撐作用，當價格跌回跳空的上邊緣、或者回到價格跳空之內的時候買入。然後，把止損指令放置在跳空之下，在下跌動作之後，當市場反彈到上面價格跳空的下邊緣，或進入跳空之內的時候賣出，再把其止損指令安排在跳空的上方。

6. 綜合各項技術概念

利用各項技術概念的最有效的辦法，是把它們綜合起來。此處所做的一切，就是要對入市和出市點進行細膩的調整，如果採納了買入信號，就

會力求以最低的價格入市。進一步，如果附近就有一條重要的上升趨勢線，那就更好。

而在下降趨勢中，盡可能在接近阻擋區之處賣出，但如果該阻擋被衝破，則應儘快平倉出市。在上升趨勢的向下調整中，如果沿著調整階段中的高點所建成的緊湊下降趨勢線被向上突破了，也可用作買入信號，在下降趨勢的向上調整中，如果調整階段的緊湊趨勢線被向下突破了，也可能是做空頭的機會。

期貨價格的影響因素

順勢而為永遠是期貨操作的主基調。通常，影響期貨價格變動的因素共有 8 種：供需關係、經濟週期、政府政策、政治因素、社會因素、季節性因素、心理因素、金融貨幣變動因素。由於商品期貨交易是市場經濟的產物，因此，它的價格變化受市場供需關係的影響是最大的。

整體的趨勢是當供大於需時，期貨價格下跌；反之，期貨價格就上升。雖然其他一些因素在期價上漲或下跌過程中也會對期價有一些短期波動的影響，但決定期貨價格的根本因素只能是供需關係。

順勢而為永遠是期貨操作的主基調，因為市場永遠是對的。投資者會背負很多經市場檢驗的格言，諸如要順勢，要輕倉，不加死碼，不怕錯、就怕拖等，但在實踐中卻不能有效的執行。所以，耐得住寂寞、具有頑強的忍耐力也是掌握趨勢的重要因素。整體來說，一切都是為了有效防範風險，防止過度交易所造成的不必要的虧損。由於期貨的高槓桿作用，風險比其他投資工具要大得多，堅持資金管理原則可以將資本風險有效的控制在一個較小的範圍內。如果你每次交易的損失不超過總資金的 10% 或更

小，那麼即使你接連遭受幾次挫折，也還有雄厚的資本在下一次交易中獲利，其中包括那些獲利豐厚的大行情。只要抓住一次大行情，盈利就能彌補或超過你多次交易的損失。

期貨交易充滿了挑戰性與刺激性。在期貨市場中，只有做到掌握市場趨勢，支配好自己的資金，我們才能在這個市場中生存下來。最後需要提醒的是：期貨市場是個高風險高收益的市場，雖然有龐大的獲利可能，但投資者仍應小心謹慎。

期貨技術面分析

技術分析法是用市場行為本身的分析來預測市場價格的變動方向，即主要是對期貨市場的日常交易狀態，包括價格變動、交易量與持倉量的變化等資料，並按照時間順序繪製成圖形或圖表，或形成一定的指標系統，然後針對這些圖形、圖表或指標系統進行分析研究，以預測期貨價格趨勢的方法。

技術分析的理論基礎是基於三個合理的假設：市場行為反映一切；價格呈趨勢變動；歷史會重演。

1. 市場行為反映一切

這是進行技術分析的基礎。技術分析者認為，能夠影響某種商品期貨價格的任何因素 —— 基礎的、政治的、心理的或任何其他方面的 —— 實際上都反映在其價格之中。由此推論，我們必須做的事情就是研究價格變化。這個前提的實質含義其實就是價格變化必定反映供需關係，如果需求大於供給，價格必然上漲；如果供給過於需求，價格必然下跌。供需規律是所有經濟預測方法的出發點。把它倒過來，那麼，只要價格上漲，不論

是因為什麼具體的原因，需求一定超過供給，從經濟基礎上說必定看好；如果價格下跌，從經濟基礎上說必定看淡。歸根結柢，技術分析者不過是透過價格的變化間接的研究基本面。大多數技術派人士也會同意，正是某種商品的供需關係，即基本面決定了該商品的看漲或看跌。

2. 價格呈趨勢變動

從「價格以趨勢方式演變」可以自然而然的推斷，對於一個既成的趨勢來說，下一步常常是沿著現存趨勢方向繼續演變，而掉頭反向的可能性要小得多。這當然也是牛頓慣性定律的應用。還可以換個說法：當前趨勢將一直持續到掉頭反向為止。雖然這句話差不多是同語反覆，但這裡要強調的是：堅定不移的順應一個既成趨勢，直至有反向的徵兆為止。

3. 歷史會重演

技術分析和市場行為學與人類心理學有著千絲萬縷的關聯。比如價格形態，它們透過一些特定的價格圖表形狀表現出來，而這些圖形表示了人們對某市場看好或看淡的心理。其實這些圖形在過去的幾百年裡早已廣為人知、並被分門別類了。既然它們在過去很管用，就不妨認為它們在未來同樣有效，因為它們是以人類心理為根據的，而人類心理從來就是「江山易改本性難移」。「歷史會重演」，說得具體點就是打開未來之門的鑰匙隱藏在歷史裡，或者說將來是過去的翻版。

在三大假設之下，技術分析有了自己的理論基礎。第一條肯定了研究市場行為就意味著全面考慮了影響價格的所有因素，第二和第三條使得我們找到的規律能夠應用於期貨市場的實際操作中。

期貨價格技術分析的主要基礎指標有開盤價、收盤價、最高價、最低價、成交量和持倉量。

- **開盤價**：開市前 5 分鐘集合競價產生的價格。
- **收盤價**：當日最後一筆成交價格。
- **最高價**：當日的最高交易價格。
- **最低價**：當日的最低交易價格。
- **成交量**：為在一定的交易時間內某種商品期貨在交易所成交的合約數量。
- **持倉量**：指買入或賣出後尚未對沖及進行實物交割的某種商品期貨合約的數量，也稱未平倉合約量或空盤量。未平倉合約的買方和賣方是相等的，持倉量只是買方和賣方合計的數量。如買賣雙方均為新開倉，則持倉量增加 2 個合約量；如其中一方為新開倉，另一方為平倉，則持倉量不變；如買賣雙方均為平倉，持倉量減少 2 個合約量。當下次開倉數與平倉數相等時，持倉量也不變。

由於持倉量是從該種期貨合約開始交易起，到計算該持倉量止這段時間內尚未對沖結算的合約數量，持倉量越大，該合約到期前平倉交易量和實物交割量的總和就越大，成交量也就越大。因此，分析持倉量的變化可推測資金在期貨市場的流向。持倉量增加，表示資金流入期貨市場；反之，則說明資金正流出期貨市場。

期貨交易程序

投資者在進行股指期貨交易前必須要對交易的每個環節有個清楚的了解和認識，以避免因規則不熟帶來的風險。

股指期貨的整個交易流程可分為開戶、交易、結算和交割四個步驟。

1. 開戶

股指期貨的開戶包括尋找合適的期貨公司，填寫開戶資料和資金入帳三個階段。期貨公司是投資者和交易所之間的紐帶，除交易所自營會員外，所有投資者要從事股指期貨交易都必須透過期貨公司進行。對投資者來說，尋找期貨公司目前有兩種管道，一是透過所在的證券公司，另一種途徑是投資者直接找到具有金融期貨經紀業務許可證的期貨公司。這些期貨公司應該有良好的商譽、規範的運作和暢通的交易系統。

在開戶時，投資者應仔細閱讀「期貨交易風險說明書」，選擇交易方式並約定特殊事項，進而簽署期貨經紀合約，並申請交易編碼和確認資金帳戶，最後透過銀行存入保證金，經確認後即可進行期貨交易。

2. 交易

股指期貨的交易在原則上與證券一樣，按照價格優先、時間優先的原則進行電腦集中競價。交易指令也與證券一樣，有市價、限價和取消三種指令。與證券不同之處在於：股指期貨是期貨合約，買賣方向非常重要，買賣方向也是很多股票投資者第一次做期貨交易時經常弄錯的，期貨具有多頭和空頭兩種頭寸，交易上可以開倉和平倉，平倉還分為平當日頭寸和平往日頭寸。

交易中還需要注意合約期限，一般來說，股指期貨合約在半年之內有四個合約：即當月現貨月合約，後一個月的合約與隨後的兩個季度月合約。隨著每個月的交割以後，進行一次合約的滾動推進。比如在九月分，就具有九月、十月、十二月和次年三月四個合約進行交易，在十月底需要對十月合約進行交割。

3. 結算

因為期貨交易是按照保證金進行交易的，所以需要對投資者每天的資產進行無負債結算。投資者應該知道怎麼計算自己帳戶的資金狀況。期貨交易的帳戶計算比股票交易要複雜。首先，計價基礎是當日結算價，它是指某一合約最後一小時成交量的加權平均價，若這個小時出現無量漲跌停，則以漲跌停板價為結算價；若這個小時無成交，則以前一個小時成交量的加權平均價計。在期貨交易帳戶計算中，盈虧計算、權益計算、保證金計算以及資金餘額是四項最基本的內容。在進行差額計算時，注意不是當日權益減去持倉保證金就是資金餘額。如果當日權益小於持倉保證金，則意味著資金餘額是負數，同時也意味著保證金不足。按照規定，期貨公司會通知投資者在下一交易日開市前將保證金補足，這是追加保證金。如果投資者沒有及時將保證金補足，期貨公司可以對該帳戶所有人的持倉實施部分或全部的強制平倉，直至留存的保證金符合規定的要求。買入股票後，只要不賣出，盈虧都是帳面的，可以不管。但期貨是保證金交易，每天都要結算盈虧，帳面盈利可以提走，但帳面虧損就要補足保證金。

　　4. 交割

　　股指期貨的交割也與股票不同，一般股票投資者習慣了現貨買賣，而容易忽視股指期貨合約到期需要以當日的合約交割價進行現金結算，所以想要持有頭寸需要持有非現貨月合約。

第十四章　權證理財

　　權證投資是一種以小搏大的投資工具，購買時只須花費少量的權利金，即有可能獲得很大的收益。與任何一種投資工具一樣，權證產品也有著它的理財特性。掌握這種理財特性，可以更好的利用權證來實現投資者的投資願望。

權證市場概況

　　權證，是指標的證券發行人或其以外的第三人發行的，約定持有人在規定期間內或特定到期日，有權按約定價格向發行人購買或出售標的證券，或以現金結算方式收取結算差價的有價證券。

　　權證是發行人與持有人之間的一種契約關係，持有人有權利在某一約定時期或約定時間段內，以約定價格向權證發行人購買或出售一定數量的資產（如股票）或權利。購買股票的權證稱為認購權證，出售股票的權證叫作認售權證。權證分為歐式權證和美式權證兩種。所謂歐式權證，就是只有到了到期日才能行權的權證；所謂美式權證，就是在到期日之前隨時都可以行權的權證。

　　權證價值由兩部分組成，一是內在價值，即標的股票與行權價格的差價。二是時間價值，代表持有者對未來股價波動帶來的期望與機會。在其他條件相同的情況下，權證的存續期越長，權證的價格越高；美式權證由於在存續期可以隨時行權，比歐式權證的相對價格要高。

　　權證的創設是指權證上市交易後，由有資格的機構提出申請的、與原有權證條款完全一致的增加權證供應量的行為。權證的註銷是指創設人（即創設權證的證券公司）向證券交易所申請註銷其所指定的權證創設帳戶中的全部權證或部分權證。

　　上證所規定，申請在交易所上市的權證，其標的證券為股票的，標的股票應符合以下條件：最近 20 個交易日流通股份市值不低於 10 億元；最近 60 個交易日股票交易累計換手率在 25% 以上；流通股股本不低於 2 億股。

　　權證實質反映的是發行人與持有人之間的一種契約關係，持有人向權證發行人支付一定數量的價金之後，就從發行人那裡獲取了一個權利。這種權利使得持有人可以在未來某一特定日期或特定期間內，以約定的價格向權證發行人購買或出售一定數量的資產。

　　持有人獲取的是一個權利而不是責任，其有權決定是否履行契約，而發行者僅有被執行的義務，因此為獲得這項權利，投資者須付出一定的代價（權利金）。權證（實際上所有期權）與遠期或期貨的分別在於前者持有人所獲得的不是一種責任，而是一種權利，後者持有人須有責任執行雙方簽訂的買賣合約，即必須以一個指定的價格，在指定的未來時間，交易指定的相關資產。

　　從上面的定義就容易看出，根據權利的行使方向，權證可以分為認購權證和認售權證，認購權證屬於期權當中的「看漲期權」，認售權證屬於「看跌期權」。

　　備兌權證是由持有該相關資產的第三者發行，並非由相關企業本身發行，一般都是國際性投資銀行機構發行。發行商擁有相關資產或有權擁有該資產。

備兌權證被視為結構性產品。備兌權證是由獨立於其指定證券的發行人及其附屬公司的個體（通常是投資銀行）所發行。指定資產可以是股本證券以外的資產，例如指數、貨幣、商品、債券又或一籃子證券。備兌權證所賦予的權利可以是購買的權利（認購權證）或出售的權利（認售權證）。

備兌的含義指其發行人將權證的指定證券或資產存放在獨立的受託人、託管人或存管處，作為其履行責任的抵押，而受託人、託管人或存管處則代表權證持有人的利益。有些市場用權證二字代表所有類別的權證，而有些市場則以衍生權證代表備兌權證。

蝶式權證是指同時買入和賣出兩份價格不同的認售權證或同時買入和賣出兩份價格不同的認股權證，這樣的組合可以使得投資者在股價波動在一定區間內時獲得一定收益，如果價格波動超出範圍，則投資者也不會遭受損失，其收益曲線形狀如「＿＿ ∧ ＿＿」，因其形狀與展翅飛翔的蝴蝶相似，故將其命名為蝶式權證。

而由一份認售權證和認股權證組成的組合，其收益曲線形狀為「＼＿＿／」，與馬鞍相似，稱馬鞍式權證，也叫寬跨式或束勒式權證。這種權證使投資者在股價大跌或大漲時獲得收益，在股價變動不大時沒有收益。

權證投資的基本常識

權證投資是一種以小搏大的投資工具，投資者在選擇權證投資時應注意以下幾個問題：

1. 一定要仔細分析各對價方案中權證所包涵的深層次含義。投資者應準確掌握各對價方案中的含義，對投資者控制風險和增加收益會有幫助。

2. 應避免把全部資金都投資於權證，權證屬於較高風險品種，不能把權證倉位等同於股票倉位來看待，尤其應避免把全部資金都投資於權證。否則，運氣好時獲利固然可觀，但若方向判斷錯誤，損失也會相對較大。

3. 注意權證的時效性風險。權證的投資價值包括內在價值和時間價值，時間價值會隨著權證到期日逐漸接近而遞減，長期持有的結果很可能是最終損失全部權利金。所以權證具有時效性，具有存續期間，一般為三個月到兩年不等，權證在到期時如不具有行使價值，投資人將損失其全部權利金。

4. 投資權證應嚴格遵循止損原則，一旦跌破止損位應及時退出，不應等待解套，或試圖透過低位補倉攤低成本。嚴守止損原則的原因在於：首先，當權證處於深度價外時，其價格敏感度會大大降低，除非標的證券大幅反彈，否則幾乎沒有解套可能；其次，權證價值會隨著時間流逝而減少，因此被動持倉等待往往是得不償失的。

5. 投資權證時不能貪圖一時的便宜。不要僅因為一個權證的價格極低而去買入。對於一些價格僅為幾分錢的權證，通常蘊含著極大的風險。因為權證過了期限之後，權證的價值將為零，投資者會損失全部本金。

6. 不能時常關注大盤變化則不要投資權證。權證較適合作為短線投資品種，持倉時間一般不應過長。由於它和股票投資有本質的不同，且權證價格容易出現急劇波動，因此買入權證後需要密切關注標的證券以及權證本身的價格動向，如果投資者不能經常盯盤，則應盡量避免投資權證。

買賣權證的注意事項

與股票不同的是，權證實行 T＋0 交易，即當日買進的權證，當日可以賣出。而且權證的漲跌幅不是上下 10% 的比例，而是有具體的計算公式：

- ·權證漲幅價格＝權證前一日收盤價格＋（標的證券當日漲幅價格－標的證券前一日收盤價）125% 行權比例。
- ·權證跌幅價格＝權證前一日收盤價格－（標的證券前一日收盤價－標的證券當日跌幅價格）125% 行權比例。
- ·權證買入申報數量必須是 100 份的整數倍，賣出申報數量則沒有限制。

投資者還應該注意，權證具有一定的期限，到期終止交易。權證持有者應該透過權證發行說明書、上市公告書、權證發行人發表的提示性公告等各種途徑及時關注和了解權證的存續期限，以避免到期沒有賣出權證或沒有行權而遭受損失。

做權證的方法有很多種。有做長線的，有做中線的，有做短線的，還有做超短線的……賺錢的關鍵在於找一種適合自己的方法。選方法的時候要根據自己的性格特點，對權證的分析能力和實盤操作熟練度來決定。大局觀較好、分析能力強的朋友可以選中長線，反應敏捷、操作熟練可以選短線和超短線。

權證操作要點和技巧

權證炒作並非賭博，而是智慧的投機。在權證炒作中，除了純熟的操

盤技巧外，還需要有靈活機動的操作策略。整體來說，權證操作有以下三大「金科玉律」：

- 第一條：順應趨勢。趨勢是投資者最好的朋友，橫盤和下跌趨勢堅決不做，賺錢在其次，資金安全永遠是最重要的。投機的核心在於盡量迴避不確定走勢，只在明確的漲勢中進行操作，才能增加勝算。做錯了一定要止損，否則一次失誤甚至可能致命。權證的 T ＋ 0 交易制度對所有投資者都是公平的，它給了我們一個隨時糾錯的機會。

- 第二條：只做龍頭。所謂擒賊先擒王，權證操作也像股票投資一樣，只有抓住龍頭，才會獲得與眾不同的收益。選擇龍頭權證可參考每天開盤後的價量關係，在當天漲幅前列中捕捉「真命天子」。當市場中多數人看漲某支權證時，群眾的力量引發的共振會將股價不斷推高，由於參與者不斷增多，龍頭品種自然會不斷的上漲。

- 第三條：迅速逃頂。做權證一般不輕易持倉過夜，尤其是在有創設制度的情況下。

權證的炒作週期共分為四個階段：第一是黃金階段 —— 價格脫離大盤、脫離正股非理性暴漲，投資者在上升趨勢中獲利。第二是白銀階段 —— 價格見頂回落，震盪加大，投資者在波動中獲利。第三是破銅階段 —— 價格向下趨勢明朗，投資者「生產自救」，風險增大。第四是爛鐵階段 —— 由恐慌而至跌停，直到交易價格小於 0.10 元。

總之，炒作權證既要懂得賺錢，更要懂得收手，絕不能貪得無厭，更不能被一時賺錢的勝利沖昏頭腦，因為 —— 權證的風險極大！尤其是在很多人只看到暴利而完全忽視風險的時候，風險也正在逐漸累積。有的參

與者連止損都不懂，一旦進入下跌趨勢中，便很難全身而退。

如何規避權證風險

由於權證在證券市場中屬於相對新生的交易產品，不少投資者對權證的潛在風險了解並不透澈，甚至部分投資者簡單的認為，權證投資只須看資金動向，只要有大資金買入，就可放心參與。實際上，正因為這些投資者的誤解和部分資金的不良動機，導致權證投資的風險進一步加大。

一般來說，權證投資主要存在五大風險：

1. 價格劇烈波動風險：權證是一種高槓桿投資工具，標的證券市價的微小變化可能會引起權證價格的劇烈波動。

2. 價格誤判風險：權證價格受到標的證券的價格走勢、行權價格、到期時間、利率、權益分派和權證市場供需等諸多因素的影響，權證持有人對此等因素的判斷失誤也可能導致投資損失。

3. 時效性風險：權證與股票不同，有一定的存續期間，且其時間價值會隨著到期日的臨近而迅速遞減。

4. 履約風險：如果發行人發生財務風險，投資者有可能面臨發行人不能履約的風險。

那麼，投資者該如何防範權證投資風險呢？

首先，投資者需要對權證的風險源有清楚的認識。權證的風險跟股票的風險不盡相同。股票的風險僅來自股價下跌，而權證的風險還包括技術風險因素。即正股相同，不同的權證也可能有不同的風險，使得投資者面臨不同的潛在損失。通常，權證的技術風險主要源自三個方面：對正股變化的敏感度、對隱含波動的敏感度和時間值損耗。投資者在投資權證之前

應該對權證的這三個指標有一定的了解。

　　其次，投資權證應適當控制倉位。這裡的倉位是指投資者投資權證資金占總資金的比例。由於權證的槓桿性，投資者很容易投資過度。因此，適當控制倉位就顯得尤為重要。不同的投資者風險承受能力不同，故投資者應該根據自身的風險承受能力，選擇一個合適的權證投資比例。如果倉位過重，一旦投資者看錯正股方向，造成的損失會非常大。

　　第三，看錯正股方向應及時止損。投資者一般是根據對正股走勢的判斷來選擇權證，以獲取槓桿收益。然而，權證的槓桿效應是把「雙刃劍」，放大潛在收益的同時也在放大潛在的虧損，當投資者看錯正股方向的時候，造成的損失也較投資正股大得多。此外，跟正股相比，權證的走勢受市場情緒的影響更大，比如在下跌行情中認購證的跌幅往往遠比正股大。因此，及時止損就成為保護投資者免受更大損失的重要措施。通常，投資者在買入權證之後可以設定一個止損點，一旦權證價格下跌超過止損點就及時賣出，以免損失擴大。

　　最後，投資臨近到期權證應該保持謹慎，特別是對於權證臨近到期並且溢價率較高的權證，投資者應盡量遠離。臨近到期權證溢價率較高有兩種情況，一是權證處於深度價外，這樣的權證行權的可能性很小，到期很可能一文不值。另一種是權證雖然處於價內，但權證的市價遠高於其內在價值。這類權證的走勢可能與正股走勢不一致，不確定性很大。此外，對於價內權證，投資者還應注意不要錯過了行權期，因為權證過了存續期就會予以註銷。如果投資者買了臨近到期的價內權證，因錯過行權造成龐大損失，就會後悔莫及。

第十五章　信用卡理財

　　信用卡被稱為 21 世紀的「金融之花」。「窮人」和「富人」之間的界限在信用卡面前模糊了。但是，一旦當你肆意的使用它，將信用卡奴役過頭了，也許你就不再是它的主人，而無奈的成為它的奴隸。信用卡陷阱多，學問大，利用信用卡科學理財，玩轉信用卡，才能實現真正的財富自由。

信用卡的起源

　　信用卡最早產生於美國的商業、飲食業。1915 年，美國的一些商店、飲食業為了擴大銷售，招攬生意，方便顧客，採用一種「信用籌碼」，其形狀類似於金屬徽章，後來演變成為塑膠製成的卡片，作為客戶購物消費的憑證。這就是世界上較早的信用卡之萌芽。

　　據說有一天，美國商人法蘭克‧麥克納馬拉（Frank McNamara）在紐約一家餐廳招待客人，用餐後發現他的錢包忘記帶在身邊，因而深感難堪，不得不打電話叫妻子帶現金來餐廳結帳。於是麥克納馬拉產生了創建信用卡公司的想法。1950 年春，麥克納馬拉與他的好友合作投資一萬美元，在紐約創立了「大來俱樂部」，即大來信用卡公司的前身。大來俱樂部為會員們提供一種能夠證明身分和支付能力的卡片，會員憑卡片可以記帳消費。這種無須銀行辦理的信用卡的性質仍屬於商業信用卡。

　　1950 年代，隨著資本主義經濟迅速發展，個人消費水準有了較大的提高，而電腦、通訊技術開始在銀行中的普遍應用，也為銀行發展信用卡業

務提供了良好的環境和條件。1952 年，美國加州富蘭克林國民銀行首先發行了銀行信用卡。到 1959 年，美國共有 60 多家銀行發行信用卡。到了 1960 年代，信用卡在英國、日本、加拿大以及歐洲各國也盛行起來。從 1970 年代開始，一些開發中國家和地區也開始發行信用卡業務，如香港、臺灣、新加坡、馬來西亞等。

信用卡的主要功能

信用卡透過在世界範圍內普及與發展，今天已經發展成為一個家丁興旺、成員眾多的大家族。信用卡品種繁多，其主要功能有：

1. 購物消費

信用卡的持卡人可以在受理信用卡的飯店、餐廳、商店等商業機構或網點憑卡進行消費結算，購物消費是信用卡最基本、最原始的用途，持卡人憑卡住宿、用餐和購物後，無須即時支付任何費用，只要出示信用卡即可，收銀人員透過使用壓印機或 POS 機對交易進行處理，持卡人消費的帳款可以即時或延時從信用卡帳戶中轉入商戶帳戶，從而完成購買或支付行為。

2. 預借現金

領現是信用卡的輔助用途。持卡人在發卡機構的網點櫃檯或 ATM 即可以提取自己信用卡帳戶的儲蓄存款，也可以預借現金。事實上在國外，發卡機構是不鼓勵持卡人使用信用卡提領現金的。因為最開始產生的信用卡 —— 貸記卡，實質上核心特徵是信用銷售和循環信貸，並不僅僅是為了便於支付結算。

3. 儲蓄

對於信用卡中部分類型的卡種，如準貸記卡和簽帳金融卡，發卡機構

對於此種帳戶中的餘額計付利息，因此可以用於儲蓄存取，甚至比活期定期儲蓄更為方便，可以不受發卡機構網點涵蓋範圍的限制，借助 ATM 可以實現跨行跨地區通存通兌。

4. 分期付款

信用卡與生俱來的核心特徵決定了它可以透過循環信貸的方式實現分期付款的購物方式，實際上信用卡所提供的循環信貸是發卡機構向持卡人提供的一種小額消費貸款，允許持卡人可以憑藉信用卡進行信用購買並透過部分還款實現分期付款購物。

5. 小額融資

信用卡不僅僅具有資金支付的功用，信用卡還可以被持卡人用於小額融資，從而使交易雙方受益。消費者得到了方便的貸款，從而更好的使得自己的收入和支出同步；特約商戶則可以向那些無法支付現金的客戶出售商品，並透過賒銷加快資金周轉，促進經營規模的擴大。商戶既可以獲得賒銷所帶來的全部好處，同時又避免了因向消費者提供商業信用而承擔的成本和風險。

另外，信用卡還特別受到資金缺乏的小企業或自僱者的青睞。事實上中小企業融資困難是非常普遍的事情，很多小企業的企業家不得不用他們的個人信用卡進行透支借款，他們在其他信貸方式行不通的情況下只能求助於信用卡透支。當然，這種普遍的狀況也說明了很多企業家能夠用他們的個人信用透支以支持企業，這種融資方式為很多處於起步階段的小公司提供了一個絕好的增量資本支持。

6. 資信憑證

由於信用卡一般是發卡機構根據申請者的社會身分地位、經濟實力、

購買消費能力、信用等級等標準來發放的，因此卡片一般按照持卡人的資信水準劃分為不同的等級，此外信用卡還具有信用購買的功能，因此信用卡在很多場合都可以作為持卡人的一種身分地位象徵，一種資信程度的表現。例如白金卡、金卡等級的信用卡通常具有很多高級別的加值服務，包括 VIP 服務、全球機場貴賓禮遇、特約商戶折扣等。

謹防信用卡陷阱

　　隨著信用卡的日益普及，各種服務性問題也隨之產生。各大銀行打出的優惠政策實際卻隱藏著各種陷阱；個人的信用紀錄像懸在頭頂的達摩克利斯之劍一樣讓人提心吊膽，生怕被「黑」了紀錄；甚至那些與信用卡毫無瓜葛的人群也有可能遭遇信用卡的「強買強賣」。

■ 陷阱一：免年費只免一年

　　「不管有沒有開卡，都要收年費，只是第一年免年費，如果第二年刷卡刷滿 6 次，可以免去次年年費。」本來以為辦個卡無所謂的，且辦了也不太用的人，往往會陷入年費陷阱。

　　專家破解：辦理信用卡前，最好仔細閱讀信用卡合約內容及相關承諾。辦了卡如果不想使用，最安全的方法還是打銀行的客服電話進行剪卡。

■ 陷阱二：買一「贈」多

　　還有這樣的情況：有些人禁不住信用卡業務員的勸導，一不小心簽了很多莫名其妙的表格，一下子收到六張不同類型的信用卡，而其 6 張卡全都要付年費，一張 1,000 元，還是三年制的。

　　根據業內人士透露，這種狀況的出現一方面是業務員違規操作的結

果。信用卡業務員的素養參差不齊，很多人為了完成業務指標，誘導客戶在申請辦理信用卡時，糊里糊塗的簽署了多份文件，其實這些經客戶簽署的文件很可能是辦理其他信用卡的申請表格。

「買一贈多」不僅僅是業務員為了完成辦卡指標而違規操作這麼簡單，其背後還關係到銀行龐大的商業利益。據了解，許多銀行與商家推出的聯名信用卡，只要持卡人刷卡消費，銀行就要按一定比例向商家收取結算費。持卡人刷卡消費越多，銀行獲利越大。持卡人一般先有一張普通卡，然後銀行就會發放多張聯名卡，而無論有多少張聯名卡，其信用卡額度與原來的那張普通卡是共用的，所以對於銀行來說風險並沒有增加；而對持卡人來說，多了好幾個單獨帳號，如果刷卡次數不夠，就會產生年費，而如果刷卡，那麼消費次數就成倍成長，銀行的收益也跟著成倍成長。

專家破解：辦理信用卡時，寧可多花點時間，也一定要看清楚需要簽署的各份文件的內容，不要多簽其他無關文件，以防別人盜用你的個人資訊和簽名去申請辦理其他的信用卡。

■ 陷阱三：不請自來

一日，陳太太收到一封來自 A 銀行的掛號信，裡面是一張信用卡。而在此之前，陳太太從來不知道這家銀行，更別說在那裡辦理過信用卡申請。「真是搞不清楚怎麼會有我家的地址，還知道我的名字，而且那張信用卡上還刻著我的名字呢！」陳太太十分納悶。更讓她焦慮不安的是，她擔心這張卡開卡後拿到密碼就可以用，「萬一我不小心掉了，被別人撿去然後開卡使用，以後別人刷爆後帳單卻寄到我家，那還得了啊！」據陳太太回憶，來信當天，和她住同棟樓的一戶鄰居也收到了一封同樣的掛號信。

「不請自來」的信用卡和「買一贈多」具有共同的目標，那就是提升發卡量。

專家破解：當你接獲可疑電話，要求提供個人資料時須特別謹慎，應要求對方留下姓名、電話及機構名稱等，查明確實有此機構，或該機構確實有此活動，再決定是否須提供資料。勿隨意在網路留下自己的個人資料，以防資料外洩。對於這種「從天而降」的信用卡，持卡人也必須進行註銷操作，以免後患。

■ 陷阱四：簽名和密碼難保安全

在很多大型購物中心、超市，大部分商家對於信用卡都是「一刷了之」，並沒有嚴格核對信用卡上的簽名。許多收銀員在持卡消費的顧客尚未在帳單上簽名前就已將信用卡歸還，很少看其信用卡背面的簽名，更談不上核對簽名是否一致。

專家破解：信用卡上一定要記得簽上自己的名字，簽名最好有一定特色，不易模仿，如果覺得僅僅依靠簽名不安全的話，持卡者可以選擇設定密碼加刷卡簽名的「雙保險」信用卡。

■ 陷阱五：分期付款要付手續費

目前不少購物中心與銀行合作推出了信用卡零利率分期付款的業務。在約定的付款期內銀行不收利息，卻要收取一定的手續費。如果選擇更長時間的分期付款，消費者須向銀行支付的手續費甚至可能超過銀行的貸款利息。另外，各銀行規定，如果消費者分期付款購買的商品需要退貨，銀行不退還已經支付的手續費，讓不少消費者吃了「啞巴虧」。

專家破解：消費者選擇信用卡分期付款時須注意三點：一要注意比較同類商品的價格，分期付款與不分期付款的產品在不同的商家價格是不同

的。二要根據自己的實際需求決定是否選擇分期付款購買商品。另外，在選擇信用卡分期付款時，應注意了解銀行的分期付款條件，包括分期付款是否免除手續費、手續費的費率及計算方法，以及商品出現品質問題，店家同意退換貨後如何進行退款等。

■ 陷阱六：計息就高不就實

傑克有過這樣的遭遇，在使用信用卡過程中他先後透支了 750.5 美元，由於忘了透支的具體金額，所以在免息期內只還了 750 美元，欠 0.5 美元沒有還。想不到的是，過了一段時間卻發現欠了銀行將近 20 多美元的利息和滯納金，跑到銀行一問才知道，銀行並沒有按照 0.5 美元計息，而是按照 750.5 美元計息的。

專家破解：還款之前一定要明確還款數額，現在也可以辦理自動還款的業務。

■ 陷阱七：超過額度要付「超限費」

所謂超限費，就是指持卡人刷卡消費的金額超過信用額度上限，銀行對超過信用額度部分收取的費用。但是，在持卡人中，對超限費有所了解的人很少，多數人都表示根本不知道超出限額還能刷卡。

專家破解：持卡人平時應該養成良好的理財習慣，對自己的每一筆消費做到心知肚明。如果一時急用，持卡人也可以向信用卡中心申請，臨時提高信用額度。

信用卡理財方式

隨身攜帶小小的卡片，就可以在血拼中避免當鈔票搬運工，也可以擺脫一時囊中羞澀而只能做櫥窗購物的尷尬，在享受信用卡的貼心服務的時

候，很多人可能都沒有意識到消費信貸也只是信用卡功能的冰山一角。信用卡不僅僅只是一個信貸及支付工具，其實如果學會「巧」用信用卡，它還可以使我們的生活更加豐富多彩，信用卡完全可以成為你理財大門的鑰匙。

1. 指導理性消費

既然是信用卡，當然消費是最大的用途，保留好每次消費的簽帳單據，每個月持卡人也會收到發卡銀行寄來的一份月結單，上面會詳細列出你在何時、何地的消費情況，在與銀行對帳單的時候，逐筆核對，逐筆分析，每次對帳就是一次個人消費的大檢查，對帳完畢也就知道自己有了多少不理性的消費行為，哪些該消費、哪些可以延後消費、哪些根本就不應該消費，馬上做到心裡有數，慢慢的購物消費就會變得容易控制。

有些持卡人習慣在特定地點使用不同的信用卡，像加油時用加油卡，應酬或公務開銷用公司卡。這樣每張月結單就成了當月開銷的分項明細帳。用不同卡片，分管不同的消費領域，真正做到明明白白消費。

2. 免息期限要盡量用足

信用卡都有免息期，也就是銀行為鼓勵消費提供給客戶的可以延遲付款的優惠，既然是對自己有利的事情當然要充分使用。可以先跟銀行簽訂一個全額還款的帳戶，日常消費就使用信用卡，如果手裡有 2 張以上的信用卡，就可以利用各卡不同的結帳日來拉長還款時間。白白用銀行的錢買自己需要的東西，而自己的錢卻可以在免息期內做投資為自己創收益，最少還能為自己賺點活期利息，這樣也會「聚沙成塔」，積少成多。

當透支的款項，無法在免息期內全部還清時，你可以先根據你所借的數額，繳付最低還款額，然後你又能夠重新使用授信額度。不過，透支部

分要繳納透支利息，以每天萬分之五計息，看著是一個很小的數字，但累積起來也可能要比貸款的成本還要高，所以還是要合理的使用你的透支權利。

3. 盡量獲取較高的信用額度

信用卡的透支功能相當於信用消費貸款。信用額度的高低與持卡人的信用等級有關。但如果你想申請更高的信用額度，須提供相關的資產證明，如：房地產證明、股票持有證明以及銀行存款證明等，這可以幫助你提高一定的信用額度。值得注意的是，銀行對工作穩定、學歷較高的客戶似乎比較偏愛，信用額度也相對偏高。

第十六章　本國貨幣理財

在理財產品氾濫的今天，很多人還是傾向於把手中的閒錢存起來，但是在儲蓄的過程中，由於某些不當行為，不僅有時會使自己的利息受損，甚至還會令自己的存款「消失」。儲蓄理財學問大，謹防「破財」，掌握一定的本國貨幣常識、銀行常識、還貸知識等是尤為必要的。

存款理財要提防六大破財行為

時至今日，仍有很多人習慣於透過儲蓄來理財。對此，相關理財專家提示，儲蓄理財，應注意六大「破財」行為。

■ 「破財」行為一：種類期限不注意

不同的儲種有不同的特點，不同的存期會獲得不同的利息，活期儲蓄存款適用於生活待用款項，靈活方便，適應性強；定期儲蓄存款適用於生活節餘，存款越長，利率越高，計畫性較強；零存整付儲蓄存款適用於餘款存儲，累積性較強。因而如果在選擇儲蓄理財時不注意合理選擇儲種，就會使利息受損。很多人認為，現在儲蓄存款利率雖成長了一些，但畢竟還很低，在存款時存定期儲蓄存款和存活期儲蓄存款一樣，都得不到幾個利息，其實這種認識是很片面的，雖說現在儲蓄存款利率不算太高，但如果有 1 萬元，在半年以後用，定期儲蓄存款半年的到期息顯然要高於活期儲蓄存款半年的利息，因此，在選擇存款種類、期限時，不能根據自己的意志確定，應根據自己的消費水準，以及用款情況確定，能夠存定期儲蓄

存款三個月的絕不存活期儲蓄存款，能夠存定期儲蓄存款半年的絕不存定期儲蓄存款三個月。還值得提醒的是，現在銀行儲蓄存款利率變動比較頻繁，每個人在選擇定期儲蓄存款時盡量選擇短期的。

■ 「破財」行為二：密碼選擇「特殊」數

現在，為存款加注密碼已成為普通人防範儲蓄存款被他人冒領的一種方法，但很多人在為存款加密碼時卻不能很好的選擇密碼，有的喜歡選用自己記憶最深的生日作為密碼，但這樣一來就不會有很高的保密性，生日透過身分證、戶口名簿、履歷表等就可以被他人知曉；有的儲戶喜歡選擇一些吉祥數字，如：666、888、999 等，如果選擇這些數字，也不能使密碼具備較強的保密性。所以，在選擇密碼時一定要注重科學性，使密碼具備最好選擇與自己有密切相連，但不容易被他人知曉的數字，如：愛好寫作的可把自己某篇大作的發表日期作為密碼；集郵愛好者可以把某種具有重大意義的紀念郵票發行日期作為密碼，但是要切記，自己家中的電話號碼或身分證號碼、健保卡號碼等不要作為存款的密碼。總之，選擇密碼一定要慎重。

■ 「破財」行為三：大額現金一張單

很多人喜歡把到期日相差時間很近的幾張定期儲蓄存單等到一起到期後，拿到銀行進行轉存，讓自己擁有一張「大」存單，或是拿著大筆的現金，到銀行存款時喜歡只開一張存單，雖說這樣一來便於保管，但從人們儲蓄理財的角度來看，這樣做並不妥，有時也會讓自己無形中損失「利息」。正確的方法是，假如有 10 萬元進行儲蓄，可分開四張存單，分別按金額大小排開，如：40,000 元、30,000 元、20,000 元、10,000 元各一張，只有這樣一旦遇到急需用錢時，利息損失才會減小到最低。

■ 「破財」行為四：不該取時提前取

有很多人在急需用錢時，由於手頭沒錢備用，又不好意思向別人開口，往往喜歡一概而論的把剛存了不久或已經存了很長一段時間的定期儲蓄存款提前解約，使定期儲蓄存款全部按活期儲蓄利率計算了利息，這些人如果在定期儲蓄存款提前解約時這麼做，在無形中也可能會造成不必要的「利息」損失。現在銀行部門都推出了定期存單小額抵押貸款業務，在定期儲蓄存款提前解約時就需要多想想，多算算，根據尺度，拿手中的定期存單與貸款巧妙結合，看究竟是該解約，還是該用該存單抵押進行貸款，算好帳才會把定期儲蓄存款提前解約的利息損失降到最低點。

■ 「破財」行為五：逾期已久不續存

很多人不注意定期儲蓄存單的到期日，往往存單已經到期很久了才會去銀行辦理續存手續，殊不知，這樣一來已經損失了利息，因此提醒每張存單要常翻翻，常看看，一旦發現定期存單到期就要儘快到銀行進行續存，當心損失了利息。

■ 「破財」行為六：存單存摺隨便放

存單（摺）是儲戶在銀行存款時，由銀行開具的，交儲戶自己保管，用於提領存款，明確雙方債權債務關係的唯一合法憑證。但現在很多人在存單（摺）保管上，不注意方式，在銀行儲蓄後，不是把存單專夾保管，而是有的放到抽屜裡，有的夾在書本裡，這樣一來，時間長了就不免會忘記弄丟。正確的保管方式是在保管存單（摺）時，最好把存單放在一個比較隱蔽的、不易被鼠蟲所咬，且乾燥的地方。同時，不要將存單存放在被小孩子或他人很容易拿到的地方，同時活期存摺須把所存機構地址、戶名、帳號、存款日期、金額、密碼等記在記事簿上。定期存單除登記這些

外，還須把存款期限登記起來，以備萬一發生意外，根據資料進行查找和辦理掛失。存款人還應注意，存單一定要與身分證、戶口名簿等能證明自己身分的證件和印鑑、密碼登記簿分開保管，以避免存單與這些證件、印鑑、密碼登記簿被他人一起盜走後，將存款冒領。

第十七章　外匯理財

　　有人宣稱：「如果你的交易方法總是對的，外匯市場其實就是一張任你填寫的空白支票。」巴菲特、喬治‧索羅斯以及黑石集團的史蒂芬‧施瓦茨曼（Stephen A. Schwarzman）均在匯市施展了充分的才華，獲得了豐厚的收益。隨著世界貿易一體化及資本流動同向性的加強，以及諸多銀行相繼敞開外匯交易大門，外匯投資必將成為大勢所趨。

外匯的基本概念

　　外匯是國際匯兌的簡稱。通常指以外國貨幣表示的可用於國際間債權債務結算的各種支付工具。包括：外國貨幣、外幣存款、外幣有價證券（政府公債、國庫券、公司債券、股票等）、外幣支付憑證（票據、銀行存款憑證、郵政儲蓄憑證等）。

　　外匯的概念具有雙重含義，即有動態和靜態之分。

　　1. 外匯的靜態概念，又分為狹義的外匯概念和廣義的外匯概念。

　　狹義的外匯指的是以外國貨幣表示的，為各國普遍接受的，可用於國際間債權債務結算的各種支付工具。它必須具備三個特點：可支付性（必須以外國貨幣表示的資產）、可獲得性（必須是在國外能夠得到補償的債權）和可換性（必須是可以自由兌換為其他支付工具的外幣資產）。

　　廣義的外匯指的是一國擁有的一切以外幣表示的資產。國際貨幣基金組織對此的定義是：「外匯是貨幣行政當局（中央銀行、貨幣管理機構、外

匯平準基金及財政部）以銀行存款、財政部庫券、長短期政府證券等形式保有的在國際收支逆差時可以使用的債權。」

2. 外匯的動態概念，是指貨幣在各國間的流動，以及把一個國家的貨幣兌換成另一個國家的貨幣，藉以清償國際間債權、債務關係的一種專門性的經營活動。它是國際間匯兌（Foreign Exchange）的簡稱。

(1) 按照外匯進行兌換時的受限制程度，可分為自由兌換外匯、有限自由兌換外匯和記帳外匯。

自由兌換外匯，就是在國際結算中用得最多、在國際金融市場上可以自由買賣、在國際金融中可以用於償清債權債務、並可以自由兌換其他國家貨幣的外匯。例如美元、歐元、日圓等。

有限自由兌換外匯，則是指未經貨幣發行國批准，不能自由兌換成其他貨幣或對第三國進行支付的外匯。國際貨幣基金組織規定，凡對國際性經常往來的付款和資金轉移有一定限制的貨幣均屬於有限自由兌換貨幣。世界上有一大半的國家貨幣屬於有限自由兌換貨幣。

記帳外匯，又稱清算外匯或雙邊外匯，是指記帳在雙方指定銀行帳戶上的外匯，不能兌換成其他貨幣，也不能對第三國進行支付。

(2) 根據外匯的來源與用途不同，可以分為貿易外匯、非貿易外匯和金融外匯。

貿易外匯，也稱實物貿易外匯，是指來源於或用於進出口貿易的外匯，即由於國際間的商品流通所形成的一種國際支付方式。

非貿易外匯是指貿易外匯以外的一切外匯，即一切非來源於或用於進出口貿易的外匯，如勞務外匯、僑匯和捐贈外匯等。

金融外匯與貿易外匯、非貿易外匯不同，是屬於一種金融資產外匯，

例如銀行同業間買賣的外匯，既非來源於有形貿易或無形貿易，也非用於有形貿易，而是為了各種貨幣頭寸的管理和擺布。資本在國家之間的轉移，也要以貨幣形態出現，或是間接投資，或是直接投資，都形成在國家之間流動的金融資產，特別是國際游資數量之大，交易之頻繁，影響之深刻，不能不引起相關方面的特別關注。

貿易外匯、非貿易外匯和金融外匯在本質上都是外匯，它們之間並不存在不可逾越的鴻溝，而是經常互相轉化。

(3) 根據外匯匯率的市場走勢不同，外匯又可分為硬外匯和軟外匯。

在國際外匯市場上，由於多方面的原因，各種貨幣的幣值總是經常變化的，匯率也總是經常變動的，因此根據幣值和匯率走勢，又可將各種貨幣歸類為硬貨幣和軟貨幣，或叫強勢貨幣和弱勢貨幣。硬幣是指幣值堅挺，購買能力較強，匯價呈上漲趨勢的自由兌換貨幣。由於各國國內外經濟、政治情況千變萬化，各種貨幣所處硬幣、軟幣的狀態也不是一成不變的，經常是昨天的硬幣變成了今天的軟幣，昨天的軟幣變成了今天的硬幣。

外匯保證金須知

外匯保證金是金融衍生工具之一。它是以其一定比例的資金在外匯市場以各種貨幣為買賣對象，對匯率波動的方向，進行擴大百倍以至數百倍的增值交易的金融衍生品，也稱槓桿式外匯。外匯保證金產生於 1970 年代。

為了防止交易出現虧損而無法結算，通常以一定比例的資金來作為保證金。一般初始保證金的比率為目前匯率的價格的 5% ～ 10%。由於保證金的比率很低，因此有高度的槓桿作用。

所以，外匯保證金是金融產品中最具魅力的衍生品。一筆成功的交易

就可以讓投資者在較短的時間內得到豐厚的報酬。同時，如果操作不當也會導致重大的虧損。

保證金外匯具有期貨的特徵，又稱貨幣期貨，是以外匯為基礎工具的期貨合約，是金融期貨中最先產生的品種。主要用於規避外匯風險，也即匯率風險。

保證金外匯交易自 1972 年在芝加哥商業交易所所屬的國際貨幣市場率先推出後得到了迅速發展。上市品種主要有：英鎊兌美元、歐元兌美元、澳幣兌美元和美元兌日圓、美元兌瑞士法郎等主要的五個品種；其他還有交叉貨幣盤：歐元兌日圓、歐元兌英鎊、歐元兌瑞士法郎等。

保證金外匯的具體特點：

1. 交易時間最長。全天 24 小時。由亞太地區、歐洲和北美洲三個地區，各個時段分段交易相繼在一起。因此，外匯市場已經消除了國界和地域的局限，實現了全球一體化。是一個無形的市場。

2. 靈活、方便、快捷。T＋0 即時成交。

3. 風險可控。風險完全由操作者自己掌控。系統設有止損、止盈工具。相對於股票這是最大的優點。可以事先設定風險指令，避免人性的弱點（僥倖、貪婪、恐懼等）所導致的不必要虧損。

4. 雙向獲利。無論漲跌，都可獲利。牛熊皆宜。

5. 易受各國匯率政策和政治因素及其他重大事件的影響。

6. 保證金制度。以 5% ～ 10% 的資金，則可作全額交易。以小搏大。

7. 有價差。不同的貨幣有不同的點差。即買價與賣價之間的差額。而不同的交易平臺又有著不同的差別。而這個點差就是交易商的利潤或交易者的費用。一般 3 ～ 4 個點。

利率變動與匯市的關係

由於利率與匯市息息相關，根據 interest rate parity（IRP），國家調升利率，其貨幣便會升值，反之亦然。理由是這樣的，假如美國儲蓄利率上升而日本利率不變（利率上升並不影響股市或任何投資項目報酬），投資者得知存款於美國比存於日本所得的利息報酬較高，資金將會從日本轉而注入美國，美元的需求增加而日圓的需求下跌，故此，美元升值而日圓相對走軟。

加息通常令匯價升值，但 IRP 的限制是這樣的，它假設了投資者只著眼於銀行存款及利率升降不會影響其他投資項目報酬。舉一例說明，假設美聯準突然宣布加息，抵押貸款利率勢必跟隨上升，投資於房地產的人的投資成本上升，投資需求下降，美元需求及匯價均會下降。推論下去，企業融資利率上升，公司成本增加、報酬下降，投資於美股的資金及匯價亦會下跌。

對此，我們不難發現，只要任何情況導致報酬較高、吸引外資流入的都可成為升值的可能；但之前所理解，加息能增加存款資金流入，卻又減低股市報酬，無法吸引外資，於現實中，加息會導致貨幣升值還是貶值呢？其實以上情況是會同一時間發生並於市場中消化，但普遍而言，加息通常與升值同時出現。

央行有條件加息時，多是經濟有持續成長時，投資者預期經濟樂觀並流入資金，導致貨幣升值；相反，減息刺激經濟卻讓投資者知道經濟情況惡劣，若預期減息未能扭轉經濟，將無法吸引投資者並引致貶值。

這顯示了現實中預期如何影響匯市，例如投資者預期美國會加息，美元將會升值並持續消化預期加息消息，當美國如預期般加息，匯市由於早

已消化,將再無影響,但若結果與現實不符,匯市將出現較大波動。

另外,外匯投資者多會利用國家公布的資料作準則買賣。一般投資者若看見資料理想,便認為經濟將會理想,匯價將會上升,其實這是存在著誤解的,由於資料都是過往的統計,如 7 月分零售額大幅上升時,那麼 7 月分對美元的需求已增加,匯價在 7 月分已經上升,所以在 8 月分公布 7 月分的資料時,匯價不應於 8 月再上升;但公布過往的資料如何影響後市,其實由於大幅的上升,影響了投資者對將來的預期,令投資者相信這是趨勢而並非一時之效應,故此,對將來的憧憬令其貨幣得以升值。

炒匯是投資不是賭博

投資人問:「投資外匯,不過是看漲看跌,站對邊的人贏錢。請問這與賭大小,開大開小有何不同?」

答案是有兩大不同:一是心態不同,二是本質不同。

先就心態來討論。若抱著賭博心態進入國際外匯市場,實為投資人之大忌。若心態上只將外匯投資認定為買大買小開大開小,則易流於不理性,且易陷入盲目性。賭氣,賭運,甚至賭命,賭身家,最終淪為賭鬼,家破人亡。

投資外匯不可全憑靈感、運氣,必須正視行情漲跌背後的支配原因。是政治行情?大型資金移動?還是季節性因素?甚至是戰爭天災或圖表之技術面因素等。市場是有其一定規律性的,不是雜亂無章,不能全憑猜想,碰運氣。若不改賭博心態,最後必導致投資受損。

有位客戶田先生,在 1992 年英磅大崩盤的那一場戰役中,不相信英磅匯率會如此重跌,因為百年來未發生過。起初,他買英磅輸了小錢,但

他不認輸，在大跌的時候沿途一路加碼，補保證金，已快到賭身家，賭性命的地步。短短一個禮拜，斬倉時已輸掉 2,000 萬美金。弄得差點父子反目，家庭失和。這說明，這個市場是不能與它賭氣、賭運的。輸了要勇於面對現實，吸取教訓。

外匯投資技巧

無論是投資本國市場，還是投資國外市場；無論是投資一般商品，還是投資金融商品，投資的基本策略是一致的，在更為複雜的外匯市場上尤為如此。各人投資的策略雖有不同之處，但有一些是基本的。

1. 以閒餘資金投資

如果投資者以家庭生活的必須費用來投資，萬一虧損，就會直接影響家庭生計的話，在投資市場裡失敗的機會就會增加。因為用一筆不該用來投資的錢來生財時，心理上已處於下風，因此在決策時亦難以保持客觀、冷靜的態度。所以，虧得起多少做多少。

2. 知己知彼

要了解自己的性格，容易衝動或情緒化傾向嚴重的人並不適合這個市場，成功的投資者大多數能夠控制自己的情緒且有嚴謹的紀律性，能夠有效的約束自己。我們是人不是神，錯誤總是難免的。

3. 切勿過量交易

要成為成功投資者，其中一項原則是隨時保持 3 倍以上的資金以應付價位的波動。假如資金不充足，應減少手上所持的買賣合約，否則，就可能因資金不足而被迫「斬倉」以騰出資金來，縱然後來證明眼光準確亦無濟於事。彈藥不要一次用光，子彈隨時上膛。

4. 正視市場，摒棄幻想

不要感情用事、過分憧憬將來和緬懷過去。一位美國期貨交易員說：一個充滿希望的人是一個美好和快樂的人，但他並不適合做投資家，一位成功的投資者是可以分開他的感情和交易的。市場永遠是對的，錯的總是自己。

5. 勿輕易改變主意

預先訂下當日入市的價位和計畫，勿因眼前價格漲落影響而輕易改變決定，基於當日價位的變化以及市場消息而臨時做出決定是十分危險的。

6. 做出適當的暫停買賣

日復一日的交易會令你的判斷逐漸遲鈍。一位成功的投資家說：每當我感到精神狀態和判斷效率低至90%，我開始賺不到錢；而當我的狀態低過90%時，便開始蝕本，故此，我會放下一切而去度假數週。短暫的休息能令你重新認識市場，重新認識自己，更能幫你看清未來投資的方向。

7. 切勿盲目

成功的投資者不會盲目跟從別人的意思。當每人都認為應買入時，他們會伺機賣出。當大家都處於同一投資位置，尤其是那些小投資者亦都紛紛跟進時，成功的投資者會感到危險而改變路線。這和叛逆的理論一樣，當大多數人說要買入時，就該伺機賣出。真理有時候掌握在少數人手裡。

8. 拒絕他人意見

當掌握了市場的方向而有了基本的決定時，不要因別人的影響而輕易改變決定。有時別人的意見會顯得很合理而改變主意，然而事後才發現自己的決定才是最正確的。簡言之，別人的意見只是參考，自己的意見才是買賣的決定。建議是別人的，資金是自己的。

9. 不明朗的市不入

並非每天均須入市，初入行者往往熱衷於入市買賣，但成功的投資者則會等機會，當他們入市後感到疑惑時亦會先行離市。

10. 當機立斷

投資外匯市場時，導致失敗的心理因素很多，一種頗為常見的情形是投資者面對損失，亦知道已不能心存僥倖時，卻往往因為猶豫不決，未能當機立斷，因而愈陷愈深，損失增加。所以，不怕錯最怕拖。

11. 忘記過去的價位

「過去的價位」也是一項相當難以克服的心理障礙。不少投資者就是因為受到過去價位的影響，造成投資判斷失誤。一般來說，見過了高價之後，當市場回落時，對出現的新低價會感到相當不習慣；當時縱然各種分析顯示後市將會再跌，市場投資氣候十分惡劣，但投資者在這些新低價位水準前，非但不會把自己所持的貨售出，還會覺得很「低」而有買入的衝動，結果買入後便被牢牢的套住了。因此，投資者應當「忘記過去的價位」。牢記「歷史」，意味著對市場的背叛。

12. 忍耐也是投資

投資市場有一句格言說：「忍耐是一種投資。」這一點相信很少投資者能夠做到。從事投資工作的人，必須培養良好的忍耐力，這往往是成敗的關鍵。不少投資者，並不是他們的分析能力低，也不是他們缺乏投資經驗，而是欠缺了一份耐力，過早買入或者賣出，於是招致無謂的損失。

13. 訂下止損位置

這是一項極其重要的投資技巧。由於投資市場風險頗高，為了避免萬一投資失誤時帶來的損失，因此每一次入市買賣時，我們都應該訂下止損

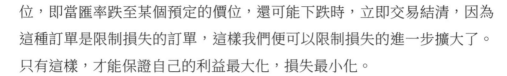
位，即當匯率跌至某個預定的價位，還可能下跌時，立即交易結清，因為這種訂單是限制損失的訂單，這樣我們便可以限制損失的進一步擴大了。只有這樣，才能保證自己的利益最大化，損失最小化。

14. 重勢不重價

我們買入某種貨幣的原因是因為預期它將升值，事先買入待其升值後再賣出以博取差價。這個道理很明顯，但是，對於初入市的人往往忘了這個道理，不是把精力放在研究價格的未來走勢上，而是把目光盯在交易成本上，總希望自己能成交一個比別人更低的價格，好像高買一點點都顯得自己弱智，經常是因為尋找一天的最低價，錯失買賣時機，待第二天看到沒有買到的貨幣升值時才追悔莫及。正確的做法時，認準大勢，迅速出擊，不要被眼前的利益所迷惑，只要它還能漲，今天任何時候買明天再看都是對的，今天的最高價也許就是明天的最低價。

七、外匯市場的風險提示

外匯市場是一個風險很大的市場，它的風險主要在於決定外匯價格的變數太多。雖然現有的關於外匯波動原理的書可以說是汗牛充棟，有的從經濟理論去研究，有的從資料統計去研究，也有的從幾何圖形去研究，更有的從心理和行為科學的角度去研究，但外匯行市的波動仍經常出乎投資者們的意料。對外匯市場投資者和操作者來說，各方面的知識都應具備一點，而風險控制的意識和計畫是不可或缺的。

1. 做單計畫

做外匯生意的計畫有很多原理和細則，但若歸結為最簡單的要素，它無非是制定出一個進入和退出任一交易的起點，不管此項交易最終是否有

利可圖。一旦確定了這個起點，價格水準的變化就可歸結為上升、下降或維持原狀。一個交易計畫就必須為進入實際交易市場制定行動藍圖。一旦價格水準發生如上所述三種變化中的任何一種，交易人就可根據計畫做出買或賣的決定。

在制定計畫時，儘管需要考慮許多關鍵因素，但核心問題始終是在什麼情況下退出已經進入的交易。這實際上包括三個退出計畫。其一，必須有一個接受損失的計畫，一旦交易失利，就應坦然退出。其二，必須有一個接受贏利的計畫，一旦贏利目標達到，即可滿意而歸。其三，必須有一個計畫，它使交易人在發現市價在相當一段時間內不會發生重要變化時退出交易。

要退出一個已賠錢的交易，最有效的程序就是發出「停止損失指令單」。當然這樣做的前提是交易人心中有數，他究竟願意承受多大的損失。如果他在進入交易前已定下可接受的損失程度，那麼，市價一旦達到事先已定下的這個點，他唯一能做的就是發出「停止損失指令單」。

對於一個正在贏利的交易，如何制定交易中的指令就不像制定計畫應付賠錢交易的指令那麼容易了。這裡存在著多種可能。

如果一個交易人在進入交易前已定下贏利目標，那麼一個明顯的可能就是一旦達到這個目標，他就立即發出一張「限價指令單」，從而退出此項交易。還有一種可能是交易人一直讓利潤上漲，直到某種價格變化朝輸錢方向轉化的跡象出現。在這種情況下，退出計畫就可能定為：「在停止損失點賣出，或者在指數達到賣出信號時賣出；哪種情況先出現就按哪種方法行事」。

2. 計畫的要素資本

任何計畫都包括一些要素。首先要做的一個決定就是用多少錢去做外

匯。實際使用多少錢取決於很多考慮：第一是交易人的動機，如果僅僅是嘗試一下或者做做玩玩，那還是少出一點錢為妙。其二是交易人的進取心，他為了賺錢願意冒多大的險。還有一個相關的因素是交易人的年齡，因為這牽涉到他的家庭負擔、健康狀況、工作年資，以及他家人對他做投機生意的態度。這些都是不容忽視的因素。總而言之，最基本的一點是，交易人不應冒那種潛在的贏利可能性與這種贏利對自己的重要性不相稱的風險。

　　一個人從事外匯投資，必須選擇有利可圖的交易方法。這裡介紹一些交易選擇中要考慮的因素。

　　首先，要選擇一種交易選擇方法。交易選擇的方法是五花八門的，諮詢、研究或跟從熟人，都是選擇具體交易項目的方法。哪種方法較好，這是因人因事而異的。當然也有一些基本的參考因素，比如，交易選擇的方法應當有理論的根據。如果某種方法中所含的一些基本概念毫無道理，那麼這種方法就是不可取的。其次，交易選擇的方法應該能告訴交易人捕捉市場信號。最後，這種方法應該提供某種現實的方法讓交易人退出交易，而不是誘使交易人竭盡自己的資本從事某種交易。

　　追蹤市場的數量計畫的另一個要素，是確定所要追蹤的外匯期貨市場的數量和在一定時間內從事交易的數量。

　　時間因素一項，交易的預期時間是個值得考慮的問題。

　　不言而喻，從事外匯投資的整體目標是實現與冒險相當的最大可能的收益。如同在任何其他冒險投資中一樣，「收益」是所需時間的一個函數，它並不僅僅用所得的貨幣收益來衡量。兩、三天內能獲得一筆小利就說明交易是成功的。反之，這筆小利若要等兩、三個月才能獲得，即使這是100% 的贏利，從時間的角度考慮，也不一定是很合算的。

3. 計畫詳例

計畫對交易的成功十分重要，因此有必要用一個假設的例子來進一步說明。

假定一個投機商決定進入外匯期貨市場。他準備拿出 1 萬美元進行投機。他選定了經紀商行和註冊代表，開了戶頭，將錢存入。為了謹慎起見，他決定先做英鎊生意，等累積了一些經驗後再進入其他市場。

這時，英國經濟衰退使英鎊匯價下跌。但他覺得，英鎊現價已反映了衰退後的水準，價格沒有理由進一步下跌了。他還預估到英國衰退可能結束，推測英鎊匯價有可能上漲。他手中的資料也已表示價格下跌業已停止，他認為這是一個價格上漲行將開始的信號。因此他決定買進英鎊。

進一步的市場分析顯示，他可能贏利和輸錢之間的比率很小，而所需的時間又很長，因此他決定儘快抽出錢來從事其他交易。他打算在英鎊上最多虧損 1,000 美元。他此時更關心的是他交易資金可能損失多少而不是英鎊匯價的變動了。在交易備忘欄裡他記下了如果在某月某日關市前價格如果沒到贏利目標點，又沒有到「停止損失點」，那就清帳結束此項交易。

在這麼一個簡單的交易上，這裡所講的計畫細節和考慮已經超過了許多交易人在實際交易時所能做到的。因此，不難理解，為什麼有那麼多人在外匯期貨市場上輸錢。

4. 外匯市場的贏家和輸家

外匯市場的弄潮兒有的發財致富於頃刻之間，有的傾家蕩產於彈指一瞬。輸贏之際，鉅款轉手。人們不禁要問，究竟多少人能贏，多少人會輸呢？當代最知名的投機紀錄分析家曾經對期貨市場的輸贏分布做過一個分析。他抽取了 8,746 個交易商進行分析。分析結果顯示，贏家 2,148 個，

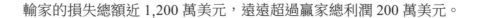

輸家的損失總額近 1,200 萬美元，遠遠超過贏家總利潤 200 萬美元。

外匯交易的多種方式

　　外匯是伴隨著國際貿易而產生的，外匯交易是國際間結算債權債務關係的工具。但是近十幾年，外匯交易不僅在數量上成倍成長，而且在實質上也發生了重大的變化。外匯已經成為國際上最重要的金融商品。外匯交易的種類也隨著外匯交易的性質變化而日趨多樣化。

　　外匯交易主要可分為現鈔、現貨、合約現貨、期貨、期權、遠期交易等。具體來說，現鈔交易是旅遊者以及其他需要外匯現鈔者之間進行的買賣，包括現金、外匯旅行支票等。現貨交易是大銀行之間以及大銀行代理大投資者的交易，其買賣約定成交後，最遲在兩個營業日之內完成資金的收付交割。合約現貨交易是投資人與金融公司簽定合約來買賣外匯的方式，適合於大眾投資。期貨交易是按約定的時間，並按已確定的匯率進行交易，每個合約的金額是固定的。期權交易是為將來是否購買或者出售某種貨幣的選擇權而預先進行的交易。遠期交易是根據合約規定在約定日期辦理交割，合約可大可小，交割期也較靈活。

　　從外匯交易的數量來看，由國際貿易而產生的外匯交易占整個外匯交易的比重不斷減少，據統計，目前這一比重只有 1% 左右。而現貨、合約現貨以及期貨交易在外匯交易中所占的比重較大。

　　1. 即期外匯交易

　　即期外匯交易，又稱為現貨交易或現期交易，是指外匯買賣成交後，交易雙方於當天或兩個交易日內辦理交割手續的一種交易行為。即期外匯交易是外匯市場上最常用的一種交易方式，即期外匯交易占外匯交易總額

的大部分，主要是因為即期外匯買賣不但可以滿足買方臨時性的付款需求，也可以協助買賣雙方調整外匯頭寸的貨幣比例，以避免外匯匯率風險。即期外匯交易主要包括現貨外匯交易（實盤交易）和合約現貨外匯交易（保證金交易）。

2. 遠期外匯交易

遠期外匯交易，與即期外匯交易相區別的是：市場交易主體在成交後，按照遠期合約規定，在未來（一般在成交日後的 3 個營業日之後）按規定的日期進行交易。遠期外匯交易是有效的外匯市場中必不可少的組成部分。1970 年代初期，國際範圍內的匯率體制從固定匯率為主導轉向以浮動匯率為主導，匯率波動加劇，金融市場蓬勃發展，從而推動了遠期外匯市場的發展。

遠期外匯交易是以遠期合約來進行的，而遠期合約可用於多種目的：保值、投機、為將來確定的支出做預留、眾多的商業金融和投資活動。遠期合約按投資者需求設計，成本高且流通性差，緊急時難以取消或修改，此外，小幣種及不常用貨幣的遠期合約較難安排，成本相對也更高。

3. 交換外匯交易

即期和單筆遠期交易的過程，都是一種貨幣和另一種貨幣直接交易。而在交換外匯交易市場，買賣雙方在一段時間內用一種貨幣與另一種貨幣交換，然後再交換，是一個交換再交換的過程。

雖然交換外匯交易按一筆交易處理，在統計成交量時也按一筆交易計算，然而它是涉及兩筆的交易，並且在兩個不同的到期日結算。實際上，交換外匯交易相當於一筆即期交易外加一筆方向相反的遠期交易；也相當於結算日期不同、方向相反的兩筆遠期交易。如果前後兩個結算日相隔不

足一個月，交換外匯交易亦稱為「短期互換」；如果前後兩個結算日期相隔超過一個月，則稱為「遠期互換」。

通常情況下，交換外匯交易的第一筆交易發生在即期交易的結算日，約占三分之二的交換外匯交易的第二項交易則在一週之內進行，但也有到期日更長的交換外匯交易合約，如一週、一個月或三個月。

交換外匯交易可分為兩種：買、賣交換和賣、買交換。買、賣交換，即買入近期的指定基礎本國貨幣的同時賣出遠期基礎貨幣；賣、買交換剛好相反，例如，投資者買入確定金額的即期英鎊、賣出美元（交換）的同時，再賣出 6 個月的英鎊、買入美元（再交換）。

4. 外匯期權交易

期權是指一種能在未來特定時間以特定價格買入或賣出一定數量的特定商品的權利。期權實際上是期權買方在向期權賣方支付相應期權費後所獲得的一項選擇權，期權的持有者在該項期權規定的時間內擁有買或不買、賣或不賣的權利，可以實施該權利，也可以放棄該權利，而期權的出賣者則只負有期權合約規定的義務。

期權分為買權和賣權兩種。為了獲得上述買或賣的權利，期權（權利）的買方必須向期權（權利）的賣方支付一定的費用，稱作期權費。因為期權（權利）的買方獲得了今後是否執行買賣的決定權，期權（權利）的賣方則承擔了今後匯率波動可能帶來的風險，而期權費就是為了補償匯率風險可能造成的損失。這筆期權費實際上就是期權（權利）的價格。

5. 期貨外匯交易

隨著期貨交易市場的發展，原本作為商品交易媒介的貨幣（外匯）也成為期貨交易的對象。目前，全世界的期貨市場主要有：芝加哥期貨市

場、紐約商品交易所、雪梨期貨市場、新加坡期貨市場、倫敦期貨市場等。期貨市場至少要包括兩個部分：一個是交易市場，另一個是清算中心。期貨的買方或賣方在交易所成交後，清算中心就成為其交易對手方，直至期貨合約實際交割為止。

　　期貨外匯交易是指在約定的日期，按照已經確定的匯率，用美元買賣一定數量的另一種貨幣。期貨外匯的買賣必須在專門的期貨市場進行。期貨外匯的交易數量和合約現貨外匯交易完全一樣。期貨外匯合約的交割日期有嚴格的規定，為一年中的 3 月分、6 月分、9 月分、12 月分的第 3 個星期的星期三。其他時間可以進行買賣，但不能交割。期貨外匯合約的價格全是用一個外幣等於多少美元來表示的，因此，除英鎊之外，期貨外匯價格和合約外匯匯價正好互為倒數。期貨外匯的買賣沒有利息的支出與收入的問題。期貨外匯的買賣方法和合約現貨外匯完全一樣，既可以先買後賣，也可以先賣後買，可雙向選擇。

百姓經濟學！從零開始也可以致富的理財課：

金融風暴 × 經濟週期 × 貨幣戰爭，從歷史危機到當代投資策略，平民也能讀懂的脫貧攻略

作　　者：劉燁，趙劭甫

發 行 人：黃振庭

出 版 者：崧燁文化事業有限公司

發 行 者：崧燁文化事業有限公司

E-mail：sonbookservice@gmail.com

粉 絲 頁：https://www.facebook.com/
　　　　　sonbookss/

網　　址：https://sonbook.net/

地　　址：台北市中正區重慶南路一段六十一號八
　　　　　樓 815 室
　　　　　Rm. 815, 8F., No.61, Sec. 1, Chongqing S. Rd.,
　　　　　Zhongzheng Dist., Taipei City 100, Taiwan

電　　話：(02)2370-3310

傳　　真：(02)2388-1990

印　　刷：京峯數位服務有限公司

律師顧問：廣華律師事務所 張珮琦律師

定　　價：399 元

發行日期：2023 年 10 月第一版

◎本書以 POD 印製

Design Assets from Freepik.com

國家圖書館出版品預行編目資料

百姓經濟學！從零開始也可以致富
的理財課：金融風暴 × 經濟週期
× 貨幣戰爭，從歷史危機到當代
投資策略，平民也能讀懂的脫貧攻
略 / 劉燁，趙劭甫 著 . -- 第一版 .
-- 臺北市：崧燁文化事業有限公司，
2023.10
面；　公分
POD 版
ISBN 978-626-357-706-0(平裝)
1.CST: 經濟學 2.CST: 投資 3.CST:
理財
550　　　112015356

電子書購買

臉書

爽讀 APP